作者简介

何哲慧,上海市奉贤区教育学院附属实验小学(集团)党总支书记、校长(理事长),上海市特级校长,全国教育学会小学教育管理委员会理事;曾获全国小学语文教学先进工作者、中小幼基金会全国优秀教师、上海市劳动模范、上海市巾帼建功标兵、上海市2018年度新闻人物、上海市星星火炬手、上海师范大学特聘教授、上海广播电视台电视新闻中心"专家智库"嘉宾等荣誉;曾作为国家教育部语文专家团成员赴香港指导中文教学工作;编著《班主任工作三十六策》《点燃教育的五十五个故事》《上一堂灵魂渗着香的课》《成为优秀的小学生家长50讲》等书籍。

点燃教育,让每一个生命都闪光

何哲慧 著

上海三联书店

序 1

党的十九届五中全会提出贯彻新发展理念,构建新发展格局,明确了2035年建成教育强国的战略目标和"十四五"时期建设高质量教育体系的重要任务。

步入新时代,如同整个教育一样,我国基础教育也迈入高质量发展的新阶段。努力建设更加公平、更高质量的基础教育成为每一位基础教育工作者的使命与担当。上海自2011年起就以"新优质学校推进项目"为突破口,通过激活学校的微观主体,让一批不挑选生源、不追求排名、用好自身资源提升教育质量的最普通学校,以它的整体进步托举起上海基础教育基准线,成为聚焦内涵发展、回归教育本源的上海基础教育改革发展的实践典型。奉贤区教育学院附属实验小学正是其中精彩独到的一笔。

这是一所创办于2007年的远郊公办小学,它从创建到学校快速发展,直至成为上海市有影响力的学校,仅用了不到5年的时间。2011年,因上海市新优质项目学校第一批试点校的实施,我与奉教院附小的何哲慧校长有了初次的见面与交流。而后,也因为新优质学校项目的实施与推进,我对这所学校的了解越来越深入:"开心农庄"劳动教育、"爸爸俱乐部"家庭教育、"减压清单"绿色指标课程改革、"三阳四单"教师成长计划、"2+6"集团化发展模式……总觉得这所新城小学一直追逐着新课改的脚步,奔跑在促进教育优质发展的路上。一次次全市课程改革现场活动,一次次师生富有生命活力的展示,无不绽放着这所学校的生长魅力。尤其是师资队伍建设、家庭教育工作等在全国都有一定的影响力,奉教院附小不断发出奉贤的声音、上海的声音。

校长是一所学校的核心和灵魂。学校之所以有这样的快速发展,是与校长的办学理念、创新思维分不开的。何校长是一位有理想、有情怀的教育者,她热爱儿童、激情四射;她敢于追求、务实求真;她锐意创新、张扬个性。学校发展也就这样烙上了校长极具个性的影子:校长温暖,师生幸福;校长奔跑,师生发展;校长求真,师生闪光……每一次来到奉教院附小,我都有这样的一种感悟和感动。

当我拿到《点燃教育,让每一个生命都闪光》这本书稿,更是看到了何校长基于"儿童立场",办"眼中有人"的学校、做"心中有人"的教育的办学心路,看到了奉教院附小师生可持续发展的生命活力,看到了一所新优质学校快速崛起的成长密码。在办学过程中,何校长提出了"点燃教育"办学思想,并在办学实践中深入到学生成长、教师发展,乃至家长协同的"三空间"教育生态环境之中,并延伸到各种生活空间、文化空间、家庭空间、社会空间,去构建适合每个生命体"生长"的内部和外部环境,让每一个生命蓬勃发展,闪闪发光。同时,校长本身就是一个非常有才情、感染力和号召力的人!在她"点燃教育"的理念引领下,学校积极引入新优质学校项目,引领课改实践,勇敢追逐教育新突破,并在教师专业发展、育人方式变革、家校社协同育人与集团化办学等方面,完成了一次又一次的蝶变、发展和飞跃,展现了一所普通的新城新办学校走向新优质学校的成长轨迹。

回溯奉教院附小这十五年的发展历程,我欣喜地看到,奉教院附小在解决人民群众对高质量教育需求与优质教育供给不均衡的矛盾、办好老百姓家门口的学校这一问题上,交出了属于自己的一份精彩答卷。正如何校长自己所说的那样:"教育在于点燃,只要坚信并点燃每一位学生、每一位教师、每一所学校身上所蕴藏的无限潜能,就能迸发出无限的能量。"这句话道出了奉教院附小短短十五年间奇迹跨越的关键所在。

从某种意义上说,奉教院附小的发展见证了奉贤教育人对南上海品质教育的孜孜以求,续写了奉贤教育在不断创新中谋求发展的光荣历史,也彰显了上海教育"海纳百川、敢为人先、追求卓越"的气质与气魄,成为了上海基础教育不断追寻"优质公平"的一个缩影。

今天,我们更期待在追求更加公平、更高质量的教育之路上,奉贤区教育学院附属实验小学能继续秉持甘为"老黄牛"的初心与担当和敢为天下先、勇当"拓荒牛"的勇气与魄力,始终把"办好每一所学校、教好每一个学生、成就每一位教师"作为最终的价值追求,在探索新时代新优质学校成长的新起点、新征程上,凝神聚力、牢记使命,积跬步,至千里,集小胜,得大成,不断攀登新高峰、传出新捷报、创出新天地,为上海基础教育的整体发展提供更多、更好、更优的"附小"经验。

教育探索无止境,新优质学校高品质发展在前行,奉贤区教育学院附属实验小学的"点燃教育"永远在路上。

2022 年 4 月 10 日

序 2

阳春三月,正是草长莺飞、鸟语花香、春意盎然的季节,在上海却因一场新冠疫情的来袭,使整座热闹、繁忙的城市按下了"暂停键"。这波疫情阻隔了人们出行的脚步,但阻隔不了我们教育人的情怀。他们停课不停学、隔屏不隔爱,他们从讲台走到"屏前",走向"疫线",爱与坚守并进。

在这个特殊的时期,奉教院附小的何哲慧校长给我发过来"点燃教育"的书稿,希望我能为其写个"序言"。收到书稿,一个个教育故事、一幕幕现场情景、一次次颁奖典礼在脑海浮现,倒是给身处"抗疫"攻坚中的我,送来一份别样的感动和温暖。

奉教院附小,一所老百姓心仪的家门口品质学校。2007年9月学校创办,近十五年来,不断创造着办学奇迹:三年获得上海市文明单位,四年成为上海市新优质学校,五年评为全国优秀家长学校,七年捧回全国教育系统先进集体称号,十年摘得奉贤区"区长质量奖"荣誉。学校也成为上海市课改创新领头羊,上海市课程领导力项目学校,上海市教师专业发展示范学校,多次举办市级现场会,多项研究成果在全国、市内得奖。在推进区域教育优质均衡发展过程中,奉教院附小教育集团风生水起,带领集团内其他6所学校奔跑在奉贤教育优质发展的快车道上!

是什么让这所学校在十五年内发展成为区域内外,乃至全国都有一定影响力的学校?我想,这当然离不开上海和奉贤教育创新发展的整体大环境,但从中更让我惊喜的是这所学校"点燃教育"的情怀和追求:将学生的心火点燃,唤起学生的生命自觉;将教师的爱心点燃,发现学生的闪光点;将家长的热情点燃,呵护学生的生命潜能,让每一个生命都闪光。

还记得何哲慧校长创办这所学校时的情景。2007年5月的一天,当时她刚完成教育部派驻香港指导中文教学工作回来,接任筹建奉教院附小,请我去建设中的学校工地看看,一起研究学校视觉识别系统(VIS)的构建,从她的言谈之间我感受到她的教育梦想,那就是立志办一所能让师生都闪光的"理想中的学校"。

而后，我到教育局任职，也一直被何校长"请"去：学校家委会成立仪式、上海市少先队活动课程化建设推进会、上海市首次小学体育兴趣化研讨会、上海市新优质学校现场展示……不断发出我们奉贤教育推动综合教改的最强烈的声音。期间，奉教院附小也迎来一批批国内外教育同行的参观与交流，我也陪同国家教育督导专员、上海市副市长陈群、国内外教育专家等宣传附小经验，国家督学还欣然给我们附小题词："学生的乐园"。我想，这就是"点燃教育，让每一个生命都闪光"的意义，它所营造了一种别样的教育生态。

而今，奉教院附小成为奉贤教育的一张靓丽名片。附小的教改跑在上海市新课改前列，一次又一次在市域内发出奉贤的声音；附小的教师，在市域内，乃至全国都有教育教学评比、课改成果的获得者，一批又一批的教师荣膺桂冠；附小的孩子，阳光自信、素养深厚，一茬又一茬的学生社团在国内，乃至国际捧回金奖。学校、教师、学生的发展，无不折射出学校全面实施素质教育，创新新优质学校的累累硕果！

十五年来，何哲慧校长带领着她的教师们，揣着"点燃教育"的情怀行走在追求教育理想的路上，他们敢想、敢做、敢冲，勇敢追逐南上海品质教育新标杆，收获着每一个生命的多彩绽放、蓬勃向上。

十五年来，从奉教院附小的何哲慧特级校长工作室里培养、孵化了一批优秀学校管理者，走出了十多位青年干部到区内学校担任校长，为推动区域教育优质发展提供新生力量，点燃"点燃教育"之薪火。

十五年来，奉教院附小从一个校区到"一校两个校区"，从一所学校到"2+6"模式的集团化办学，而今其优质教育资源的"朋友圈"还在扩大，将形成"3+X"的教育集团化发展模式，推动区域教育优质均衡发展。

从某种角度来说，作为奉贤教育一所颇具影响力的小学、上海市新优质学校之一，她的发展历程，也是奉贤教育十五年来从追赶到跨越、从跨越走向"南上海品质教育"的一个缩影。

如今，奉贤教育正朝着创新推进新成长教育，建立现代教育体系、打响南上海教育品牌的战略目标砥砺前行，期待奉教院附小"点燃教育，让每一个生命都闪光"的教育之路，不断创新、追求卓越，成就一所遇见未见的未来学校。

2022年4月12日

前言

都说"十年磨一剑",那十五年该是"亮剑"的时刻。

奉教院附小正是历经了十五年的办学历程,从一所艰难起步、不被看好的学校成长为全国教育系统先进集体、全国文明校园创建先进校、上海市新优质基地校,我们始终追逐着教育的初心,以奔跑的姿态在教育路上前行。这十五年中,我们用心"磨剑",从摸着石头过河探索"点燃"之教育到提炼彰显学校办学特色的"点燃教育",这如同一个人的生长一般,记述着生命的历程,留下学校特有的文化烙印。

于是乎,我们借以上海市新优质学校认证评估的契机,对学校十五年来办学思想、办学特色、办学经验,乃至其间发生的一个个教育故事都作以精心的梳理、提炼与总结,并以书稿的形式发声"亮剑"。

《点燃教育》,见证了我们附小人从初创到发展的心路历程,记录了从建校时的一种朴素的教育情怀,到现阶段对于一所学校办学内涵、文化精神的重要印记,"点燃教育"是引领附小逐梦前行的价值追求。

《点燃教育》书稿的撰写还有三方面的含义。

首先,希望附小的优良传统能够固化、保留和传承下来。学校初创时,三十一位参与共同建校的"元老们"的那份火一样的教育激情,那种精益求精的教育教学样态,那种抱团前行的"互燃"行为,那种锐意改革的创新意识,那种舍小家为大家的奉献精神等,都是学校文化建设中最为宝贵的元素,我们要留下这份"DNA",让它们融入于学校文化的"血液"之中,成为"点燃"学校持续发展的"火种";

二是在推进教育改革的路上寻找学校发展的新的生长点。十五年"点燃教育"的探索,以点燃师生、家长内心发展的激情为追求,从"被点燃"到"自我点燃",乃至到生命与生命的"互燃",培育了一批又一批骨干教师和优秀学子,也带动了一批又一批高素养的家长群体。其实,在这里,作为一名校长是最先被"点燃"。这其中，需要不断地激励着我要做好学校的"大先生"，用教育的温暖包容每一位师生，乃至是家长、家属；用淳朴的初心阐释"点燃教育"的真谛；用执着的追求创新跨越发展的办学思路，不断寻找学校持续发展的新的生长点；

三是希望"彼此成就"的教育胸怀生生不息。我们清晰记得，学校从一个稚嫩的"娃娃"起步，到现在的跨越发展，从一所小学校成长为"3＋6"的大集团学校，是得益于党和政府的政策支持、教育局领导的悉心关怀、社区街道的无私帮助，还有专家团队的悉心指导、静安区一师附小等姐妹学校的一路引领，集团内各学校的"互点互燃"。这所有的"彼此成就"都应该载录在册，时刻提醒我们以这样的情怀回馈于教育、回馈于社会、回馈于未来。激励着我们要用"彼此成就"的教育胸怀，携手集团内每一所学校，乃至是更宽的教育领域，实现共同发展的美好愿景。

《点燃教育，让每一个生命都闪光》一书由五个框架组成，围绕"点燃教育"内涵、"点燃式"教育的"三空间"教育生态环境，分别记录了"点燃"教师的教育情怀、"点燃"学生的人生梦想、"点燃"师生的家庭幸福、"点燃"学校高位发展的愿景的目标，以教育叙事的形式，通过生动的案例，鲜活的教育故事铺展了这十五年来学校"点燃教育"的发展历程，这也是奉教院附小十五年办学实践的闪耀星光。

《点燃教育》是一批批附小人共同用智慧与心血烙下的文化印迹，每一位曾经的、现在的附小教师、学生、家长乃至众多的社会贤达人士都是"点燃教育"的实践者、创新者，是他们推动着"点燃教育"不断深化。

又是一年春光烂漫时，在时光的流淌中，奉教院附小即将迎来十五周年的建校日。《点燃教育，让每一个生命都闪光》也是献给学校十五年建校的最珍贵的一份礼物。这本书带给我们的不仅是对成功的回忆，还有对更高目标的渴望和追求。

书卷墨册，难以尽陈每一位附小人执着勤勉、砥砺前行的"点燃"情怀；朱笔句逗，无以尽书每一位附小人蓬勃生长、温暖闪光的教育故事。愿借此文，表达谢意，言以铭志。

何哲慧
2022 年 4 月 8 日

目 录

第一篇 "点燃"之教育

第一章 内涵：生命成长需要"点燃" ········· 4
    一、价值：教育的本质是"点燃"人的心灵 ········· 4
    二、目标："成就他人"过程中"成就自己" ········· 9
    三、方法：以生命自觉激发生命潜能 ········· 13

第二章 构建：营造"点燃式"教育生态 ········· 17
    一、三圈层："点燃式"教育生态结构 ········· 18
    二、三空间："点燃式"教育生态环境 ········· 22
    三、三供给："点燃式"教育生态保障 ········· 28

第三章 历程：点燃"点燃教育" ········· 33
    一、初创：在艰难中"点燃"激情 ········· 34
    二、创新：勇敢追逐教育新突破 ········· 41
    三、辐射：点燃"点燃教育"之薪火 ········· 46

第二篇 "点燃"教师的教育情怀

第一章 阶梯：让"点燃"伴随教师的成长链 ········· 54
    一、晨曦：微光闪烁 ········· 56
    二、破晓：蓄势待发 ········· 60
    三、朝阳：生机勃勃 ········· 64
    四、艳阳：光芒四射 ········· 69
    五、金阳：光辉灿灿 ········· 72

第二章 "四单"：为教师全方位打开"助燃"通道 ········· 74
　　一、清单：锚定夙求 ································· 75
　　二、菜单：配送资源 ································· 81
　　三、订单：挑战激情 ································· 86
　　四、回单：反馈评价 ································· 90
第三章 聚焦：以"点燃者"角色与孩子心灵"共燃" ········ 95
　　一、面向群体：汇聚成长力量 ························· 96
　　二、关注个体：定格温暖瞬间 ························ 103
　　三、呵护天使：敲开他的心门 ························ 109

第三篇　"点燃"学生的人生梦想

第一章 智慧：在多彩学习中点燃兴趣与思维 ············ 118
　　一、慧学：关注思维 ································ 118
　　二、温暖：关注个性 ································ 126
　　三、活力：关注过程 ································ 132
第二章 创造：在劳动历练中点燃技能与热爱 ············ 139
　　一、使命：劳动价值的层层点燃 ······················ 140
　　二、建构：资源系统的开发整合 ······················ 149
　　三、创意：劳动教育玩出新花样 ······················ 154
第三章 绽放：社团活动中点燃个性与梦想 ·············· 160
　　一、活力社团：让每个生命都闪光 ···················· 161
　　二、趣味体育：像运动员一样强健 ···················· 163
　　三、七彩校园：像艺术殿堂般美丽 ···················· 170
　　四、慧智科创：像科学家一样探索 ···················· 175
第四章 担当：在志愿服务中点燃责任与理想 ············ 179
　　一、担当是绿太阳的亮丽光芒 ························ 180
　　二、担当在自主自治中熠熠生辉 ······················ 188
　　三、担当之火在社会奉献中燎原 ······················ 194

第四篇 "点燃"师生的家庭幸福

第一章 和睦：亲子互爱"激燃" ········· 202
    一、亲子互动，共同成长 ········· 203
    二、家有喜事，共享成长 ········· 212

第二章 喝彩：家人互励"护燃" ········· 216
    一、长幼互尊，一样的喝彩 ········· 217
    二、夫妻互敬，特殊的表彰 ········· 226

第三章 共育：家校互动"合燃" ········· 232
    一、信任教师与家长的合作共育 ········· 233
    二、尊重学生、家长、教师的共同成长 ········· 242

第五篇 "点燃"学校高位发展愿景

第一章 星星之火：齐心"导燃"架构集群管理 ········· 253
    一、共鸣：顶层设计 达成目标共识 ········· 254
    二、共润：人文积淀 形成理念共融 ········· 259
    三、共勉：评价驱动 促成激励共进 ········· 262

第二章 聚众之力：同向"同燃"助力教师发展 ········· 267
    一、互通：研训共育 激发教师发展内驱力 ········· 268
    二、互助：课程同建 提升学校核心发展力 ········· 273
    三、互研：科研提质 提增集团教师研究力 ········· 276

第三章 燎原之势：共建"共燃"达成校际共赢 ········· 279
    一、共振：平台支撑 形成共享效应 ········· 280
    二、共赢：凸显成效 实现品质发展 ········· 285

后记 ········· 292

第一篇

"点燃"之教育

本篇导语

教育是培养人的事业,是以"心灵"感应"心灵"的过程,教育在于"唤醒"心灵,其本质就是"点燃"人的心灵,促进每一个孩子的全面发展。学校在创办之初,就确定了"点燃教育,让每一个生命都闪光"的办学理念,相信每一个生命体都有其存在的价值和独特的潜能。生命成长需要点燃,教育就是火星,可以"点燃"儿童身上的微光,让其发出能量和亮光,不仅自己发光发彩,还能温暖、照亮他人,以生命自觉激发生命潜能,在成就他人的过程中成就自己。

顺应生命自然生长的法则,尊重教育的科学规律,着眼于生命的发展、生命与生命的关系、生命与环境的关系,我们营造了"三圈层"的教育生态结构、"三空间"的教育生态环境、"三供给"的教育生态保障,以点燃师生内心发展的激情为追求,从"被点燃"到"自我点燃",乃至到生命与生命的"互燃",实现从自主发展到互"点"共"燃"的教育价值。

"点燃"教育历经了初创时的摸索,以纯真的理想、执着的信念和坚实的行动,克服和解决创校时期的困难,并把教育的"火种"点燃,成为学校文化的"基因",师生发展的精神。这种精神一直激励着我们,站在儿童立场,引领课改实践,勇敢追逐教育新突破,漂亮地完成了一次又一次的蝶变、发展和飞跃,让每一个生命都闪光。其间,不断扩大优质教育资源的"朋友圈",创新"2+X"教育集团化办学模式,点燃"点燃教育",辐射、引领区内外乃至全国各地学校,不仅彰显了学校办学的影响力,更是奏响了奉贤教育推动综合教育改革的有力强音。

走在教育的路上,我们无数次叩问自己的灵魂:教育,是"成绩"?是"分数"?不!"成绩""分数"只是眼前的功利。当人只顾眼前的目标、甚至让学习成为了一种功利的时候,那他就一定不会站得更高、走得更远,甚至会被眼前的困难和挫折所吓倒,再也爬不起来;教育,是传授知识?是培养技能?也不仅仅是!"知识""技能"固然是学习的基础,也是学生成长的根本条件,但教育只关注对学生进行知识传授、技能培养,那学校培养出来的孩子将会变成一种没有情感和灵魂的"工具",而此时,教育就不是在培养有血有肉有灵魂的人;教育,是取得成功?是赢得尊重?还是……

教育是什么?对于这个话题,相信很多人都存有自己的看法。有人说:教育是培养一个"大写"的人;也有人说:教育是一个生命激活另一个生命;还有人说:教育的本质就是唤醒……我们认为,他们都说得很好。我曾阅读过德国哲学家雅斯贝尔斯所著的《什么是教育》一书,在这本书里,雅斯贝尔斯说了一段广为流传的话——教育的本质意味着:一棵树摇动一棵树,一朵云推动一朵云,一个灵魂唤醒一个灵魂。多么富有诗意的教育论述呀!他告诉我们一个重要的概念,教育真正的价值是一种传递,一种点燃,一种唤醒,一种顿悟……由此,我也想到了苏格拉底的一句至理名言:"教育的本质不是灌输,而是点燃。"它给我们的启示是:教育不是把篮子装满、把水缸灌满、把脑袋填满,而是把火焰点燃,发出白光,放出热量,帮助孩子释放一个伟大的自我。

教育即"点燃"。点燃孩子的心灵之灯、点燃孩子的理想之梦、点燃孩子的前行之路……点燃,是教育的第一使命。"点燃"之教育应当成为我们的教育实践和追求。

第一章　内涵：生命成长需要"点燃"

在学校里，每一位孩子、每一位教师、每一位家长都是一个个富有生命能量与生命自觉的"光亮体"，而教育就是让生命体勃勃燃烧的助燃剂，将学生的心火点燃，唤起学生的生命自觉；将教师的爱心点燃，发现学生的闪光点；将家长的热情点燃，激发学生的生命潜能，并在点燃、被点燃、互相点燃中，燃烧激情，迸发出灿烂夺目的光芒，照亮和温暖整个社会，在感受他人成功的喜悦中，获得共同的进步，实现自信快乐的成长。

一、价值：教育的本质是"点燃"人的心灵

有一则寓言流传世界，至今不息：一位印度老人对小孙子说，每个人的身体里都住着两只狼，他们残酷地互相搏杀。一只狼代表嫉妒、愤怒、骄傲、害怕和耻辱；另一只狼代表善良、温柔、希望、感恩、微笑和爱。小男孩着急地问："爷爷，那么哪一只狼更厉害？"老人回答："你喂食的那一只！"

这个故事很短，却告诉我们一个道理：你想要孩子成长为什么样的人，取决于你"唤醒"的是孩子心灵中的哪些东西？这里还想引用伟大的马克思说过的一句话：教育绝非是单纯的文化传递，教育之为教育，正是在于它是一种人格心灵的唤醒。[①] 不论是故事，还是伟人的语录，留给我们的却是深刻的教育哲思：教育是培养人的事业，是以"心灵"感应"心灵"的过程，教育在于"唤醒"心灵，其本质就是"点燃"人的心灵，促进每一个孩子的全面发展。

（一）教育应是有热量的

学校教育承载着国家的未来和希望，是全面培养人的活动。教育本来就应该是直面人的生命，并通过人的生命活动，去提高人的生命质量。办一所什么样的学校？培养什么样的人？这是每一位校长的教育使命和办学追求。我们认为：人的成长，不只是在知识中，更不是在分数中。也绝不是为了那个成绩，而

[①] 宋广文.教育的本质是唤醒心灵[J].《云南教育·视界(综合)》,2015年第04期.

是透过课堂教学、透过知识传授、透过课程活动、透过作业实践等,看到活生生的孩子们,看到孩子们眼里的"光"、心中的"梦"。

建校初期,我们秉着"教孩子五年,为孩子想五十年,为国家民族想五百年"的教育追求,确立了"为每个孩子打造最亮丽的人生底色"的办学思想,提出了"点燃教育,让每一个生命都闪光"的办学理念,实践"点燃之教育",希望我们的校园充满着热量、闪烁着光芒,让教育带有温度、传递热量;希望我们的校园成为一个温暖的"大家庭",在这里,孩子们、老师们、家长们能自由行走、快乐学习、自觉生长;也希望校园中的每一个人都成为"一束太阳的光芒",他们不仅能各自发光发热,还会把各自身上的热量互相传递,绽放光彩,让校园美不胜收。

有热量的教育,应该做到"眼中有人""心中有人"。

——办"眼中有人"的学校

学校教育就是关于"人"的教育,一所学校就应该"眼中有人"。办"眼中有人"的学校,就是让学校教育最大限度地满足每一个个体生命成长的需求,在课程学习中、在校园活动中、在同伴交往中、在实践创新中点燃孩子们的心灵之灯,唤醒成长的潜能。作为一名校长,一个教育管理者和教育工作者,眼中要有每一个人,即每一个孩子、每一位教师,乃至是师生的每一个家庭。

办"眼中有人"的学校,需要看到孩子,满足孩子的成长需求:孩子是我们的教育对象,是祖国的未来、民族的希望。教孩子五年,目光要看到孩子五十年。每个孩子都是一个个独立的个体、每个孩子都是厚厚的"一本书",每个孩子内心都有一个个精彩的故事,教育要站在孩童的角度进行学校设计,点燃和唤醒不同孩子个性发展的需要,让儿童成为儿童。

办"眼中有人"的学校,需要看到老师,让教师职业幸福地发展:良好的教育就是让教师和学生更加幸福地生活! 享受幸福的职业生活应该成为教师的一种职业发展状态。[①] 一直记得李镇西校长说过的一句话:教师第一,学生第二。在校长眼里先要有老师,只有校长眼里有老师,老师眼里才会有学生。我们希望学校中的每个教师在自我成长的过程中,不仅仅是能力的提升,而且还要有幸福感、成就感、自豪感。

办"眼中有人"的学校,需要看到家长,把家长发展成学校的教育伙伴:孩子是树,家长是根。根深才能叶茂,春华才有秋实。学校、教师要教学生好,一定要善于挖掘蕴藏着巨大能量的家长资源库,让家长成为学校教育的亲密伙伴,让家

---

① 吴世学.中小学教师的职业幸福感及其提升[D].湖北:华中师范大学,2009年5月8日.

长成为孩子幸福成长的"助燃剂"。

办"眼中有人"的教育,还要看到更多不同的社会角色及学校生态圈能提供的帮助。做校长,眼中不仅看见老师,还要看见孩子和家长、看见老师的家属,也要看见社区、社会其他需要帮助、服务的人;做教师,眼中要看到学生和家长,还要看到身边的同事、家里的亲人以及社区的需要帮助的人;做家长,心中要看到孩子和身边需要关怀的人;做学生,心中也要想到人,家里的爸爸妈妈、爷爷奶奶等,学校里的老师,社区里需要帮助的人。

——做"心中有人"的教育

教育是心育,因为教育是心心相印的活动,唯独从心里发出来,才能打动心灵的深处。附小校训"明德厚学",语出儒学经典《大学》开篇之句:大学之道,在明明德,在亲民,在止于至善。这里的"明明德"指的就是我们心灵的明德和意识的明德。[①] 真正的教育要教到学生的心里去,打开学生的心门,使之实现心灵和意识正能量下的内外"明明德"。

教育如何做到"心中有人"? 一个发生在我身边的故事给了我深深的思考。

那是一个星期三的下午,我正在办公室与一位分管领导研究工作。突然,听到重重的、没有节奏的敲门声,未等我反应过来,一位家长已站在我的眼前。我示意他坐下来再说。他坐了下来,喘了口气说:"何校长,我要控诉你们学校的某某音乐老师。""咋啦? 您请说。"我一脸的疑惑,家长所"控诉"的这位老师,给我的印象是良好的。这是一位一贯认真的老师,音乐素养高,对学生也有爱,教学也负责。今天怎么遭到家长的"控诉"呢? 这位家长慢慢地平下气来,说:"我承认我儿子对音乐感悟力不强,他喜欢踢足球,像我。吹口琴对他来说,太困难了。可音乐老师偏偏让我儿子要学会吹口琴,课上教、课后还要补,连家庭作业都给搞上了。可越是这样,我儿子越是反感,不但音吹不准,现在很是沮丧,看见音乐老师就恐惧,连音乐课都不想去上了。这怎么行?"奥,我明白了,学校正在创建音乐特色项目,要求四年级学生人人学会吹口琴,才有了今天的家长"控诉"。我表示理解家长和孩子的心情和想法,也一定会好好思考学校特色工作的创建。这位爸爸临走时,又说了一句话:"我的孩子遗传我的基因,足球踢得好,游泳也很喜欢,为什么一定要让他学吹口琴?"

我陷入了深思。对呀,替孩子去选择、努力去打造一个本不属于"他"的孩子,对孩子来说是痛苦的,是违背孩子的发展规律的。可这样的现象比比皆是,

---

① 德道教育贵修身[M].红旗出版社,2014年第19页.

是学校特色创建重要？还是学生发挥自己的特长重要？显然，我们的教育没有走到学生的心灵，我们的教育还是心中无人。

因此，我们倡导：心中有人的教育，必须从读懂孩子开始。每一个孩子都是一个天使，每一个孩子都蕴藏着无穷的潜力，其身体里都有一个更好的自我，我们要做的不是去改造他，而是去帮助他，做个点灯人，去点亮孩子们的心灯，照亮他们的前程。就如苏格拉底说的那样："思想应当诞生在学生心里，教师仅仅应当像助产士那样办事。"

心中有人的教育，需要讲究方法：应该是尊重每一个独特生命个体，俯下身来听听孩子的心声，尊重孩子的思想自由；心中有人的教育，还应该是以平等的方式对待孩子，以宽容的方式理解孩子，维护孩子的自尊心；心中有人的教育，也应该是欣赏孩子、信任孩子、激励孩子，帮助孩子成为最好的自己。

(二)"点燃"每一个生命活力

每个学生都是涌动着无限活力的生命体，是我们教育的起点和归宿。教育是功在当代、利在千秋的德政工程。培养什么样的人、如何培养人、为谁培养人，是学校必须回答的方向性问题。基于"点燃教育，让每一个生命都闪光"的办学理念，我们更多地在思考：附小培养的孩子是怎样的？我们期望在奉教院附小的这片天空下，每一个孩子都是一轮太阳，那是一轮"绿色"的太阳，因为绿色是代表着朝气，绿色象征着蓬勃，绿色带来希望与未来。我们也相信：每一个孩子都拥有着自己无法估量的潜能，也拥有自己独特的天赋和特质，就像海洋里的每一朵浪花一样都与众不同，像银河系里的每颗星星一样都会闪亮。俗话说得好，"天生其人必是才，天生其才必有用"，每个人身上都具备完成某种使命的潜能。这种潜能就是我们的长处，也是我们每个人身上自带的闪光点。由此，学校确立了"让每个孩子都如一轮充盈着无限生命潜能的'绿色'太阳：自行闪光、充满温暖、照亮他人"的育人理念。(见图1-1)

"点燃教育"，就是让每一个生命都自行闪光，并用自己身上的阳光心态、

图 1-1 奉教院附小"点燃"教育育人理念

明亮思维和丰富热量去照亮他人、温暖社会,在自由幸福成长中成就自己。"自行闪光、充满温暖、照亮他人"就是帮助孩子释放伟大的自我,引导孩子做一个温暖明亮、乐于奉献、勇于担当的新时代少年,这既是学生发展的内在需要,也是家长的热情期待;既是我们当下教育的价值,也是面向世界与未来,对"我们要培养什么样的人"的积极思考与回应,这也是我们正在不断努力和永恒追求与实践的"八会"育人目标:(见图1-2)

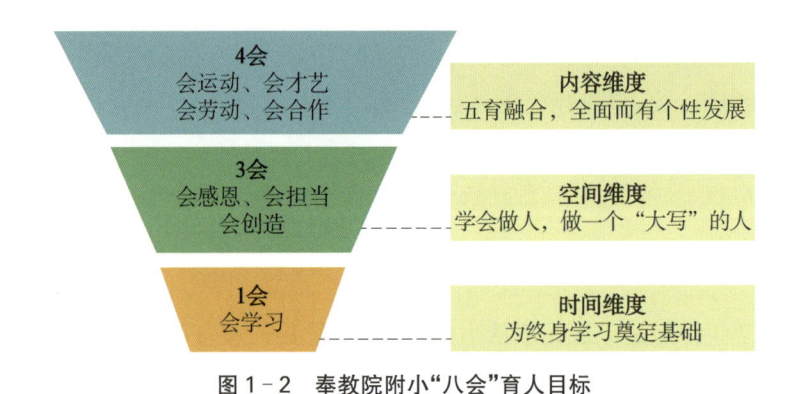

```
4会                    内容维度
会运动、会才艺          五育融合,全面而有个性发展
会劳动、会合作

3会                    空间维度
会感恩、会担当          学会做人,做一个"大写"的人
会创造

1会                    时间维度
会学习                  为终身学习奠定基础
```

图 1-2　奉教院附小"八会"育人目标

——1会:点燃主体意识,培养学习力

学校教育不能仅仅是传授学科知识,更要教会学生激发生命成长与发展内在需求的能量,那就是"学会学习"。学习是一种能力,学习也是一种态度和习惯。从时间维度看,学会学习是为终身学习奠定基础,其实质是学会成为整体的人,具备可持续自主发展的能力。在知识化、信息化的当下,对学生终生学习至关重要的就是自主学习意识以及自主学习力。

学习又是发生在学习者自己身上的,教育只有走进学生心灵,才能唤醒学生自主学习的意识,培养学生的学习力。我们主张点燃"好奇心、耐心、正心、诚心、专心、未来心",创造学生主动学习的条件,让学生产生浓郁的学习兴趣,习得良好的学习习惯、掌握科学的学习方法、培养终身学习的能力。

——3会:点燃责任意识,增强担当力

每周一天的校门口值日,我时常会看到类似这样的情景:孩子上学来到校门口,忽然想起文具盒没带,就哭着闹着埋怨送他来上学的奶奶:"都是你呀,是你催着我上学,你看都把文具盒给忘了。"学习是孩子自己的事情,此时他把学习的责任推向了奶奶。像这样不懂感恩、缺少担当的现象在社会中、家庭中并不少见。

会感恩、会担当和会创造是学生健全人格的基础,是一个人日后能够立足于社会、获得事业成功与家庭幸福至关重要的人格品质和精神意识,更是一个民族发展不竭的动力和希望。由此,我们把"会感恩、会担当和会创造"纳入学生育人目标之中,通过学校教育、家庭生活、社会实践"三维空间",点燃责任意识,增强担当力,努力让学生成为一个"大写"的人。

——4 会:点燃创造意识,提升实践力

习近平总书记在 2018 年 9 月的全国教育大会上旗帜鲜明地指出,要"努力构建德智体美劳全面发展的教育体系"。至此,立德树人、"五育融合"成为全体教育人的共同目标。

会运动、会才艺、会劳动、会合作体现了学校"五育融合"的育人目标,"运动""才艺""劳动"是助力学生全面而有个性发展的重要素养,是为每个孩子打造最亮丽的人生底色的关键能力,而其中"合作"则是在伴随学习过程中的意识、精神和能力。孩子们在学习中学会合作、在合作中点燃创造意识、在创造中提升实践能力。

在"八会"培养目标下,更重要的是培养附小学子拥有自主成长的内驱力、勇于担当的责任感和积极阳光的心态,成为一个温暖明亮、乐于奉献、勇于担当的新时代少年。

二、目标:"成就他人"过程中"成就自己"

大雁南飞,总是以"V"字队形飞行,领头雁总是在队列前带领着队伍前进,整齐的队形始终展示出一种凝聚的力量。科学研究发现,队形中大雁扑动的翅膀会在彼此之间产生浮力,使雁群在集体飞行时至少比单飞时增加百分之七十一的能力。其间,当有大雁生病或受伤时,会由其他两只大雁从队伍中飞下来协助保护它,直到它康复或死亡为止,然后它们自己组成队伍继续飞行,努力去追赶原来的雁群……

从"雁行理论"看团队建设,目标一致是团队建设的基础,以合作取代独力竞争,一起创造整体的工作价值;同伴之间愿意协助他人,也愿意接受他人的帮助,这一种同伴的关怀和力量,是团队成功的必要条件:既关注每一个生命的健康、灵动地成长,释放和成就最好的自己;更要互相支撑、彼此成全,追求在"成就他人"的过程中"成就自己"。这是一个人自主发展的最高境界,不在于战胜别人,而在于提升别人。用生命点燃生命,用生命唤醒生命,让彼此的生命怒放,闪现耀眼的光芒。

（一）从自主发展到互"点"共"燃"

多年的办学实践让我深深体会到，要办好一所学校，一定要把关注点聚焦在人的身上。激发师生自主成长的愿望，将实现师生的自身价值与学校发展统一起来，在成就学校的同时，成就师生。基于"点燃教育，让每一个生命都闪光"的办学理念，把育人目标细化为三个层次，即"自行闪光""照亮他人""充满温暖"，实现从自主发展到互"点"共"燃"的价值追求。

首先是尊重个体的自主发展，让自己"闪光"。师生的自主发展源自他们的内在需求，我们坚信教师、学生、家长，都是一个个朝气蓬勃的生命体、一个个有血有肉的生命个体，我们的教育目的就是点燃每位孩子的成长激情，让他们自主发展；点燃每位教师的专业激情，让他们自觉发展；点燃每位家长的参与激情，让他们自动发展。学校提供个性化发展的多元平台，助力成长，激发校园中每一位学生、教师乃至家长自我成长的内驱动力，引导他们走向自我发展之路，想方设法点燃他们心中的那盏明灯，唤醒生命的自觉，开掘生命的潜能，激起无限的生命活力。

以学生多元发展需求为基础，学校课程设有培养学生兴趣特长包含"语言、思维、艺术、体育、科技、信息、生活、健康"的八大板块 100 多个项目内容。光是"艺术类"项目就达 56 门，面向所有学生开放，最大程度满足学生的个性化发展需要。每周一的升旗仪式每个孩子都可以上台，每个月的校本节庆人人参与，从入学仪式到毕业典礼人人展示，在附小的五年每个人最起码有 30 次上台的机会。（见图 1-3）同时，也为学有专长的孩子创造自我闪光的时刻。不少学生是钢琴爱好者，学校就设立专项课程，学校大厅放置一架钢琴，举行"小钢琴家"个人演奏会，每天午间给予他"发光闪亮"的机会；也有同学特别喜欢画画，学校就给他举办画展，专门开辟四条楼道作为画廊，供"小画家"每周更换新的作品……为崭露头角的他们提供展示自我、交流技艺的舞台。

其次是赋予群体的自主发展，让团队中的人互"点"互"燃"。学校教育的过程是生命唤醒、生命成长、生命互动的过程。每所学校都是由学生、教师、家长共同构成的生命成长共同体。学校以师生共同成长的文化为引领，如同大雁南飞，每个人都是一路同行中最好的伙伴。"点燃教育，让每一个生命都闪光"所追求的就是这样一个共同体发展文化：学生和学生团队、教师和教师团队、家长和家长团队，乃至学校和社会的团队，都是人际关系融洽、和谐、众志成城的"团队"，

图1-3 奉教院附小每周"升旗仪式"

只有凝聚团队发展愿景,才能人人有归属感、责任感、荣誉感,实现教师、学生、家长、集团、社会的互"点"共"燃",影响和点燃更多的人,让整个社会都温暖起来。

为助推教师的群体自主成长,学校积极探索"价值目标引领下的构建各层次教师持续发展链的实践研究",点燃见习期(含前置期)、新手期、胜任期、成熟期教师群体发展的激情和活力,拓宽了教师主动成长、快速成长的通道。学校开办至今,附小17位教师评上了中学高级教师,30多位教师参加上海市中青年教学评比获一、二等奖。同时,输送了10位教师走上校长、教研员等管理岗位。

就是这种凝聚团队精神的共同发展,才有更多老师的发展和成长,实现从自主发展到互"点"共"燃"的价值追求。

(二) 在"成就他人"中"成就自己"

清华附小是一所承载百年家国情怀的名校,那里有座高高的雕塑——"彼此的抵达"给我留下了深深的印象,窦桂梅校长说:"彼此成就是学校管理的第一哲学"。是啊,成志大道,便是校园里彼此成就、一起走向美好的路程!

彼此,即考虑对方,为别人着想;成就,取得成功;彼此成就,让大家都能取得成功、实现目标;抵达,到达;"彼此抵达",让大家都能到达所期望的地方或是实现愿望,使美梦成真!这几个闪光的字眼,表达的是一种特别美好的胸襟!令我敬仰!

此时，在我的眼前闪过了这样的一个景象：那是在我刚刚入职时，发现到了期末复习阶段，身边的老师们都比较神秘，办公室里从来不讨论你在复习什么？怎么复习？更有甚者，进入课堂上复习课时，会把门关着，还会用小黑板挡住窗口（当时条件差，教室没有装窗帘），生怕别人"偷走"。

这种"分分计较"、以"成绩"论"英雄"的评价制度，把老师们推向了自我封闭、自我隔绝的状态。不仅让教师滋生个人主义思想，很难顾全大局，甚至在竞争对手遇到困难时，不是伸出援助之手，而是暗自高兴或是幸灾乐祸。这种在内心希望别人遭遇失败与痛苦，不希望别人成功与幸福的不正当竞争现象，在我们的身边不乏有之。

还记得2021年的那场高考吧：在河南省平顶山市一考场内，一名考生突然情绪失控，先后撕掉了后侧和右侧两位同学的答题卡。情绪崩溃，为什么不撕自己的答题卡？说白了，这就是一种典型的不正当竞争心理，我考砸了，你们也别想好过，我能拉一个是一个！自己失去了希望，也要毁掉别人的希望，可是她并不知道的是，她毁不掉别人的成绩，反而毁掉了自己的人生。

孔子说："己欲立而立人，己欲达而达人。"这是儒家思想的最高境界之一：一个仁爱的人，不仅仅关心自己的通达和成功，还要有一颗宽广博大的心胸，心系他人，能够为他人着想，在成就他人的同时也成就了自己。① 在成就他人中成就自己是一种胸襟和责任，我们国家的"一带一路"发展战略，就是体现了一个大国的胸襟，做到与其他国家互利互惠、共同发展。其实这也是一种社会人际关系的准则，我们每个人都想在这个世界上安身立命，如果自己想立，就要有心帮别人立起来，换位思考、推己及人、彼此成就。

"点燃教育，让每一个生命都闪光"其目标的终极指向就在于"在'成就他人'中'成就自己'"。"点燃"就是希望别人成功、帮助别人成功、赞赏别人成功、成就别人成功。当我们成就他人的时候，同时也在成就着我们自己。因为只有真心实意把他人放在心中、发自内心帮助别人的人，才会获得他人的真心相待，在不知不觉中反而会成就自己。正所谓"赠人玫瑰，手有余香"，回过头来，你就会发现原来最受益的那个人是你自己。

在"成就他人"中"成就自己"，那是学校与师生、师生之间、生生之间、父母与子女、学校与学校之间、社会生活环境与人之间的双向互动、相互学习、相互唤醒、相互顿悟，相互成全的最高境界，也是附小人共同的核心价值追求与神圣使

---

① 夫仁者，己欲立而立人，己欲达而达人[EB/OL]. 百度, APP.

命。在"成就他人"中"成就自己",是培养心中有他人、心中有集体的意识和情怀,它强调的是集体主义意识、体现的是集体主义精神、培育的是集体的荣誉感。有了集体荣誉感,团队才有凝聚力,才会合作"点燃"彼此,才会达到"众人拾柴火焰高"的样态,产生无比巨大的能量,更能激发每一位师生的成长热情,齐心努力,共同发展,彼此到达。

三、方法：以生命自觉激发生命潜能

在学校的一个微信工作群里,一位老师发了一个视频,我看了一遍又一遍,每次都被感动和震撼：

草原上,一匹马陷入沼泽地,四条腿和整个肚子都已陷入了泥潭,只有头和背露在外面,看情形已是奄奄一息。此时,牧民三兄弟来到草原,看到奄奄一息的这匹马,二弟摇头可惜,小弟想要跳进沼泽地去救。大哥蹲下身去,看了又看说：陷得挺深呐,失足陷进去的马一般是出不来的。大哥手抓起泥潭中的泥,又说："去,去把马群赶过来!"一会儿,一大群马赶了过来,三兄弟挥着马鞭,赶着马群绕着沼泽地,让马群不断地奔腾,一圈、一圈地奔腾! 那匹马看着奔跑的马群,挣扎了一下；马群不停地奔跑,那匹马继续在挣扎；马群不断地鸣叫、奔跑,那匹马努力地向上蹬腿,一次、两次、三次……露出了半截,继续努力……马的膝盖跪倒在地,再使劲全身力气往上蹬,马蹄跪倒在地,马匹奋不顾身地往上再蹬,最终脱离了泥潭,跟上了奔跑的马群。

相信,这匹马之前一定也做过很大的努力与挣扎,但是都未能成功,无助、伤感、绝望让它失去了生存的希望,它只能认命、等死。而马群的奔跑和嘶鸣,那是用灵性的生命在呼唤生命的觉醒,点燃它的内心,唤醒了它对生命与自由的向往,激增了生命中蓬勃向上的力量,奋力一搏,最终成功了,垂危的生命也获得了新生! 而真正从泥潭深渊中奔腾而出的,除了马群的引领及唤醒,更为重要的是自己的觉知,是激发内在潜能,是对生命的渴望![1]

此刻,我们真实体会到了"点燃教育"的真谛,同时也引发我们深层思考："点燃"生命的觉醒更为重要的是引领和唤醒生命的觉知,以生命的自觉激发生命的潜能,并爆发出无穷的生长的力量,发出最为闪亮的光芒。

---

[1] 吴赛英. 深陷泥潭的那匹马[EB/OL]. 英英的空间,APP.

(一) 因人而异,发现潜能

我们说:每个孩子都是一个独特的生命体,他们是自己人生的设计者、创造者、实现者。而生命本身就是一个奇迹,每个人的心中都蕴藏着无限的潜能,这是与生俱来的、是无穷无尽的。但是如果只有潜能,没有发现和释放潜能的方法和正确的教育,那么,孩子的潜能也许就这样被无声无息地埋没了。

潜能是隐藏在每个人体内的一座宝藏,是尚未表现出来的能力,需要点燃才能被激发、唤醒和释放,就如"鞭炮"一般,只有点燃才能爆响和闪光。教育是人的教育,教育就是去点燃孩子们身上所蕴藏的无限的潜能。苏霍姆林斯基在《要相信孩子》一书中说到:"每一个儿童身上都蕴藏着某些尚未萌芽的素质。这些素质就像火花,要点燃它,就需要火星。"教育就是火星,可以"点燃"儿童身上的素质。

这"火花"由谁来点燃?怎么点燃?在我们附小相信每一位孩子都有着属于自己与生俱来的天赋和潜能,学校、教师、家长乃至社区都应该成为学生潜能激发的发现者、支持者、赋能者,认真对待每个孩子的特质、兴趣和目标,学校尽最大的可能提供丰富的课程、实践的岗位、多元的活动帮助孩子们体会到自己的潜力,支持、赋能孩子的成长。

"深陷在泥潭的那匹马"给予我们深刻的启示:学生潜能的"点燃",更为重要的是从"被点燃"到"自我点燃",让生命自我觉醒、自我激发与释放。孩子是生命的主体,在每个孩子的心中他们都有着自己的梦想,他们也在为自己的明天和未来勾画最美好的"蓝图"。可不幸的是,在他们的成长轨迹中,不是由自己去"点燃"自己的兴趣、爱好以及个性特长,而往往由家长、教师代替孩子来设计他们明天的成长轨迹。我们不倡导这样的"被点燃",我们更为注重的是走进孩子的心田,去认识孩子、了解孩子、赋能孩子,让孩子"点燃"自己的兴趣、爱好以及个性特长,成为自己未来的"设计师"。

每个孩子都有无限的潜能,而兴趣往往能成为发现孩子潜能的一把钥匙,帮助孩子创造出属于自己的奇迹。任何人的兴趣、个性和特长,包括气质和性格都各有不同,教育也必须因人而异,把兴趣点燃,并发展为学生的潜能。

兴趣是潜能的"指征",兴趣出现有早有晚,潜能越大,兴趣出现越早,反之则较晚;兴趣的诱发条件与外界环境有关:外界环境越是单调,兴趣表现越差,反之则越好;兴趣无境界高低之分,可以百花齐放。不能把学生的兴趣范围局限在课程、学科之内,学生的兴趣可能在田园劳动中、在饲养动物上、在研究植物中、在着迷天气变化上……学生的兴趣也不仅仅表现在音体美等艺术、运动外显的喜悦上，更可能发生在对科学研究、对服务他人、对某一物体的爱好上。

兴趣是每个孩子的成长"密码"，孩子的兴趣不是简单的以"遗传"家长的兴趣，以家长的意志为转移的；也不是老师认为他有没有兴趣，更不是以学业成绩来判断孩子的兴趣有没有价值。有些兴趣表面上看是一些无用的兴趣，实则是可以转化为很有用的才能，但往往会被学校、教师和家长所忽略。抹杀学生的兴趣就是抹杀学生的潜能。

只有尊重孩子、了解孩子，眼中看到孩子，心中想到孩子，尊重差异、欣赏个性，才能更好地去发现、激活学生的兴趣，唤醒孩子们成长的潜能。学校采用量身定制的"每个孩子都是温暖的小太阳"课程，构建多维立体的课程群，让孩子们在可选择的课程体系、支持型学习环境、开放的社会实践与合作的学习文化中成长，让每一个学生成为最好的自己。学校回应"双减"政策和课改要求，抛弃了传统的"分数""成绩"为唯一标准的评价，更注重为学生创造一个良好的生态环境，把孩子的生命成长放在校园中、生活中、大自然中，把课堂学习与校园运动、生活劳动、社会活动紧密融合，让孩子们灵动成长。

孩子是大自然中鲜活的生命体，学校就为他们营造一个5亩的"绿太阳农庄"。这里有池塘、有农田，有果园，还有动物园，构成了一个颇具孩童气息的"自然博物馆"。在这个大自然里，孩子们可以展开丰富多彩的农学实践、蔬菜种植

图 1-4　奉教院附小"绿太阳农庄"

研究、昆虫观察、物候观测、水生物调查等探究活动,在自主探究中发现"自然"的答案;孩子们也可以找到心灵栖息的场所,课间、课后、双休日里都可以来学校享受大自然给予的生命气息,他们可以和小白兔、小金鱼、孔雀、天鹅等动物对话,也可以触摸果树、鲜花、池塘、小桥等,用他们最喜欢的方式展示着成长的幸福。

当然,孩子的兴趣是不是越多越好?只要孩子有兴趣的,是不是我们都要保护、支持和激发?我们的主张是,学校、教师和家长也要因人而异、因材施教,因兴趣的利弊而引导。尤其是要防止那些不良环境下诱发的不良兴趣,如"网游"等不利于孩子健康成长的游戏。

(二) 生命"互燃",开掘潜能

每个人都有无限的潜能,学生是,教师也是;潜能不仅仅是一个人潜在的能力,也可以是一个团队、一个群体潜在的能力。潜能的"点燃",应该呈现多管齐下、多元点燃的状态。学校、家长和学生会发现教师的潜能,并能产生"被点燃"和"自我点燃"的效应,教师同伴之间、学生同伴之间、教研组之间、项目团队之间都有可能彼此合作的生命"互燃",开掘彼此的潜能,只要用心去做,一切皆有可能。

俗语说,孤掌难鸣,独木难支。其实"孤火"也难烧。如果旁边没有可燃烧的东西,即使星火再大、再强,也最终化为灰烬;火势蔓延需要强劲的风势,只有风助火燃,才能形成漫山遍野的熊熊烈火。兴趣,是一个人生长中的能力和信号,这种能力和信号就如同那点点"星火"。如何让这点点"星火"永远"点燃",并让其"燃烧成一堆火焰"?这其中,传递和分享非常重要。曾看到过这样一则消息:学生对一个物体、一个人或一项活动的兴趣可以被学生的思想、态度和社会角色所诱导。简单来说,年龄较小的学生更容易受到父母和兄弟姐妹的影响而对某些事物产生出兴趣。随着年龄的增长,同龄人的影响力会变得更大。在大约12岁的时候,学生更容易受到朋友和同龄人的影响。[①] 这就是说,兴趣与潜能,是可以传递、分享、感染,并能帮助学生产生兴趣,诱发学生潜能的开发。比如,学校举办"作家进校园"阅读见面会、社区农科院参观与实践、观摩乐高机器人大赛等等,都可能会诱发孩子们对某一事物、一项活动、一个人的兴趣与爱好,学校、家长和教师能保护这份好奇心,孩子们的潜能"星火"就会被"点燃",并与其他有相同爱好的同学、老师甚至是校外的专家产生"互燃",开掘潜能。这种被同伴或

---

① 如何有效挖掘学生多元潜能[EB/OL]. https://www.sohu.com/a/4176542030824419.

是学校群体活动所发现、所赞赏、所激励,更能驱动学生潜力的愿望,会持续不断地唤醒和发现潜能,促进个性发展。

兴趣是多方面的,在每个孩子身上的不同层面都能诱发出来,某种兴趣在每一个人身上都可以诱发出不同的潜能;兴趣有大有小,在团队和群体"互燃"中,兴趣更大的人,发挥的作用更大。兴趣和潜能的分享和传递,可以让更多的人成为自己的"同好",这种传递可能是一个同学对另一个同学的分享与感染,也可能是其他几个同学对一个同学的传递与影响,诱发出其他同学的兴趣与潜能;还可能是一位老师对一个同学或是一群同学的了解与帮助,更可能是一个学生或是一群学生对一位教师的影响和感染,正所谓"教学相长",生命共闪光。

因此,学校和教师的责任重大,需要尊重孩童的差异,因材施教;需要走近孩童的心灵,了解和发现孩子们在想些什么?关注些什么?对什么事物和活动产生好奇?学校和教师,乃至家长都应有意识帮助学生进入不同的"团队"和"群体",营造良好的师生关系、生生关系,鼓励学生加入兴趣社团,让孩子们找到"个人"和"群体"的归属感,不断地传递、不断地分享,不断地呵护孩子们的好奇心、兴趣和爱好,用生命的"互燃",开掘潜能。这样,才会让点点"星火"形成"漫山遍野的熊熊烈火"。

第二章　构建:营造"点燃式"教育生态

在一次语文教研活动中,区小学语文教研员蒋老师给我们带来了一个绘本故事:《安的种子》,讲述了一位老和尚分别给"本""静""安"三个小和尚各一粒珍贵的几千年前的莲花籽,让他们各自去种出千年莲花的故事。

"本"想要第一个把它种出来!于是把种子埋在雪地里,自然种子是不会发芽的;"静"琢磨着怎么种出莲花来?到了春天,他把种子埋在金花盆里,按照书上说的用了最名贵的药水和花土。他怕种子受冻,把金花盆搬进了最温暖的房间,又用金罩子罩住它,可想而知种子也不会存活;"安"做的事情看上去很简单。他并不急着去播种,而是把种子装进小布袋里,挂在自己胸前,一如既往地扫地、挑水、散步……等到春天来了,他在池塘的一角种下了种子。不久种子发芽了、长出嫩嫩的绿叶。盛夏的清晨,在温暖的阳光下,古老的千年莲花悄然盛开了。

台上,蒋老师娓娓动听地讲述着故事。台下,老师们时而凝神深思,时而频

频点头，时而又下笔记录……

我想，《安的种子》原本是写给孩子们的绘本读物，可其产生的作用不仅仅在孩子层面，让每一个大人，家长、教师、校长等都会受到不同的启发。三个孩子拿到种子后，以不同的心态和做法对待，得到的"命运"却是不一样。"安"的等待，让千年莲花盛开，那是顺应自然的等待。春播秋收，是对大自然法则的认识、尊重和顺应，是土壤、空气、阳光、雨水和适合的温度供给植物的养分，顺应自然规律的培育才是成功的培育。因为，"生态"是遵循生命的节奏和规律的。

植物培育如此，教育亦如此。理想的教育生态也要有温暖的气候、肥沃的土壤、蓬勃的生机，有让每一位师生都绽放光彩的舞台；理想的教育生态应是遵循教育规律、符合生命成长节奏和规律，让师生拥有一个自由发展、顺畅呼吸的空间。

"点燃式"教育生态，需要把学生、教师、家长、学校、家庭、社区、学习内容、方法、评价和环境看成一个教育生态系统，顺应生命自然生长的法则，尊重教育的科学规律，着眼于生命的发展、生命与生命的关系、生命与环境的关系，营造"三圈层"的教育生态结构、"三空间"的教育生态环境、"三供给"的教育生态保障，以点燃师生内心发展的激情为追求，从"被点燃"到"自我点燃"，乃至到生命与生命的"互燃"，实现从自主发展到互"点"共"燃"的教育价值。

一、三圈层："点燃式"教育生态结构

学校中，每个老师、每个学生都是一个独立的生命个体，不同的人有不同的个性特长，不同的人有不同的发展起点、不同的人有不同的生长环境。因此，每一个生命体都会呈现出不同闪光时刻、发出不同的能量。"点燃教育"就是顺应人的自然生长规律，依据教育教学的规律，构筑"点燃式"教育的"三圈层"，即："被点燃""自我点燃""互相点燃"。"三圈层"生态结构，其核心特征为"点燃"与"被点燃"。"点燃"与"被点燃"，无处不在，无时不在。它们以互相

图1-5　奉教院附小"点燃式"教育的"三圈层"

交叉、互相融合、互相贯通、螺旋上升、逐步递进的样态呈现,可以是多开端同时进行,也可以反复循环"点燃",在过程之中不断交融,让生命体闪光发亮。

"被点燃""自我点燃""互相点燃"不是固定物化、一成不变的,而是在不同的目标学习、在不同的过程阶段、在不同的生存环境、在不同的群体之中,动态形成"闪光点",都有可能形成不同生命体的"被点燃""自我点燃""互相点燃",形成交叉、螺旋、循环的教育生态结构。

(一) 被点燃——唤醒内心驱动力

"被点燃"是来自外部的刺激和引导,是一种尊重、欣赏、肯定、鼓励等给予师生以强大的自信心而产生的内驱动力,唤醒潜能,让他拥有变得更多的热量,闪光发亮。这外部的刺激、引导可能来自教师、同学、家长等身边人的情感激励、言行鼓舞和方法引导,也可能来自课程、活动、实践、评价等学习载体的体验、发现与激活,还可能来自群体的一次活动、一个项目、一次讲座等彼此合作和肯定。我们相信每一位师生一定是一个"可燃"的人,虽然自己不会主动燃烧,但可以被"点燃",只是他们各自的"燃期"不同而已。我们需要给这些"种子"以阳光的照射、雨露的滋润、肥沃的土壤,营造良好的生态结构。只有这样,"种子"才会慢慢生长,让其拥有足够的自信和内驱动力,变"被动"为"主动","火种"才会"被点燃",绽放出美好的光芒!

在我们的学校,每月会在师生中开展"寻找身边的闪光点"的活动,发动教师、学生、家长乃至学校的保安叔叔、保洁阿姨、食堂员工,一起寻找身边的"特长"、身边的"感动"、身边的"最闪耀的星",让师生自己找、同学同伴互相找、老师家长帮助找、叔叔阿姨发现找……找到师生们内驱能量的"燃点",同时,搭建"绿太阳星光小舞台",开展品牌教师"一月一品牌、一周一名师、一队一建设"宣传,"点燃"并欣赏、支持与激励,让师生树立自信心,激发内驱力,从而达到"自行闪光""照亮他人""充满温暖"的目的。

校园中,身边的"特长"、身边的"感动"、身边的"最闪耀的星"的寻找和表彰活动,让更多的师生和员工学会用一双欣赏的眼睛、用一份尊敬的情感,去发现、去点燃身边的人,同时自己也得到了别人的尊崇,实现了共同的发展。

(二) 自我点燃——唤起觉醒意识

"自我点燃"是发自生命个体的内在激情,表现为对学习、工作、生活的无限热情,是以生命的自我觉醒意识激发生命的内在潜能,并爆发出无穷的生长的力量,也能把自己身上的巨大能量传递给他人,一起朝着更好、更高的方向发展。

日本企业家稻盛和夫在他的《活法》一书中说:想要成就某项事业的人,都必须是具有燃烧般热情的、自燃型的人。我们以为:自我燃烧,也需要"被点燃",就像"陷在泥潭中的那匹马"一样,没有马群的奔跑、嘶鸣,也不能唤起那匹马的生命觉醒。只有生命与生命的呼唤,才能点燃内心之火。如何让师生实现"自我点燃"?那就需要"点燃三把火":首先是"热爱之火",热爱是"点燃"激情"火把。教师要热爱自己的学生、热爱自己的事业、热爱自己的学科,唯有热爱,方有动力,学生要爱上学习、喜欢学习,一旦喜欢,就能增强学习的兴趣;其次是"目标之火",要明确自身的发展目标,肩负责任感和使命感,借助目标的力量点燃自己,从而焕发出自己的炫丽色彩,收获满满的成就感和自信心,在"被点燃""点燃"中产生挑战下一个目标的内驱动力;再次是"团队之火",一滴水只有放进大海中才不会干涸,一个人也只有在集体中才能最有力量。彼此信任、相互依赖、互相成就的团队,会让人找到自身的"燃点",发现自己的价值。在个体闪光发亮的时候,又会得到团队成员的欣赏、激励和鼓励,个人的激情和潜能再次"被点燃",使其持续寻找"自行闪光"的"燃点",发出更美的光亮和更温暖的能量。

2019年夏,源于教育均衡发展的需要,教育局安排学校整体吸纳周边一所公办小学,小学中所有教师都纳入学校编制之中。30位教师一下子涌入学校,如何让他们尽快融入学校环境,并认同"点燃教育"核心文化,对我们来说是一个比较大的工程。暑假中,我和班子团队一个一个地和他们见面,有的在办公室沟通、有的在家访中了解、有的在活动中增进情感,了解了这些教师的兴趣爱好、个性特长、家庭生活以及他们对教育工作、专业发展的需求。其中,一位男教师引起了我的注意,他是一位体育老师,已有30多年的教龄。在跟他沟通时,他开口就说:我不喜欢上体育课,也不情愿来你们学校。我怔住了:一般教师都表示很想来我们学校,即使不想来也不会当面跟我说吧?我也没有追问其原因,只是问了一句:你喜欢什么?他说:我闲下来喜欢写写书法、练练字。"那你的字一定写得很好啦!"我笑笑说。他说:写得也不咋样,只是喜欢。一位有个性的教师,一位直爽脾气的教师,我想应该也是一位可"点燃"的教师。在假期中,我就有意识聘请一位市书法家协会的老专家担任学校师生的书法顾问,他和其他书法教师一起参加书法培训。其实,我是在给他舞台:假如能在这次培训中有所收获,那下学期就让他担任书法教师。果然不出我所料,此次培训,他很用心也很虚心,在团队的影响下,他的书法技艺得到特别大的长进。在随后的课务安排中,我让他担任了书法老师。我还给他一个任务,去设计好自己心目中的最理想书法教室,不久就给他配备好,期望他不仅带好学生学好书法,也希望在书法教学上有自己的成就。也真是不负学校所望,这位老师爱上了书法教学,工作的激情高涨,并以他的教育激情点燃了学生的书法兴趣。一个阶段后,孩子们的书法作品已经有模有样了。为了让这一把"火"继续燃烧,学校联系社区,在社区文化中心布展这位老师和他的学生书法作品,引起了不小的轰动。

相信和这位教师一样,每一位教师身上都有自己内心的喜好,都有潜在的能力,只要走进其心灵,了解教师的内心发展需求,也一定会"点燃"每一位教师最为闪亮的一面,让其发出光亮。

(三)互相点燃——焕发团队生长力

"互相点燃"是团队成员中彼此发现、彼此欣赏、彼此激励、彼此成就。这种"点燃",是"被点燃"和"自我点燃"的"共燃";也是个体和个体间、个体和团体间、团体和团体间的交叉"点燃",大家不分彼此,共同闪光,互相传递热量;还有教师、学生、家长、学校、社区等在不同环境中的"互燃",你点燃了他人,他人又点燃了其他人,"火把"循环往复的接力,让"星星之火"得到"燎原之势",把团队中的每一个人的激情点燃起来,让师生之间、生生之间在学习、工作、生活中领悟和觉醒,不断发现同伴的优点、长处,也把自己的长处、优点分享给大家,不仅激活、唤醒师生的成长潜能,而且达到团队成员的多元发展,各美其美,让彼此互为生命中的贵人。

在我们附小传颂着这么一则"婚礼上的教研活动"佳话。2010年5月,美丽的新娘张晓燕幸福地踏上了红地毯,沉浸在人生中最幸福也最神圣的时刻。隆重的婚礼按照预先设定的流程一一进行着,大厅里灯光璀璨、喜气洋洋、欢声笑语、情谊融融……可临近大厅旁边,还有一个特别的包厢。这里,团团一桌,围坐在一起的是附小英语教研组的成员。桌上摆满的不是婚宴酒席,而是笔记本电脑、教学资料、教具学具……他们正兴致高昂地在研究明天公开教学的内容。这是什么情况?原来明天是张晓燕的徒弟小潘首场公开教学课。徒弟忐忑,师傅更不放心。于是,由师傅安排把教研活动的场地挪到婚礼"场景"中,这样便于师傅在婚礼的间隙中再次磨课指导和最后把关。美丽的新娘、洁白的婚纱、专注的研讨……"婚礼上的教研活动"构筑了一道美丽的风景线。

功夫不负有心人。第二天,小潘老师成功地完成了首场公开秀。师傅张晓燕用附小特有的"点燃教育"的情怀,助燃着徒弟们的教育情怀和成长内驱力。小潘老师迅速成长,从站稳讲台到站优讲台,荣膺"上海市英语教学比武一等奖"。而今,徒弟小潘也成为了师傅,她持续传递着师傅带给她的"那把火",照亮、温暖、帮助着身边的同事和集团内的老师:只要谁有需要,成员中的每个人都会紧紧抱团一起"作战",这个激情与温暖影响的不仅仅是英语组的老师们,还有在背后默默支持的家属们。就这样,在成就他人的过程中成就自己,散发出更多的能量和光芒。我们的英语学科组连续产生了5个上海市英语教学比武一等奖。而这种激情也在集团内迸发,带动了整个集团的英语教学,处于区域边缘学校的奉城二小马丽莎老师也在2021年获得上海市英语教学评比一等奖。

"婚礼上的教研活动"成为佳话不断在传颂着。我们的张晓燕更是谦虚地说道:这是我们"点燃教育"的情怀,我的成长也是来自于学校的"点燃""助燃",没有学校选送我去静安一师附小的跟岗学习、没有市级英语专家的带教、没有学校给予的支撑,也就没有现在的我。

二、三空间:"点燃式"教育生态环境

当今,越来越多的人们喜欢大自然的环境,总是在闲暇时间里去踏青、去爬山、去看海……双休日里不能远游,也要去公园的草坪上支个帐篷躺上一个下午,而不在家里舒适的大床上休息。那些山水花草吸引我们的是什么?道理用不着讲透,自然是为了感悟大自然和谐、健康、温暖的生态之美,和大自然交融、和谐相处,让生命得到自由的释放,获得一种身心愉悦的幸福情感。那学校是否也像大自然一样,能够为其中的每一个人提供一种理想的工作、学习和生活环境,让每一个人能够释放生命、自由成长,感悟人与人之间幸福的情感关系?我想:应该这样。

生态学最核心的观点就是生物间相互联系,生态平衡,共荣共生,可持续发展。① 人是学校教育生态中的重要生命体,学生、教师、学生家长及教师家属都是学校教育生态环境中的一份子,师生发展必然进入到环境营造、人际关系的空间之中,而不能狭隘地圈在课程实施、学科学习,而是把课程实施、学科学习扩大和延伸至各种生活空间、文化空间、家庭空间、社会空间,去构建适合每个生命体"生长"的内部和外部环境。

"学校文化生态""师生生活生态""师生家庭生态"也就自然构成了"点燃式"

---

① 刘呈祥.营造理想"教育生态"[N/OL].《山东教育报》综合版:http://www.sdjys.org/index.php/News/view/id/4520.html,2012-11-10.

教育生态环境的"三空间"。(见图1-6)

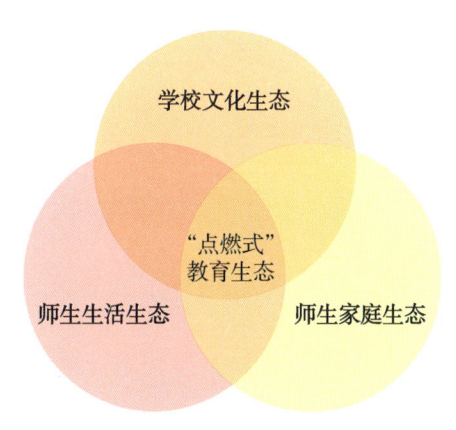

图1-6 奉教院附小"点燃式"教育生态

"学校文化生态""师生生活生态""师生家庭生态",三个空间既能体现相对独立的运行特点,又能体现两两相交、互补不割裂的运行特点。"三空间"生态环境彰显了"眼中有人""心中有人"的办学思想,凝结了深厚的人文情怀,让"点燃""被点燃"无处不在、无时不在,融入学校文化的各种场景、师生活动、家庭生活之中。学校努力做到两个"找不到":找不到没有任何生活因素的课程学习和学科教学,也找不到没有任何课程学习和学科教学因素的师生生活和活动,时时处处让教师、学生、家长和家属在这样的环境中获得尊重、欣赏、激励和幸福。

(一)营造唤醒生命成长的文化场景

假如现在去做个社会调查,问问行走在路上的教师和学生:你到学校去干什么?我想:99%的学生会回答:我去学校读书;100%的教师会回答:我去学校教书。学校除了是学生学习和教师教书的课堂,它还应不应该具有其他功能?

"上班就是赴一场盛宴"。郑州艾瑞德国际学校的教师白露露的这句话刷爆了学校教师的朋友圈。[①]"赴宴"是什么心情?激动、期待、兴奋!一定是这所学校的某种东西在牵引着她。我想牵引她的一定是学校共同的价值愿景、舒适的文化环境、温暖的生命关怀、和谐的人际关系,让师生释放生命的自由、舒展心灵的放飞、唤醒成长的潜能,让每个人都成就闪光的人生。"上班就是赴一场盛宴",归根到底是学校文化带来的魅力。

---

① 李建华等.重塑教师群体幸福感的思考[J/OL]《河南教育·基教版》,2020年第03期.

学校文化是学校的根基与灵魂所在，是学校师生的精神家园，是生命成长的"根"。附小人所希望的学校文化不是硬邦邦的一个雕塑、一行文字、一堵墙、一间专用教室……而是赋予师生学习、工作、生活和活动的一种"场景"。这里有师生们的身影和足迹，这里有师生们的争论和探索，这里有师生们的设计和展示，这里还有师生们的笑声、歌声、呐喊声、读书声，这里更有师生们对社会的向往和对未来的憧憬……这些"场景"都烙上了学校文化的印记，那是尊重生命、欣赏生命、激励生命、唤醒生命的"点燃教育"旨归。

"营造唤醒生命成长的文化场景"，不是靠校长想出来、设计出来，而是由学校的全体师生员工共同设计、创造出来的：

校园的墙面上布满了孩子们的作品展示：绘画作品、书法作品、手工作品，还有孩子们田园劳动的成果，都可以在校园里展示。学校墙壁空间无处可挂时，孩子们会用木板、夹子、绳子做创意墙，尽情展示自己的学习成果；

因为有了学校的"自然博物馆"，孩子们也因此有了各种各样的节日："自然节""劳动节""游戏节""童话节"……孩子们可以和老师、家长一起创建节日文化、创意节日的主题、策划活动方案、营造节日氛围、共享节日快乐……学校也就成了"群星闪耀的天空"，每一颗星星在属于自己的生命维度闪光、发亮；

校园的舞台是没有"天花板"的，舞台到处可见，每个孩子都是主角。在我们

图1-7 奉教院附小"绿太阳星光小舞台"

校园里还有一个小小的特别舞台,叫做"我的星光小舞台",任何同学都可以报名参加,老师不做筛选,只给支持,人人都有机会。小舞台每周表演一次,半小时内可以有7、8个孩子登上舞台,或唱歌、或跳舞、或朗诵诗歌。不论是什么样的孩子,只要有勇气,都可以走上舞台展现自我,找到自信。

"上班就像在花园里散步""学习就如同和大自然拥抱",我们的师生如是说。

(二) 创设师生幸福栖息的生活乐园

"孩子最近成绩有进步吗?"恐怕没有一个老师、家长、校长不关心这个问题。但是,孩子在学校里学习、生活幸福吗? 大概就很少有人关注了。

乌申斯基说过:"教育的主要目的在于使学生获得幸福";苏霍姆林斯基也说过:"教育的理想在于使所有的儿童都成为幸福的人。"我们想:人生不是来吃苦受难的,追求幸福是人生的主题,只有感到幸福的人,他的人生才是快乐和阳光的。

幸福是什么? 师生的幸福又是什么? 是解出一道难题的"快乐"? 还是获得成绩第一的"甜蜜"? 我想:这都不应该是师生生活幸福的本意吧。那师生的幸福到底是什么呢? 叶澜教授说:"幸福不能用理性来解释,但能用感性来体验。我们教师要追求幸福的话,就要懂教育。"叶澜教授认为:"育"是一个向内的过程,育知识、育个性、育品质。教育的"育"给人最大的一个礼物就是"让每个孩子变成更好的自己",教育使孩子懂得自己是谁,会对自己的生命抱着一种希望,学会把握自己的命运。① 从叶澜教授的论述中我看到了我们所追求和希望的师生幸福栖息在生活乐园的模样。

幸福的校园是互为温暖和彼此成就的。学校就是师生们一片休憩与心灵栖息的净土,在这里,尊重与被尊重、需要与被需要、欣赏与被欣赏、激励和被激励,让每一个师生都闪光,释放一个伟大的自我,成为我们大家的共同行为文化。学校和教师蹲下身来和孩子一般"高",俯下身来听听孩子的心声,看到每一个孩子的闪光点,帮助孩子成为自己最好的模样;教师之间、生生之间、家长与师生之间心心相依、心心相印,互为点燃,让彼此成就了彼此。

幸福的校园是多彩和轻松的。在我们的校园里,学生和教师都能享受到七彩阳光的照射,这里可以拥有学习力、可以触摸大自然中的动植物;可以绘画生命中的梦想、可以在操场上呐喊奔跑;可以结交很多很多的朋友、可以释放自己的心情;

---

① 叶澜.享受双重生命成长是教师职业的独特幸福[DB/OL]人民教育官网,2021年7月17日.

可以培养自己的兴趣爱好，可以站在舞台中央展示自己的才华。教师和学生在多彩和轻松的校园里享受思想的自由，唤醒心灵的自由，充分释放生命的激情。

幸福的校园是有趣而喜悦的。校园里的一草一木、一花一树、一字一画都散发着学校文化的教育滋润，凝聚着一种被关怀的温馨、被尊重的满足、被欣赏的喜悦。师生们只要踏进校园，就会开启一天快乐而幸福的自由之旅：教室里、操场上、走廊中、田野里、花园中、小桥上、池塘边都有师生们的足迹和创意，点燃成长的激情。

幸福的校园是开放且无边界的。唤醒生命成长的文化场景就是一个开放的校园、搭建一个没有边界的舞台。校园既是学园也是乐园更是家园，在这里，校园是没有"围墙"的学校，是没有"天花板"的舞台，课堂不仅仅建在教室里，也建在校园里、田野里、社区中；学习也不仅仅是写字、计算，还可以观察小白兔、研究蔬菜的生长、承担一个服务岗位、制作甜美的点心；校园里到处可见孩子们展示才华的"舞台"：大厅中、走廊里、墙壁上、操场上……让孩子们享受活动、享受学习、享受学校、享受教育、享受多彩童年，在"被点燃""自我点燃""互相点燃"中获得生长的能量，影响和点燃更多的人。

幸福的校园是满足发展需要和获得成长的。校园幸福是享受成长的，而且这个成长是双重的成长，是师生复合主体生命的双重成长。学生的幸福来自于教师的幸福，学校倾力营造生命自觉自主成长的良好氛围。"在附小，我们虽然很忙，但我们有存在感、有幸福感！"附小的教师这样说。教师的幸福感从何而来？我们以为那是理想的职业成就、良好的人际关系、多元的兴趣爱好、成就他人的幸福……学校为教师的自主成长搭建多元的平台和舞台：指导教师站稳讲台、站好讲台、站优讲台，鼓励教师策划和组织校园活动且年年要有新意，激励教师主动申报校本课程开发和跨学科团队主题研究，提升专业水平；工作之余，举办阅读、插花、茶艺、书法、摄影等一系列教师生活课程，让教师充分享受自己的教育生活，努力成长为自己想要的样子；评选"最美附小人"，寄给家属的感恩卡，表彰明德好家属等，让教师体验到幸福并传递幸福。教师的幸福成长感染、带动孩子们的幸福成长，一个微笑、一句鼓励的话语、一个拥抱、一张合影、一次参观、一枚勋章、一次积分、一次评奖……帮助每一位师生获得满满的成就感，每一个生命都能在生活和生长中闪光。

（三）构筑师生生命关怀的心灵家园

良好的教育生态系统，也是一个和谐的人际关系体系，师生关系、亲子关系、家校关系,乃至与社会的关系,都是成就师生幸福成长的内外部因素。家校一条心,才能同心同向而行;家校共育人,才能心手相牵燃梦想;家校同助力,才能蓄能聚光放异彩。家庭是生命的意义,是幸福的源泉,也是师生生命关怀的心灵家园。

在学校里,有学生的家长、也有教师的家属,学生和教师的幸福成长不仅来自学校的文化生态、师生的生活生态,还应来自师生各自家庭的和谐生态。在和谐的家庭生活中,充满了真诚、尊重、理解、支持和信赖,给予师生以心灵的港湾,这是一种"大爱",并把爱的种子播散在师生的心田,在他们生命的旅程里持续滋养一生。学校积极构筑和谐的家校关系,形成以"学校＋家庭、校长＋家长＋家属、教师＋学生＋家长"的共育新机制,点燃家校共育的活力,让"点燃教育"更有力量!

"家长是学校不在编的成员。"在我们的校园里还这么传颂着属于我们的"金句"。假如你来到我们的校园,你就会看到这样一种情景:每天都有家长"坐班办公",在这一天里他们需要完成"八个一"的任务:观摩一次升旗仪式、聆听一节课堂教学、品尝一顿学生午餐、倾听一个学生心声、巡视一次校园安全、开展一次对话交流(老师)、记录一篇办公感悟、提出一个改进建议,这种浸润式"家长坐班办公"已成为我们附小家校共育的品牌。而学校更是给予家长充分的信任与尊重,成立"爸爸俱乐部""祖辈工作坊",不定期地开放课堂、开放活动、开放舞台、开放心理门诊,构建一种和谐温馨的育人环境,搭建家校沟通桥梁,真正让校园成为家长信赖的学园。

教师家属是学校强大的后援团。他们也是学校的一员,学校把教师的家属带到校园,让他们也融入到教师的成长中,让教师家属坚定地成为学校教师成长的幕后英雄、学校发展的参谋者。这种关爱浸润在教师成长场景中的各个方面:新教师上岗了,学校会邀请新教师的爸爸妈妈们走进校园、走进课堂,看一看校园的环境、听一听孩子长大的声音、聊一聊对学校的要求和孩子成长的需求;青年教师结婚了,学校工会送去最真挚的新婚祝福,校长为他们证婚,见证最幸福的时刻;老师得病了,学校工会和领导会去教师家里慰问,送去一份关怀和温暖;教师家里有困难了,校长会调动一切可调动的资源去帮助他们;教师获奖了,学校又会把奖状、喜讯带给家属,让他们同享快乐……

那种心贴心、情连情的"学校＋家属、校长＋家属"的链接会凝结更多的"燃料",助燃教师的发展:学校不定期召开家属座谈会,分享学校的点滴成就、听听教师家属的建议;重阳节里,感恩教师长辈,给爸爸妈妈、公公婆婆送上一个拥抱、一句祝福、一件衣服、一张贺卡；教师节里，邀请家属一起过节；教工社团活动，邀请老师家属一起参加；学期结束，召开表彰大会，由校长给优秀家属颁发奖章，由家属给教师颁发奖状……学校和家属，校长和家属，教师和家属，那种其乐融融的气氛，给予教师感受职业价值的幸福体验，给予教师心灵上最温暖的呵护。

图1-8 奉教院附小"明德家属表彰会"

一位家长说：一种美好的经历，不仅成就了孩子，也成长了自己；

一位家属说：孩子在这里上班很幸福，这种幸福让我感到更幸福。

"点燃教育，让每一个人都闪光"，在附小成为可能、成为佳话。

三、三供给："点燃式"教育生态保障

一位教育专家曾发出这样的"三问"：你要把学校带向何方？把教师带向何方？把学生带向何方？这"三问"也时时叩击着我们的灵魂："点燃式"教育让我们如何走得更远？如何"点燃"学校中每一位师生的内心渴望？校长应要树立一种怎样的管理理念，给正在构建和发展的"点燃式"教育生态予以有力、持久的管理保障？

如果说在学校中，教师和学生都是一个个"火种"，那么学校就是"点燃者"。每一名教师、每一个学生的内心都有"被点燃"的渴望，而他们又是一个个具有不同性格、特长、爱好的活生生的生命，每一个人的不同发展时期又有不同的"渴

望"。面对"数量"不同、"高低"不同、"燃期"不同的"火种",不能被一起"点燃"了,更不能随意"点燃"。

"点燃式"教育生态是一种理念,更是一种实施策略,是一个系统工程,"三圈层"点燃方式初步形成了"点燃式"教育的生态结构,"三空间"运行方式构筑了"点燃式"教育生态环境,如何让"点燃式"教育产生更多更大的能量,需要我们进行全方位管理的谋划和保障。我们认为:现代学校管理应当以指向"成就师生发展"的价值追求,构建以学生为中心的教育生态,学校管理并不仅仅是制度的管理,更多地转向以服务、支持为主导的供给管理。"点燃式"教育生态保障主要体现在"机会供给""服务供给""协同供给"三个层面的保障。这样才能用生命点燃生命,生命才能够有光亮地长大。

(一) 机会供给

我们常说:教育要面向全体学生,关注每一位学生的全面发展。但现实却很"骨感"。在平时的课堂教学中总会发现有个别学生被"晾"在一边;在学校课程活动中,也有一些孩子选择不到自己喜欢的课程;在学生才艺展示中,还有好多同学找不到适合自己的舞台……这,是"全面"吗?我想:大家肯定会持否定意见。

习近平总书记提出,让每个人共同享有人生出彩的机会,共同享有梦想成真的机会;新课程改革也明确提出"促进每一位学生的身心健康发展,满足每一位学生终身发展的需要"的价值取向。而今,我们必须反思教育的初心,面向全体学生,每一个都很重要。学校要提供公平、公正的学习、活动、生活的机会,让不同的孩子通过自身的努力,享有人生出彩的机会。

机会供给,应当体现机会均等的供给,那是给予每一位师生一种权利的平等。每个孩子都享有教师关怀的权利,享有选择自己喜欢的课程的权利,享有登上展示"舞台"的表现权利,享有和同伴之间的交往、分享和成长的快乐……

学校明确提出:不管是课堂、还是活动以及实践劳动,教师必须眼里看见每一位学生,教师设计教学活动要满足"三个尽可能":尽可能人人参与、尽可能放手让孩子去做、尽可能激励"促燃"每一位孩子。

金老师是一个深受孩子们喜爱的体育教师。在他的课堂中,我们总会发现这样的一种光芒:孩子们在学某一项运动技能时,他基本不是刻意夸奖哪位学生做得特别到位,哪位学生做得不到位。而是用欣赏和鼓励的方式来传达他对不同学生运动技能的评价。可能孩子体质较差,一时跟不上学习的节奏,他会给一个鼓励的眼神：慢慢来，别急，今天不行明天再练；可能孩子对动作要领没有掌握好，金老师来到她身边：让老师来帮你一把，好吗？可能孩子一个人完成有点困难，他会设计"两人合作游戏"互助完成……

欣赏的目光、鼓励的话语、微微的助力，都让孩子们感受到温暖和尊重，感受到有一股力量在"点燃"激情、递增能量，给予孩子们获得成功的机会。孩子们获得成功后，得到家长和老师的肯定、同伴的欣赏，就会产生积极的情感，并把所产生的能量再传递给其他同学，从而形成一种良性循环，保持良好的学习状态和兴趣。

在我们学校还有一个约定：校本节庆人人参加、学科主题周活动人人参与、"绿太阳农庄"全班有责、升旗仪式各班轮流担当、毕业典礼全体展示……各部门、各位老师在设计学期主题活动、学科周活动、展示评价时，必须设有全体学生都参与的项目，让每一位学生都有机会参与，促进他们生动、活泼、主动地闪光。

机会供给，还有另一层意思，那就是：提供的机会要丰富多彩，满足不同学生的不同兴趣爱好，激发唤醒孩子们的潜能。不同学生的天分存在差异，不同学生的智能表现也有差异。学校尊重学生的个体差异，开设丰富多元的课程为其提供适合个性发展的多种学习途径和学习方式。

如，我们的综合主题课程，包含了"我与自然""我与生活""我与社区""我与社会""我与世界""我与未来"六大板块，关注学生家国情怀、学科项目化学习、劳动教育、社会实践、志愿者服务，既可以为有不同兴趣爱好的学生提供选择的权利，也可以为学生的多元智能发展提供"点燃"的平台。

机会供给，还包含每一位平凡普通的老师都能被关注到。让每个老师享有均等的学习和培训的机会，享有均等的教学教研的机会，享有均等的专业发展的机会，享有同伴间的关心、帮助、成就的机会，享有学校一切教育资源使用的机会。

（二）服务供给

管理就是服务。为谁服务？由谁来服务？毋庸置疑，就是学校为师生成长服务，学校的校长、管理者、教师、员工，乃至家长都应树立为学生发展服务的思想，树立校长为管理者服务、为教师服务的意识，满足学生、教师发展的需求。

服务供给，就是要站在师生的角度去感受，提供适合师生发展需求的服务。想师生之所想、急师生之所急、忧师生之所忧、乐师生之所乐。这就需要校长、管理者、教师，甚至是家长都要走进孩子的心灵，了解他们的需求，触摸孩子们的生长点,知道孩子适合往什么方向发展,提供相应的服务。这样,尊重童心、发现童趣、呵护童知,一切顺乎自然。教师顺势而教、学生顺心而学,教师和学生都会沉浸在教与学的快乐氛围中,互"点"共"燃",促进"燃烧",帮助学生自然生长,帮助教师获得成就感。

马斯洛的需要层次理论有五个层次,分别是生理需要、安全需要、爱与归属的需要、自尊需要、自我实现的需要。其中,生理和安全需要是基础,中间是爱与自尊,最高层次是自我实现。"五层次"需要理论对于每一个孩子来说,并不是同步获得。因此,"服务供给"要因人而异、因时而变。主要落脚在以下三个方面:

服务要及时。"及时服务"就是第一时间要了解、知晓学生关注什么、喜欢什么?教师有什么发展需求、需要搭建什么平台?学生有什么成长需要?有什么学习和生活困难?哪怕是孩子们的午餐需求、家长的家庭教育需求等。只有这样,才能为师生发展解忧排难、增彩发光。在我们学校有这样一个家访规定:班主任对一年级新生必须在暑假中完成家访全覆盖。要求教师走进学生家庭,了解学生家庭成员情况、家庭生活环境、家长文化背景等,全方位了解孩子的成长环境,发现有学习上需求、生活中困难及时在第一时间作出指导和帮助;发现在家庭教育中存在不科学的方法或是孩子在生命成长中有不良习惯,进行及时的点拨。

班主任沈老师跟我聊起过这样一件事:暑假里她开始了常规的一年级新生普访,踏进小A家不久,便发现了小A的异样。他不像其他小孩子那样,或活泼得主动"叭叭叭"说个不停,或文静得你问一句他答一句,或胆怯得扭捏着不大愿意说话。他眼睛中似乎闪现出很想跟老师说话的神情,可每一次张嘴前总会偷偷地向爸爸瞟上一眼,马上又怯生生地垂下眼帘,小心翼翼地回答着老师的问题,中间还时不时地瞟向爸爸。再看一边的爸爸,微蹙着眉头,催促着孩子快把自己在外面学到的才艺说给我听。小A同学的声音越来越轻,身体也慢慢倾向沙发的角落,和爸爸距离越来越远。后来,在和爸爸的交流中,沈老师了解到:爸爸对孩子的期望值比较高,觉得男孩子必须严加管教。爸爸平日只要有时间就会和孩子一起学习一起运动,但一有错误动辄训斥,现在孩子都不敢也不愿和爸爸亲近了。沈老师肯定了爸爸在孩子成长过程中的陪伴,但也告诉他赞扬和鼓励的作用要比批评和责骂大得多。沈老师还向他推荐了《20个父亲的教育智慧》,也欢迎他随时跟老师联系沟通。开学第一天,沈老师在校门口迎接新生,远远地看到小A同学的小手紧紧拉着爸爸的大手,脸上的笑容格外灿烂……

当然,对于教师作为管理者也是这样。新教师进入学校,第一时间和他们拉拉家常、聊聊需求,第一时间带他们参观校园、了解学校文化,"点燃"其发展梦想。

服务要精准。"精准"就是瞄准师生发展的"燃烧点",就像医生一样通过"望闻问切"开出良方。"他最缺少什么?今后他会需要什么?"这是学校领导和教师了解师生最为迫切的心境,并及时沟通、交流,确定服务内容、服务方式,不能看到"火种"就去"促燃",还要避免"隔靴搔痒"式"点燃",避免点错方向、用错力气,适得其反。因此,学校倡导"服务供给"一定依据师生的个性特点、发展愿望,提供适切的"助燃",满足发展需求。学校助力教师发展的"清单""菜单""订单"和"回单",就是体现"精准服务"的"四单"供给,让教师经历自我修炼的四个步骤:发展——研究——挑战——反馈,从而获得内在驱动力,改变并提升教师的自身素养,拥有职业的成就感。

服务要有效。有效的服务主要看师生有没有获得幸福感、进步感、成就感。有效的服务,能够发现师生们的长处、唤醒他们的潜能、成就他们的梦想,分享温暖其他人。有效的服务,要求学校和教师,做到"点火"方向要准,"点火"必须得法,"点火"要顺应自然。"服务供给"需要及时到位,需要恰到好处,需要符合主体状态,需要与学习内容、活动方式、评价展示等相契合,力求给每位师生自由呼吸的"助燃",让每个师生在校园中绽放属于自己的"光芒"。

(三) 协同供给

管理的最高境界是共同参与、协同实施。一个组织是由多个个体组成的协作系统,个体只有在一定的相互作用的社会关系下,同他人协作才能发挥作用。[1]

学校管理也是一个系统性的管理生态链,它是由校长室、教导处、德育室、总务处、工会、年级组、教研组、家委会等组成一个内部的管理系统。传统的学校内部管理,管理者和被管理者之间层级分明,部门横向之间各自为政、各行其是,互相阻隔、画地为牢。这种层级式、分割式的组织管理系统是一个封闭式的管理链,不利于学生和教师的个性张扬、潜能开发,更不利于让师生发出自身的光芒来。

协同供给,主张学校各管理部门呈现一体化管理的共同发展理念,各部门、各条块既有自身管理的重点,各有侧重、各有职责;也有协同所有部门的管理要

---

[1] 管理的高级境界——协同管理[DB/OL]. 致远软件官网,2016-03-18.

点、协调统一、同步发展。

学校要实现更大范围、更有效率的协同供给,首先要更新管理的理念,改变以往那种"自扫门前雪"的管理模式,从各管理部门的名称改起,学校不设教导处、德育处,而改为:"质量评估部""师资发展部""课程管理部""学生发展部"……让每一部门站在儿童发展的视角,树立"为每一个孩子闪光"的服务理念,让"促燃""助燃""共燃"真实发生,最大限度地帮助和支持师生成就一个伟大的自我。

其次,学校管理从"心"出发,关注"人"的发展,组织"事"的协同,建立了多个维度、多个平台的发展共同体,凝聚共同发展愿景,构建资源整合、信息交互、优势互补、合作共进的协作机制。教师队伍构建了:"TCG"团队、"Teamwork"项目团队、名师工作室、"Family"组室;学生团队成立了:艺术团、志愿团、导游团、文学影视团等;家校联合组建了"3+1"立体式家长学校、爸爸俱乐部、祖辈工作坊;集团组建了"2+6"集团发展模式,这些协作团队可以打破管理部门的边界,实现多元平台的畅通、不同场域的沟通、线上线下的融通、多维空间的联通,最大限度让学生和学生团队、教师和教师团队、家长和家长团队,乃至学校和社会的团队构筑一个人际关系融洽、和谐、众志成城的"团队"。只有凝聚团队发展愿景,才能让人人有归属感、责任感、荣誉感,实现教师、学生、家长、集团、社会的"共燃",影响和点燃更多的人。

"机会供给""服务供给""协同供给"是我们期望达到的终极目标,它们永远没有到顶,但是我们已经基本上呈现这种实施的趋向,保障"点燃式"教育生态,成就每一个孩子、成长每一个教师、成全每一个家庭。

第三章 历程:点燃"点燃教育"

十五年,在历史的长河中它只是浪花飞溅的一瞬间;十五年,对于一所百年老校来说,她只是一个"青涩"的少年;十五年,对于我们奉教院附小来说,她经历了初创期的艰难、发展期的坚定、开拓期的共融历程:从一个校区到"一校三区",从 10 个班级到 80 个班级,从 301 个学生到 3000 多名学生,从一所学校到一个教育集团。从某种角度来说,作为奉贤一所颇具影响力的小学、上海市新优质学校之一,她的发展历程,也是见证了奉贤教育十五年来从"教育低谷"走向

"南上海品质教育"的跨越发展的一个缩影。

打开记忆的闸门,办学历程中的一些镜头就像影片一样浮现在我的脑海中,令我感慨万分。回望学校发展的历程,总会有一种割舍不去的情怀,历历在目、魂萦梦绕:

2007年9月,奉贤区教师进修学院附属实验小学建校开班;

2010年9月,成立教院附小教育资源紧密型联盟学校,组建乡镇3所学校的联盟体;

2015年9月,更名为奉贤区教育学院附属实验小学;

2017年9月,成立教院附小教育集团,构建"1+6"集团化办学模式;

2019年9月,陈桥路校区建校开办,构建"一校两区"办学模式;

2021年8月,运河路校区投入建设;

2023年9月,运河路校区将建校开办,即将构建"一校三区"办学模式。

十五年来,学校从三十一位来自不同学校、不同地区、不同层次的教师,在校长、书记的引领下,大家心往一处想、力往一处使,"摸着石头过河"探索"点燃"之教育,到如今提炼彰显学校办学特色的"点燃教育",漂亮地完成了一次又一次的蝶变、发展和飞跃,让每一个生命都闪光,不仅彰显了学校办学的影响力,更是掷地有声发出了奉贤教育推动综合教育改革的有力的声音。

一、初创:在艰难中"点燃"激情

2007年初创阶段的每一幕都深深地烙在我的心里。那年4月,我刚刚完成教育部派驻香港指导中文教学工作回到上海,5月就接到了一个全新的任务——创办奉贤区教师进修学院附属实验小学。一所新学校由我这样一位毫无办学经验的语文教研员去创办,我的内心是激动和幸福,但更多的是忐忑和紧张。

要知道,当时的奉贤区还是一片教育洼地,由于受地域经济基础的影响,优质教育资源并不丰富。"向往好学校"成了老百姓心中最为迫切的需求,偏远农村的百姓想方设法买房到南桥城区学校读书、城区内的居民到市区买房让孩子跨越黄浦江"北上"求学。农民纷纷买房进城让孩子读上好学校,再加上改革开放政策,一大批外来务工人员随迁子女来到奉贤,奉贤的教育资源更是显得捉襟见肘。

这是一所伴随着城镇化进程而诞生的新学校,也是奉贤区推进城镇化进程

"南桥新城"建设中的第一所新建学校。区委、区政府对这样一所新建学校也寄予了厚望,希望能缓解教育资源的紧张、缓解老城区学校的生源压力。"一定要办一所老百姓家门口的好学校!一定要留住奉贤的孩子。"当时的陆局长意味深长地给我出了"一道题"。我感恩他对我的信任,一种神圣的使命感油然而生。我也对局长立下了"军令状":任务艰巨、使命必达!

可事情并不是我想象的那样简单。

我第一眼所见的学校是一个尘土飞扬的"工地"。9月就要开学,还有4个月,能正常开学吗?

学校里,一定要有老师和孩子们。老师呢?这个季节已经过了"招兵买马"的时节,我的老师哪里来?

孩子呢?更悬了。因这块地域的一墙之隔就是原来的奉贤殡仪馆,老百姓都不敢、不愿在这里买房,孩子哪里来?再加上新办学校,家长们都在观望着,谁都不愿做"试验品"。

为了带动楼盘销售,当时开发商绿地集团也想方设法,与静安教育局初步达成协议,把教院附小作为上海名校——静安区一师附小的民办学校来办。但是,如果孩子上民办学校的话,也就意味着当地的老百姓还是没有就近的好学校入学。教育局领导反复研讨,最后还是决定让学校归属为"公办小学"。可问题又来了,开发商指望的是依托名校声望提升房价,现在学校姓"公办",他们马上撤资,并停止了后期的工程:图书馆、会议室等各专用室的装修及规划中的电梯取消了,设计中的屋顶花园变为水泥町。当时的奉浦开发区领导也对教育局的决定不理解,开发商的撤资,意味着要增加地方政府的负担,当时政府也还处于困难阶段,没有足够的预算经费投入新学校建设。

作为"创校者",我知道从零开始很难,但我没想到"这么难"。怎么办?我相信困难一定不会难倒一个心中有梦想、有激情的人,相信一切的困难一定会迎刃而解。

(一) 点燃激情,凝聚人心

俗话说:人心齐,泰山移!要解决建校困难,要让学校按时开办,要让老百姓看到希望,我需要的是一个团队的力量。可我现在是一个光杆"司令",团队哪里来?我决定把前几年流向市区优质学校的骨干教师拉几个回来,就"三顾茅庐"先把好朋友——朱玲老师硬生生地"拉"了回来,又让她去动员其他老师。又以曾经是教研员的身份吸纳了何春秀、丁莲娟、曹阳三位语文骨干教师,跑到教育局向局长要来了"学校书记",我们成立学校筹建小组,几个人拧成一股绳,形成一股劲,相信火种的力量、相信点燃的力量。

于是,我们跑工地当"监工",天天和工人们在一起,紧盯工程质量、力求尽善尽美,甚至和工人们一起做保洁,以我们的热情赢得工人们行动的激情;

我们广发英雄帖,招兵买马。只要有意向、志向一起开创这所新学校的教师都可以来。就这样,从市中心回来的,区内其他兄弟学校输送的,我们凑齐了31名建校"元老",以我们心怀的教育信仰,点燃31颗对教育事业充满激情的火种;为了赢得政府、开发区的支持,我们一次次跑向机关大院、跑向学校周边企业,跟他们讲讲学校的办学愿景、向他们诉诉建校的困难,用我们的理想、信念和行动,去感染他们,赢得他们对筹建学校短缺资金的扶持。功夫不负有心人,天下总有好心人。政府领导想尽办法为我们筹集资金,解决了预算之外的经费支持;爱心企业倾情捐赠,助力学校筹建资金的缺乏,把原本满是水泥混凝土的地面进行"软化",也就有了满是花草绿树的"屋顶花园"、绿草成茵的足球场、充满童趣的图书馆、功能齐全的专用室……学校也在每个企业支助项目上竖碑感恩,让我们的老师和孩子们记住在学校最艰苦的创业阶段,是他们给予学校最无私的资助,是他们创造了师生们温暖和舒适的学习环境和教育场景。

9月1日,学校如期开学。1至6年级10个班级,301名学生准时来到校园,成为这所学校的第一批主人,在鲜艳的五星红旗下,寻找着他们梦想的起点。

如果说,学校能按时开办是源于一种韧劲与坚持,我想那更是源于一种行为,就是"点燃"。我们以纯真的理想、执着的信念和坚实的行动,把教育的"火焰"点燃,让其发出亮光,放出热量,照亮和温暖整个社会。并在"点燃"过程中,实现"被点燃""互相点燃"的状态,迸发出灿烂夺目的光芒,让整个世界都温暖起来,让成就他人的过程中成就自己的幸福感。

(二) 顶层设计,勾画愿景

漂亮的校园建成了,老师和孩子都来了,可是未来驶向何方?我们围绕"办什么样的学校"和"怎样办好学校",对学校办学理念进行深层次思考。在广泛调研的基础上,我们几个骨干整个暑假都泡在一起,将"为每一个孩子打造最亮丽的人生底色"作为我们最初的教育梦想,我们立下"教孩子五年,为孩子想五十年,为国家民族想五百年"的教育誓言,要为孩子的明天奠下厚实的发展基础,以我们的信仰、我们的承诺,让孩子幸福快乐地奔向未来。

我们的信仰:教育就是"点燃":点燃每位孩子的成长激情,使校园成为学生成长的乐园；点燃每位教师的发展激情，使校园成为教师幸福的家园；点燃每位家长的参与激情，使校园成为家长信赖的学园。

我们的承诺：让每一个孩子成为健康自信、诚信感恩、博览善思的阳光、明理、求知的新时期好儿童；让每一位教师成为倾心教育、热爱学生、智慧教学的可敬、可亲、可学的新时期好教师。

带着美好的教育理念，我们以团队的力量，在听取来自专家、家长、社区等多方面的建议下，规划了学校的第一份三年发展规划：以德治校、科研兴校、名师立校、文化亮校，努力营造"人文教育与科学精神紧密交融"的绿色教育生态校园环境，把学校办成礼仪校园、书香校园、健康校园，让校园成为学生的成长乐园，给孩子们最温暖的成长记忆。凝聚全校之力，携手打造"具有科学的教育理念、优秀的教师群体、先进的教学设施、优美的校园环境、鲜明的办学特色、一流的办学质量"的实验性、示范性品牌学校。

（三）引燃火把，砥砺前行

"新官上任三把火。"同每一个新上任的校长一样，我也引燃着上任的"四把火"去照亮学校发展、教师发展、学生成长的前行之路：

第一把"火"：引燃教师专业成长之"火"

教师，永远是学校办学的最核心元素。我期望我们的教师是一支拿得出、打得响的队伍。可现在我所面临的教师队伍是一支典型的"杂牌军"。如何把这一支七拼八凑的"杂牌军"打造成一支结构合理、素质过硬的"王者之师"？我想我们的首要任务就是"点燃教师的发展激情"。于是，我们制定"倾心教育、专业引领、形成风格、做研究型教师"的发展目标，点燃教师"师德规范、专业提升、团队精神、内需激励"的发展驱动力，引导每个教师认识自己、发现自己、发展自己，体验不一样的成功。其间，我们走进每一位教师的家，了解教师的发展需求、生活困难，为教师们量身定制发展规划，腾出学校和自己婆婆家的住房免费给外来的教师安家落户，送大批教师到市区优质学校——上海市一师附小跟岗锻炼，选派教师到美国、英国、澳洲等深造，帮助教师实现自己的发展理想；面对每年招聘而来的大量职初教师，我们又手把手教给青年教师研读教材的方法、站稳站好讲台的能力、和家长良好沟通的技巧等。曾记得有无数个夜晚、无数个节假日，乃至是外出学习在酒店的房间里，我和我们的行政领导及老师们摸爬滚打在一起，开展专题研讨、试讲、演示，对每一个细节、每一句话都要精打细磨，力求精致；我们又研制"明德教师"校本培训项目，制定了阶梯培训、小步递进的"987"工程培养机制,研发"四单式"教师专业发展螺旋提升路径,推出《班主任工作三十六策》构建班主任迅速入轨的七大带教模式,实行"合作派位式""微格解剖式""跨科诊断式"等六大教研新模式,以"苦练内功"来铸就一支"王者之师",成功突破了教师队伍的建设瓶颈:从"不愿来"到"慕名来"。我们的一位两鬓斑白的中老年教师这样说道:来附小是最正确的选择,我这棵"老树"竟然开花了。

第二把"火":引燃学生成长之"火"

每一个孩子来到人世间都是天使,满载着善良与纯朴的品格,心灵深处蕴含着强大的生命力量和发展希望,一旦"点燃"就会燃放出惊艳世界的光彩,发出生命的最强音。学校和教师又该如何去点燃这成长之"火"呢？我们相信：只有站在儿童的立场,看到每一个生命潜在的微光,尊重学生的发展需求,才能寻找到适合孩子快乐、个性发展的方法,才能让每一个生命都闪光。针对来自不同家庭、不同地方、不同学习基础的孩子,我们把着力点放在三个方面：第一,培养学生良好的学习和生活习惯,打造学生最亮丽的人生底色；第二,营造快乐、温暖的校园学习氛围,丰富学生的学习经历,提供适合个性发展的课程学习场景；第三,帮助每一位学生在原有基础上获得进步,把学生"教好",树立良好的教育"口碑"。

就这样,围绕学校培养目标,我们提出"八个会"的学习要求:会感恩、会合作、会读书、会游泳、会游戏、会唱歌、会画画、会劳动,以促进学生德智体美劳全面发展,期望我们的孩子通过五年的学习,奠定他们最亮丽的人生底色。学校设计"读书节、自然节、艺术节、爱生节"等校园节庆活动;主动开发校内外教育资源,争取政策支持招聘全国武术冠军来学校教体育,想方设法留住能歌善舞的音乐老师;主动联系学校旁边的"沈坚强游泳馆",率先把游泳课列入三年级必修课程;自编武术操、感恩操、扇子操,发动全体老师、家长制作各种体育器具;传统的踩高跷、滚铁环、跳布袋等,增添了阳光大课间的魅力,丰富了附小活力校本课程体系。同时,推出"绿太阳"积分校币评价和《绿太阳成长档案袋》,"激燃"学生养成良好的学习和生活习惯。

校园是孩子们的家园、乐园、学园,校园的节日、活动是孩子们快乐成长的摇篮。我们争取校外教育资源,把校外的五亩土地"圈地"、拓荒,种上菜、栽上果树、养起兔羊,打造成"绿太阳农庄",孩子们在这儿开心地劳动、收获果实、"交易买卖"……我们又主动出击考察优秀企事业,建立了十八家校外教育基地、让孩子们跟着爸妈去上班,开展职业启蒙教育,把社会职业引到校园,设立职业岗位、服务岗位、劳动小岗位等,希望以生命唤醒生命之火,照亮孩子前行的路;希望每一个生命的花儿精彩绽放；希望每一个生命之光闪出耀眼的火花。

办学之初的301位学生，虽然他们来自不同地方、不同区域、不同省市，家庭条件、文化背景、学习习惯等各不相同，但他们都是学校的贵人、是学校的主人、是学校的天使，我们不放弃、不抛弃每一个孩子，相信每一个孩子的潜能。于是乎，我们主张用教师的师爱去温暖学生的心灵，以教师的行动去点燃孩子们成长的希望，学校也就有了这样的师爱故事：语文朱老师天天轮流把几个同学带回家，帮他们补课、和他们一起吃晚饭；数学叶老师每个双休日"送教到家"，到基础薄弱的同学家里免费补课，为了激励孩子进步，还给他们买奖品。孩子们，也真心不负老师们的一片爱心和真切指导，在原有的基础上获得了很大的进步。不仅点燃孩子们的成长潜能，更是赢得了家长的称赞和社会的口碑。

第三把"火"：引燃学校精细管理之"火"

多年教研员的经历，让我深刻感悟到：一所学校办得好不好，管理是关键。但凡搞不好的，都是管理出了问题。管理要从精细化实践做起，以零缺陷的管理理念，力求第一次就把事情做正确、做规范。因此，我们从制定精细化的管理制度开始，精心设计教学方案、细致筹划校园活动、精致班级管理等，关注到教育过程中的每一个环节和细节，乃至教师批改学生作业的符号"√"都要做到极致：要求教师批改用红笔，应注意整洁，不乱涂作业，"√"或"△"应批在学生作业右侧，尽量不遮盖学生的作业；批改符号尽量严谨规范、清晰小巧，提倡批改符号上下对齐，横斜平行，成45度角，"√"的长度为三分之一和三分之二的比例；批改的等第、评语不能潦草，应在作业最后一行下面第二行的右下端空白处写明等第及批改日期，提倡增加个性化评语。这样精细的管理还体现在教师的教学语言《教师忌语50句》、课堂教学管理、学生良好的行为习惯教育等，努力追求"把平凡的事情做到极致就能产生奇迹"的文化样态。

管理不仅管人，还必须暖心。管理好不好？关键在领导，需要调动学校中所有人的积极性、服务好师生的发展。因此，我对学校领导干部们提出了"五个最"：最能吃苦、最能守纪、最讲团结、最讲奉献、最有创意。以精细、暖心的管理服务，引燃师生发展之动力。

第四把"火"：引燃家长参与之"火"

面对家长观望、疑惑、担忧，我们以我们的姿态和行动赢得家长的信任。我们推崇：家校合作，校长是设计者，又是推动者。家校合作，是双主并进的关系，一个是主导，学校发挥导向的作用；一个是主体，全体家长要主动参与。我也经常说：家长要拉进来，不是推出去，推一个人和拉一个人，完全不一样。

我们打开校园之门,创立家委会坐班办公制,让家长成为学校不在编的教员。在离校门口最近的地方设置了温馨美丽的家委会办公室,添置了电脑、文件夹、咖啡机、茶桌,让家长每周来学校上班;建立第一批"家长志愿者"服务团队,告诉家长,附小追求的就是开放的、温暖的、有爱的学校,希望家长成为孩子生命成长的贵人、志愿者、服务者,家长的建议就是学校的追求。

我们听取来自家长对附小第一份"三年发展规划"的建议:针对孩子普遍"衣来伸手饭来张口"的现状,设立了校园"劳动节",并把劳动教育越做越深。于是,孩子们就有了每月的劳动成果展示、才艺大比拼、岗位小服务,让孩子们在校园生活中获得书本以外的能力;

我们排摸家长资源,让家长走进学校,参与课程建设。于是"灯笼"制作、抖空竹、奶奶点心课应运而生……家长课程给予孩子们更多的学习平台,点燃每一个孩子的生命亮光。

每年的"六一"节,也是我们表彰"优秀家长"的时刻;每年的12月,我们会举行隆重的家委会成立仪式,让家委会委员们就职演说,让家长志愿者宣誓,最大限度点燃和激发家长陪伴学生生命成长的热情。

就这样,"点燃教育"融进了我们的血液、我们的生命,成为了一种精神,一直激励着我们,用一串坚实的步伐履行了当初的诺言:学校三年获市文明单位,四年成为市新优质学校,五年成为全国优秀家长学校,七年获得全国教育系统先进集体称号,越来越接近"老百姓家门口的好学校"这一办学目标。

图1-9 奉教院附小于2014年被评为全国教育系统先进集体

二、创新：勇敢追逐教育新突破

2013年9月的一天，学校课程教学部主任欣喜地递给我一份绿色指标"诊断书"。"校长，你看！绿色指标检测都很好！12项指标中，9项高于全市指标，3项与全市指标持平，只有一项低于全市指标，这一项是校外补课指标，跟我们学校相关度不高，等于是一个'满堂红'"。主任声音提高了八度，兴奋的笑脸掩不住内心的喜悦。从"雷达图"显示看，我们学校确实呈现了较好的水平，给上海市"新优质学校"称号交上了一份优秀的答卷。

绿色指标检测，是上海市率先推出的中小学生学业质量综合评价，是促进学生全面发展和健康成长的一次全面的"绿色检查"，最后形成一校一报告的检测结果。今天，我手里拿到的这份"体检报告"，正是我们学校的"健康指标报告"。

乘课程教学部主任介绍之际，我特别关注到最后2项的指标评价：校外补课指数【本校3级，全市5级】、学习压力指数【本校1级，全市1级】，心里顿时一阵紧缩。校外补课指数低于市2级；学习压力指数虽然与全市持平，但仅仅为1级。学校课程这么丰富，为什么学生还参加那么多的校外补课？学生的压力为什么那么大？压力又来自哪里呢？我们必须追根溯源，正确归因。

我们想倾听来自孩子们最真实的声音，来自一线的教师的最直接的体会，来自家长们最真实的感受。于是，我们邀请上海市新优质专家蹲点指导，全面听取师生家长的意见与建议，梳理出学生的压力大部分来自学业、考试、教师、同伴、家长，甚至自己给自己的压力，有些孩子的心理负担和焦虑过重。在专家的指导下，我们认识到，其实给学生减压是一个"牵住牛鼻子"的系统工程，不是零敲碎打的小修小补。

长期以来，"千军万马过独木桥"的高考指挥棒，分数、成绩成了学生和家长，乃至学校的唯一追求。孩子们埋在作业堆里，穿梭于不同的补课班，还要承受来自爸爸妈妈的焦虑……孩子们哪有快乐和幸福？"绿色指标"改变了原来唯分数论的评价方式，从学习动力、师生关系、体质健康等10个方面对学生的全面发展进行全面"体检"，成绩、分数从原来的"唯一"变成"十分之一"，让评价真正成为学生健康成长的助推器。"绿色"，健康和活力的象征，如何持续点燃孩子们的健康和活力？

作为一所新优质学校，我们一切工作的原点就是学生的健康成长，"点燃教育"也绝不是为了那个成绩和分数，而是透过课堂教学、透过知识传授、透过课程活动、透过作业实践……看到活生生的孩子们，看到孩子们眼里的"光"、心中的"梦"。如何站在儿童立场，敢于打破原有思维，原有做法。我们必须对学生的全面发展、学校内涵建设和教育人本价值作深度的审视，我们必须聚焦学校最棘手的问题，实行"靶向性"的三个突破。

（一）从"封闭"走向"开放"——探索跨学科主题实践

推进课程改革势在必行。我们仔细审视学校课程，发现还是有需要探索、解决的问题：

其一，学校课程内容是丰富的，但是零敲碎打的，整体课程框架还不够清晰。特别是学生体验式学习还不够充分。如何以多方位、多学科综合主题模块课程支持学生自主快乐学习？

其二，我们的教师是敬业爱生的，但是他们的教学方式还是比较单一，以讲授、传授教学为主，学生的主体学习作用发挥不充分；学科与学科之间壁垒森严，教师综合活动设计和实施能力非常薄弱。如何发挥教师主动性和创造性提高教师课程设计和实施能力？如何让教师实现从只关注单一学科到关注全学科、从关注分数到聚焦核心素养的改变？

探索、解决课改中的困惑和问题，需要建立一种跨越学科的、凸显学生主体实践的课程。于是，我们投入课改研究之中，探索解决学校发展中的问题。学校组建课程改革先遣部队，到北京十一学校学习"走班制"教学、去亦庄小学观摩"全学科学习"，借鉴国外的教材专题分析"模块教学"……《绿太阳课程之主题实践课程》也由此诞生了。

2014年的暑假，我们启动了"读书主题活动"整体设计：以年级为单位，全体年级组教师全员参与，设计了整整贯穿一个学期的系列读书活动。

"书中人物COSPLAY秀"开始了：一大早，扮成书中角色的老师和孩子们都聚集到操场，拿着扫帚的哈利波特、身穿公主裙的丽莎、围着白围巾的江姐……这样的角色扮演，更重要的是要宣传好"自己喜欢的理由"，完成好书的推荐。"一书一世界"全班师生共读一本书后，把自己的教室装扮成书中的场景：《草船借箭》《红楼梦》《三毛流浪记》……孩子们畅游在梦幻般的场景中完成闯关游戏，在角色体验活动中获得美美的读书快乐感。

我们乘势而上。2015年9月，恰逢第二轮课程领导力项目研究启动，我们确立《跨学科主题实践课程》的研究项目。在专家的指导下，我们构建了"开心农场、魔幻厨房、基地远足、最爱COSPLAY、我上班啦、奇趣影音"等八个跨学科主

图 1‐10　奉教院附小"一书一世界"读书节活动

题实践活动,并获得了第二轮课程领导力的优秀项目。

带着这份成果,我们继续挺进课改"深水区"。2019 年 9 月,我们积极参与上海市项目化研究实验校,聚焦如何融入"真实情境下的问题解决"的项目化研究,从融入学科的项目化到年级组活动项目化:孩子们慢慢在学会发现问题,开展一个个探索解决问题的小实验,也诞生了很多小发明、小创造。

而今,我们的老师,从八年前对主题课程的畏惧、迷茫,到如今习惯了跨学科、跨领域的课程教学设计,从综合主题课程设计的信手拈来又走向项目化学习的探索,课程领导力不断地提升! 如今每一位教师都参与项目研究,在参与与研究中走向了教与学方式的变革,学校也迎来了一次次面向全国兄弟学校的展示。而得益最深的还是我们的孩子。

(二) 从"校内"走向"校外"——深化劳动教育实践

劳动最光荣,劳动最伟大。可是我们发现不少孩子不爱劳动、不想劳动。再往这些孩子的身后看,他们的家长也是不重视劳动,有的甚至是鄙视劳动。一定时期内,家长甚至整个社会,都对"劳动"没有感情,对孩子们的唯一期望就是成绩、分数、荣誉和奖励,有的还会说:"学习不好,就罚你扫地。"孩子们的压力可想而知。你可知道,他们的祖祖辈辈大多是农民出身,但随着新城建设速度加快,脱离农村后的他们,越来越少参与体力劳动,不会劳动、不爱劳动。

面对这样的现状,我们决定强化劳动教育,让劳动回归家庭、走向校外、进入社会。2013年,我们启动了《"职业启蒙——跟着爸妈去上班"》的实践,开展"走基地——认职业——上班去"活动。该课题获得了上海市基础教育成果奖,学校代表上海市屡次在面向全国的职业教育会议上进行交流与分享。

在2018年全国教育大会上,习近平总书记要求把劳动教育纳入培养社会主义建设者和接班人的总体要求之中,明确提出构建德智体美劳全面培养的教育体系。我们以习近平总书记关于加强劳动教育的重要讲话为指导,深化学校劳动教育研究与实践。在"职业启蒙"的基础上,开展《实践导向的小学生新时代劳动教育课程开发与研究》,整体规划设计校园的每一个角落、每一寸土地,打造成一个个劳动实践"小基地":从"绿太阳菜园"的开垦与耕种,到引进天鹅、孔雀、山羊、小香猪等动物;从建设"渔乐湾",到"增设百果园",形成融现代科学和传统农业为一体的"绿太阳农庄",附小的劳动教育基地不断迭代升级,成为孩子们参与劳动学习和实践的大课堂。学校充分整合"社区资源",让孩子们进入东方美谷,体验口红制作、香包制作、用糖纸包大白兔奶糖等,建立了十大劳动技能学习场所,形成了多维时空的五大实施策略:"线上+线下"相结合、"岗位+服务"相融合、"校内+校外"职业启蒙、"流汗+动脑"创意劳动、"传承+创新"研学实践。

图1-11 奉教院附小"渔乐湾"

几年中，学校通过课内外结合、校内外联动，探索了以家庭为基础、学校为主导、社会为依托的一整套劳动教育运行机制，"点燃"学生的各种技能以及对生活的热爱。得到学生、教师、家长以及社会各界的高度肯定，项目的实践成果在学校教育集团、全区乃至上海市域推广。

(三) 让"智慧"加上"温暖"——形成点燃课堂教学特质

课程改革进入了"深水区"，从"课程"到"教学"我们双管齐下。学校要提高教学质量，课堂是基础，教学是保证。深化课程教学改革，以课堂增效、作业减量、评价赋能提升教育教学质量，也由此成为我们推进教学改革的主要目标和任务。尊重个性差异、促进每一个学生发展的新课改理念，要求我们的课堂教学应立足儿童本位，将课堂还给学生，让学生有个性地学习、让学生说有个性的话、说自由的话、讲真实的事，让课堂充满学生个性活力。反思我们的课堂做到了吗？于是，我们围绕以下三个问题，进行探索实践：一是把"立足差异、激活主体、真实学习、多元发展"作为课堂教学关键特征，激发学生学习的内驱力；二是从关注学科知识转向关注学科素养；三是实现从教到学的学习方式变革。

策略一：聚焦课堂，提升学生思维品质。根据绿色指标测试反馈的问题，学校始终以核心素养中思维能力的提升作为抓手，推进课堂教学的变革。学校各层级开展基于学生思维品质提升的专题研究，从课堂问题设计的有效性、思维工具的运用等方面关注教师的教，促进学生的学。学校开发新版"课堂观测"量表，精准指导教学；教研组以课题为引领，立足课堂，探索培育高阶思维的手段和方法。

策略二：快乐学习单，激发学习内驱力。我们努力实现作业四个"变"：变少、变精、变活、变趣。围绕作业目标、内容和形式这三个维度，对能力层次不同的学生，布置不同层次的题目内容提高作业质量。为关注到每一个孩子的需求，我们实行一帮一"小先生制"，让学有余力的孩子去帮助、辅导学习困难者。学校还有了一些新的作业调控方式，如任课教师会发放"作业免写券"，前一天作业全优的学生可以过一天"无作业日"等。

策略三：提供人性化评价，让每个人体验成功。我们探索教学评一致的"学分银行制"的评价方式，采用"线上＋线下"的评价方式，引入数字化班牌，人人有手环，及时记录学生各方面的进步；推行孩子们最喜欢的现实版"绿太阳校币"，学生在才艺展示、学业进步、岗位服务等各方面都有奖励。有趣的是："学分银行"可以给学生预支、贷款积分，以帮助孩子明确努力的方向；还可在学校的绿太阳超市进行喜欢的物品换购、各类活动的预订。学分银行制改变了以考试分数为唯一评价方式的模式，让学生获得成功体验。

在教育时空相对稳定、教育资源相对均衡的条件下，学校不断做深做强"点燃教育"。我们坚守教育本源，通过问题驱动，开展"各层级教师发展新机制的探索，课程教学方式的变革，家校社合作新模式的打造，集团办学新路径的构建"等方面的实践和研究，努力打造具有未来视野的老百姓家门口的好学校。学校"勇敢追逐教育新标杆"的一个个创意"小故事"，成为点燃新优质学校持续发展的引擎，让师生发出更闪耀的亮光，共享成长的快乐和幸福。

教育的最终目的不是传授已有的东西，而是要把人的创造力量诱导出来，将生命感、价值感唤醒出来，点燃孩子们、教师们的学习热情、创造激情。学生的课业负担减轻了，学校却在区的历次教学质量调研中均名列全区第一，在上海市绿色指标检测中各项指数高于市平均，代表上海市向国家教育部作汇报。学生学得愉悦、轻松、有效，行进乐队在香港国际比赛中荣获金奖，武术队走出国门在新加坡国际武术比赛中名列榜首。学校也成为市课改创新领头羊，成为市课程领导力项目学校，上海市教师专业发展学校，多次举办市课程领导力现场会，多项研究成果在市内得奖并发表交流。

三、辐射：点燃"点燃教育"之薪火

2017年新春开学第一天，学校班子成员正在研讨附小十周年庆的具体方案，接到了局长的来电："2017年的区长质量奖首次向社会事业单位开放，你们附小敢不敢做第一个吃螃蟹的勇士？"

这可是面向企业卓越绩效管理的最高荣誉啊，我们教育系统可从来没有过，我们犹豫着。但又想：附小就是在不断地创新中前进，我们不是实现了很多的不可能吗？学校刚创办三年，就破格成了上海市文明单位，第五年成了全国优秀家长学校。今天的附小不是一个人在前进，附小成了一个大家庭，是有了7个成员校的大集团，如何做好集团的工作，我们应该向企业学习"卓越绩效管理的模式"，教育好像习惯于"大约""大概"的思维模式，我们也需要引入"KPI"指标，我看着柜子上"全国教育系统先进集体"的奖牌下定了决心：不破不立，附小集团需要跨界学习，需要融合中提升！附小的'点燃教育'一定会让'区长质量奖'熠熠闪光！"

于是，我们信心满满，成为跨领域"区长质量奖"申报的第一支冲锋军。当我们因限于跨领域的重重坎坷时,就到一家家企业去取经学习,把专家一次次请进来,对指标明方案。整个半年里,接受一场场痛苦的转型培训,扎入基于数据实证的梳理、制度建构、流程的制定……

我们终于迎来全方位的教育体检,评审专家竟然写了一篇散文来诵读:"附小的创新做法,用常规刻板的语言不足以表达我们的赞赏之情,附小的点燃教育也点燃了我们每一个人的激情,我一夜无眠,激情写下这篇文字,给附小的颁奖词必须是有情怀的语言!"

这种种"磨难"给予附小一份最为宝贵的精神财富,打破行业壁垒,创新、协调、绿色、开放、共享,用卓越绩效管理的金钥匙解开附小集团未来发展的密码——点燃教育的"薪火",让点燃之"火"温暖更多的人,呈现群星闪耀、璀璨美丽的教育生态。

这就是附小最好的十年厚礼呀!附小人心中有一团烈烈燃烧的火焰,那是永不湮灭的跨越前行之火,持续点燃着"点燃教育"的薪火。

(一) 紧密型教育资源联盟体——助推发展力

随着时代的发展,人们对优质教育的期盼已从"有学上"转变到"上好学"。区域教育优质均衡发展已然成为一个时代的命题,让每个孩子都能享有公平而有质量的教育。

将时针拨回到 2010 学年,那时学校创办刚满三年,但学校已呈现蓬勃发展的态势,在学校管理、队伍建设、课程教学等方面日趋成熟。教育局领导非常信任我们,在推进区域教育均衡发展中,委任我们为紧密型教育资源联盟体盟主之一,担起推进区域教育均衡发展的使命。虽然"年轻",但我们初生牛犊不怕虎,持续点燃教育"薪火",和奉城二小、洪庙小学、塘外小学组建了"1+3"紧密型教育资源联盟体,帮助、指导区内边缘乡镇学校办好家门口的好学校。

又是一次"摸着石头过河"的探索,我们以最真诚的"管理互动、教师流动、教研驱动、课程走动",在资源联盟体内,分享管理经验、输送优质教师资源,开展主题式教研活动,分享特色课程资源,赢得了联盟体内 3 所学校的认同和跟进,唤醒乡镇学校的办学热情、教育力量、教师沉睡的成长梦想,点燃奋斗的激情。

2015 年,上海市推出学区化、集团化办学和新优质学校集群式发展,打破了以往教育相对独立封闭的格局,全面扩大优质教育资源辐射。我们附小再次承担推进优质资源辐射的光荣使命,和洪庙小学、塘外小学、致和小学、育才小学结成"A+X+Y"紧密型资源联盟体,前 2 所是乡镇公办小学、后 2 所农民工小学。

联盟学校增多、办学性质不同,给联盟体建设也带来一定的难度。在第一轮的基础上,我们力求管理沟通精细化,按需制定联盟发展计划。在联盟发展上做到常态化工作。我们克服学校间地域距离差,尝试"网络教研"开展主题性教研活动,以 TCG 团队教研的力量聚焦真问题,开展真研究,有效解决了乡镇小规模学校薄弱的教研力量。尤其在教师的流动上,面临自身师资紧缺的困难,还是每学年派出学科骨干教师到联盟体内执教,又要求联盟体内学校选派教师到附小跟岗学习,涵盖语文、数学、英语、体育、美术学科等学科教师达 10 名之多,通过一年多的跟岗学习,这些教师的教育教学能力都有明显进步。

紧密型资源联盟体推进,在一定程度上激活了乡镇学校办学的活力,给予了老师更为专业的成长引领,而带给孩子们的是更为广阔的成长舞台,赢得了老百姓的口碑。

(二)教育集团化发展——托举生长力

在推进区域教育从基本均衡走向优质均衡的过程中,2017 年,我区新一轮教育集团化办学模式全面启动。奉教院附小作为市新优质学校、区一级甲等示范校理应走在最前面。在教育局安排下,"教院附小教育集团"成立,成员包括洪庙小学、塘外小学、奉城二小、海湾小学(2021 年更名为上海师范大学附属奉贤实验小学,以下简称"师大附小")、奉浦学校和邬桥学校小学部,形成了"1+6"结构的教育集团化办学模式。2019 年,学校接管陈桥路校区,成为"一校两区"办学模式;2021 年,育贤小学也加入附小教育集团,形成了"2+6"结构的教育集团化办学模式。

教育集团的成立,是一种挑战、一种机遇,更是一份责任。在原有紧密型资源联盟和学区化集团化办学的基础上,我们构建"立体式"集群发展模式,由目标共识、人文共润、培训共育、资源共享、课程共建、项目共研、反馈共评等七个要素构成。同时,形成了七大管理流程,即目标定位、组织架构、制度确定、方案设计、资源建设及质量监督、评价反馈,点燃集团教师的发展激情、托举集团内学校的生长点。

在这一过程中,附小集团化办学"打破了三堵墙":一是理事长头脑中的"理念墙"被打破,把"点燃教育"精髓和成员校共享,坚守儿童立场,认识儿童、发现儿童,点燃儿童心中的梦想,让他们成为更好的自己;二是破除学校之间的"资源墙",让校际间教师资源、文化资源、课程资源的流动成为可能,实现集团内资源共建共享;三是冲破各校观念上各自为阵的"思维墙",放大各校办学优势,集团内形成教育共生共享共成长的理念,让优质教育资源"雪球"越滚越大。

一所学校的价值空间有多大,就要看这所学校对多大的区域产生影响力。洪庙小学在附小的教师持续发展机制下推进"阶梯晋级"和"五项修炼"校本研修项目,并编写了《梦想的阶梯》教师成长实践研究丛书。法布尔课程和书法特色课程也开展得如火如荼,迎来了多个外省市学校的观摩;海湾小学依托教育集团,深入推进"星海引航"校本培训,延伸拓展"海星"主题教育课程;奉城二小的国际象棋课程成为区学校体卫艺科重点布局项目;奉浦学校成立"懿德班主任工作室",建构德育育人途径新体系,丰富校本德育课程体系内涵,并推进"民族魂,现代人"校本特色项目,形成民族风格动画片校本特色 Steam 课程等,这些学校相继获得了区域教育"品质奖""发展奖""特色奖"。

教育集团化办学,快速补齐了乡镇学校优质教育资源不足的短板,让更多"名校"飞到寻常百姓家门口。

(三) 名校长工作室——孵化新生力

如今的我,也成长为上海市特级校长。在这份光环和荣耀面前,我更感觉到了一份沉甸甸的责任和担当。因为无论是学校的新发展,还是我们奉贤教育新一轮的转型发展需要寻求新的突破,尤其在创新人才培养模式以及促进教育优质均衡发展方面亟需突破,我们责无旁贷!

奉贤教育创新推进队伍建设,构建了"3233"教师队伍建设体系,实施卓越教师培养工程、成立特级校长、名校长、特级教师、名教师工作室,而我很荣幸地成立了"何哲慧名校长工作室",至今已举办 3 期。

以工作室为载体,我们把有志于学校教育管理的职初校长、后备干部集聚起来,以"目标导向、理论引领、专家指导、外出考察、案例诊断、微格分析、自主研修、合作探究、实践创新、协同发展"十大主题为培养内容,最大限度地发挥名校长的示范引领和辐射作用,点燃青年干部的发展梦想,帮助他们发现自己,悦纳自己,成就自己,培养、孵化了一批学校教育管理的新生力量。几年来,从奉教院附小、工作室里走出了十多位青年干部到区内学校担任校长,为推动区域教育优质发展提供新生力量。

一支独秀不是春,万紫千红春满园。在推进教育优质均衡发展中,我们把"点燃教育"理念带出奉贤、带出上海,让更多的学校了解奉贤、认识附小。学校与青海、贵州、福建、苏州、嘉善学校结对,每年开展主题式教育教学交流与分享,在输出中吸纳更多、更好的办学经验;开放校园,每学期迎来全国各地兄弟学校的参观学习；打开视野，接待来自美国加州、韩国釜山、泰国前总理的教育代表团，在交流共享中把教育的"火种"燃得更旺；名校长工作室也带教了来自新疆、青海、秦皇岛、唐山、东营等100多位校长，去云南、重庆、杭州、安庆、合肥等全国各地讲学，近50场专题报告，参与人数达几万，把附小的"点燃教育"辐射影响到更多的学校，在交流分享中实现共同发展。

我们信仰"点燃教育"，我们坚信每位教师、每位学生、每位家长身上都有着无限的潜能。现在奉教院附小的优质教育资源的"朋友圈"还在扩大，2023年9月，正在建造的运河路小学（暂名）将成为奉贤区教育学院附属实验小学的第三个校区，我们将形成"3+X"的教育集团化发展模式，在"点燃教育"理念的指导下，我们将勇敢追逐南上海品质教育新标杆，不断开拓进取，持续点燃"点燃教育"薪火，让每一个生命都闪光。

以"为每一个孩子打造最亮丽的人生底色"为价值目标，打造"点燃教育"，致力于成为一所具有全新理念、具备创新活力的优质学校。学校十五年经历了三个阶段的探索。每个阶段，学校都直面发展与革新的问题、以每一位教师的专业发展历程为指向，在多元平台中点燃师生、家长持续发展激情，寻找对策、解决问题。依托于各个阶段时代的要求，不断创新和追求，最终成就一所有文化、有质量、有灵魂的学校。

第二篇

"点燃"教师的教育情怀

> **本篇导语**

教师是一所学校的核心竞争力。讲到"教师"这个词,我们常常会想到"春蚕到死丝方尽,蜡炬成灰泪始干"这样的诗句。的确,教师这份职业在人们眼中是崇高的,是无私的,是让人敬佩的。但并没有谁生来就具备这些教师的特质。换句话说,教师也是平凡人,也需要慢慢修炼才能拥有自己的那份教育情怀。

"点燃"教师的教育情怀是学校教师队伍建设的价值追求。学校以"三阳"工程为依托,为职初教师揭开职业起步的面纱,为新手期教师夯实职业技能,为胜任期的教师拓宽职业发展区,为成熟期的教师突破职业巅峰,让教师一步一个脚印走在专业发展"成长链"的轨道上。为教师们提供"四单"发展服务:"清单""菜单""订单"以及"回单",极大地激发教师的发展内驱,让教师的发展从"被点燃"走向"自燃",成为"点燃者",去激发学生最大的成长潜能,去实现"让每一个生命都闪光"的教育情怀:关注每一个性格各异、行为不一、习惯不同的孩子,让一颗颗种子发芽、长大;陪伴一个个"折翼天使",静待花开……让每一个生命感受温暖,传递温暖,向阳生长。

在成就每一个孩子、每一个家庭的过程中,也成就每一个教师自身的价值。播撒春风化雨般的师爱,用思想唤醒思想,用生命点燃生命,用智慧点燃智慧,花香弥漫,一路收获。

人是要有情怀的。教育人,更要怀揣一份博大的情怀,追逐教育的梦想。何为"教育情怀"?习近平总书记提出:"教师要潜心治学,开拓创新,把为学、为事、为人统一起来,当好学生成长的引路人。"习总书记还要求,一名好教师要"有理想信念、有道德情操、有扎实学识、有仁爱之心"。我想:这就是我们最崇高的教育情怀。教师的心中要有儿童,要着眼于儿童天真自然的本性开展教育教学,相信每一位儿童都能熠熠闪光;教师的心中也要有梦想,要守望教育的初心,做新时代"四有"好老师,以质朴有爱的情怀走进孩子的心灵,以智慧执着的匠心陪伴孩子的成长,以温暖闪亮的微光点燃孩子的梦想。

教师有梦想,孩子有未来。"没有教师的发展,永远不会有学生的成长;没有教师的幸福,永远不会有学生的快乐。"[①]我们认为:教师队伍的发展是学校最重要的基础工作,基础抓实了、奠稳了,学校教育工作才能举重若轻,孩子才有未来。根据教师队伍培养目标,学校构筑起教师成长的生态场域:确立了"五级"发展梯队,让教师发展拾级而上;提供"四单"服务模式,为教师持续发展提供助燃。

教师成长从青涩到成熟,必然要经历不同的阶段。在附小,有一条点燃教师教育情怀"X轴—Y轴—Z轴"的"成长链"(见图2-1),也是促进教师专业发展所历经的成长过程。

X轴:为教师专业成长的"五级"发展梯队——晨曦、破晓、朝阳、艳阳、金阳五个阶段。这五个阶段成长期串起了附小独有的教师成长时间链。每一位教师都能在斗转星移中不断被"点燃"、自我点燃和互点共燃,体验成功,收获成长。

Y轴:提供"四单"服务模式,为教师全方位发展打开"助燃"通道——"清单"式发展夙求、"菜单"式配送资源、"订单"式挑战激情、"回单"式反馈评价,为教师发展提供公平的"机会供给""服务供给""协同供给","助燃"教师成长,允许

---

① 朱永新.新教育[M].桂林:漓江出版社,2014年6月.

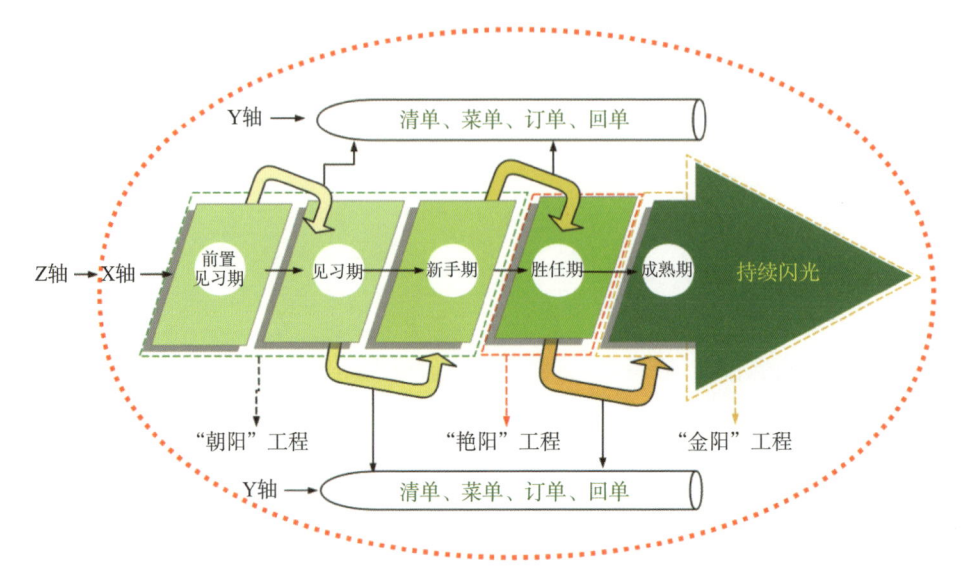

图 2-1 奉教院附小教师"成长链"示意图

他们百花齐放，各自体验，共同成长。

如果说 X 轴是教师成长的时间轴，Y 轴是教师成长的方法轴，Z 轴则是教师成长的空间轴。Z 轴，一直贯穿于教师成长的每一个过程、每一个阶段，那是伴随教师成长的教育情怀，是理想和信念、是爱与责任、是智慧和匠心、是温暖和微光……附小教师的教育情怀就如于漪老师口中的那盏熠熠生辉的"明灯"，他们在这三维立体的时间和空间中成长、成熟，而后传递这份价值，持续闪光。我想，这便是我们所要"点燃"的教育情怀。

第一章 阶梯：让"点燃"伴随教师的成长链

又回到附小，情绪依旧。离开附小已有六年，但是，我一直感觉我们从未分离，2007 年的那些日子时常在我眼前闪现。这一年，是附小"诞生"的时刻，何哲慧第一次做校长，我第一次做教导主任，承载着好多人的"第一次"的那一年。那时的我们憧憬学校未来的同时，内心也对学校的发展有着一种未知的忐忑和恐惧。

印象最深的是第 10 年，我的左脚骨折了，翁春花老师又将参加全市中青年课堂教学比武,我是"忠实"的听课者。因为脚不方便,老师们就背我上楼进教室。我一遍又一遍地听试教,认真聆听教研员的评课指导;临上课前的双休日,我又来到了学校,一遍又一遍地和翁老师一起修整教案,一次又一次地做她的学生,听她的试讲,细到一句过渡语、一个动作、一个眼神……这一年的12月22日,学校又承担了区第十五届教学节暨办学资源联盟工作推进现场会,要与结对学校一起开设近10节展示课。我挂着拐杖,和老师们一起,开始了一次艰难的跋涉。我听遍了所有学科的试教,对不满意的、要改进的课,又是一遍又一遍地改,一遍又一遍地听。老师们心疼我,给我送来了靠垫,争着要来扶我,天天为我端茶送饭。我这辈子我无法忘怀那段日子里,附小和煦的阳光照亮着我因病痛而灰暗的心……

难忘晓燕初上讲台,是我狠狠地推了她一把,把她推到了孩子们中间;难忘谭老师参加市教学比武想要退缩放弃时,我对她甩下的一句无情的狠话:你现在哪怕去住院了,上课那天我还是要把你拉回来的! 难忘正逢学校老师生育高峰,我一个人扛起四、五年级三个班的语文教学……我就是这样和老师们一路艰难地走来,彼此间建立起来的这种同舟共济般的精神支持,成为我这一生中最宝贵的财富!

这是附小第一任教导主任朱玲在学校十年回顾分享会上的感言。字里行间满是对那段"艰苦"岁月的回忆和感慨。虽然发言当天,我们的这位老教导主任已离开附小在区域层面担任管理工作,但附小记忆在她心里却是永不褪色。她见证了第一代附小教师队伍的拓荒精神,她道出了附小教师的初心与使命,她形象地将"点燃教育"的真实模样呈现在众人眼前。如今,她又回到附小,和我们并肩同行,面对着越来越年轻化的附小教师队伍,再次见证一支新老交替的教师队伍从被"点燃"到"自燃",从"自燃"到"点燃"他人。这是一种文化的传承,更是一种精神的继承。

这样的案例还有很多,现任奉贤中学附属小学校长的何春秀老师,现任师大附小校长的丁莲娟老师,现任四团小学校长的曹阳老师,现任教育学院第二党支部书记的王琴老师,现任育贤小学副校长的俞易老师,现任教育学院道德与法治教研员的朱娜老师。她们都是在"点燃教育"的文化中从晨曦、破晓、朝阳、艳阳、金阳五个阶段一步一个台阶成长起来的,也是"点燃"伴随教师成长链的亲历者,更是附小教师队伍成长的一个个缩影。

说到我们这支年轻队伍的成长,便要从我们的"五梯"教师成长工程开始说起。每一次的教师招聘都是附小加入"新鲜血液"的重大时刻,学校每年成立由学校管理层、区卓越教师、学科骨干教师担任评委的招聘小组，通过层层选拔，扩容教师队伍。而被选中的"他们"就是我们的未来，附小教育情怀的践行者和传递者。

一、晨曦：微光闪烁

晨曦意寓着希望，这希望就犹如父母满怀憧憬地抱起呱呱坠地的新生儿；犹如追星者充满期待地拍下满天繁星的照片；犹如园丁心怀期盼地撒下五彩斑斓的花儿的种子。我们最爱的就是看着一张张充满斗志的新面孔带着微笑踏入校园，因为他们是我们的未来，是我们的希望，是一束束等待蓄足能量的微光。我们认为新教师是教师队伍建设最重要的群体，因为各有个性和所长的他们对"点燃教育"为核心的学校文化都不曾了解，他们处在被"点燃"状态。

附小新手教师中有这么一群人，他们大学还未毕业但已经通过教师编制考试并顺利被录取。这类教师我们称之为见习前置期教师。那我们该如何让他们走进学生、站上讲台，融入文化，理解"点燃"教育？

他们初出茅庐，正享受着与"点燃"的第一次相遇！

一百个人心中有一百个哈姆雷特。所有的新入职教师心中也有一百个自己做教师的样子。如何让他们迅速定位自己的职业，从学生转换为教师？如何让他们尽快融入附小的教育教学，从冷眼旁观变为身临其境？作为一校之长，我无数个日夜绞尽脑汁，我们的新教师们成长的第一步不应该是毫无章法的。和所有学校一样，我们为见习前置期的新手教师们挑选业务水平精湛的师傅，从教学和班主任两个维度为他们创设沉浸式的学习氛围。在学校，他们是这样被师傅领进门的：学校举行结对仪式，为师徒关系的建立扣好了第一粒扣子。随后，他们的每一天都会是"捆绑"式地渡过的。很多师傅都说："徒弟就像是自己的小尾巴，我在哪儿他就跟到哪儿。"由此，徒弟们有了第一次听课，第一次磨课，第一次带操，第一次试教。众多的"第一次"让他们更深层地学习和体验附小文化，了解和认知附小制度和章程，体会和认同附小人的教育价值，从而与"点燃教育"产生共情和共鸣。

从眼见为实，到耳听为证，最后才能到"觉知此事要躬行"的阶段。他们教师生涯的第一关便是一份精彩的体验关。用"看、听、学"揭开教师这份职业的面纱。这便是他们与"点燃"的第一次相遇。

(一) 看：看深入其境的场景　体验"点燃"

你了解"盲人摸象"的故事吗？盲目者们都有自己关于象的见解，但是这种见解是基于片面角度的，是不真实的，视野狭窄，思想狭隘化。你知道罗森塔尔效应吗？大多数人对自己的潜力都没有充分的认识，我们仅知道现在的自己，而不知道自己还有潜能发展成另外的、全新的自己。我们常这样提醒自己，见习前置期的教师往往就像摸象的盲人在罗森塔尔效应中不可自拔。我们首先要做的就是让他们"看"见。一入附小便要打卡"五看"任务：看校园的文化建设，看校内的人际相处，看附小的课堂实施，看学校和班级的活动开展以及看老师们与家长沟通的小妙招。这"五看"我们把它叫做"吾看附小"培训活动，从他们的视角发现校园内、岗位上的小美好，用积极向上的校风校貌去"点燃"每一个新人的激情。活动中，一位新教师这样描述她眼中的附小老师：

前置培训给予了我超前的学习意识，全面的学习内容以及可操作性的教学实践。师傅的智慧"润物细无声"地融入于我的每一次学习，每一次捉虫课和每一次模拟课堂。

六月八日，这是我人生中第一节考核课，于我而言至关重要，对于素未谋面的孩子而言，他们更是感到新鲜与兴奋。课前，师傅告诉我："虽然这是一节仿课，但是你要上出你自己的风格！"带着师傅平日里对我的教诲，我借助肢体语言，努力营造一个温馨又轻松的课堂氛围。就这样，我的课进行着，表演环节时所有孩子都跃跃欲试，唯有刚刚一直很积极的小杨低下了头，小手想举又不敢举地犹豫着。师傅鼓励我课后找他聊聊天，我这才知道了他因为自己身体不协调，怕表演环节出丑才没有举手。这小插曲让我意识到在今后的教学路中，应该要关注到每一个孩子的个性和差异性。

多么真实，多么有感染力的故事啊！"吾看附小"，目光所及皆是信仰。唐诗奕老师在见习前置期的短暂岁月中跟随着努力、温暖、专业、激情四射的师傅，自己也就成为了师傅的模样。从"看到的"转化为"想到的"，从"想到的"激发出"想追求的"，这不就是慢慢被"点燃"的过程吗？那么除了看，他们还将迎来什么体验呢？

(二) 听：听心之向往的故事　激发理想

初出茅庐的新手教师在踏进附小的那一刻，便会听到很多，诸如老师对学生的评价，学生对学校的定义，家长对学校的观点，同事对学校的描述，等等。但是我想我的新手教师们首先要会倾听的是"附小故事"。这些故事囊括了学校的故事、老师们的故事、学生的故事和家长的故事多个内容：每年新教师的"校史分享会"(见图 2-2)；每月公开宣讲的"最闪亮附小人"和"中青年获奖者的故事"；每学期表彰的"十佳明德教师"和雷打不动举行的"附小教育集团青年教师演讲赛"；每学年举行的"大队委员竞选演讲"和校各条线公开述职总结。这些故事的主角都来自附小，给予新手教师的是一种震撼。这便是他们心之向往的职业，这儿便是他们将要挥洒青春的地方。这是与"点燃"的第一次相遇，也是他们理想开始的地方。

图 2-2 奉教院附小校史分享会活动

犹记得在演讲赛中，一位青年教师这样感慨：

听到第一代附小人的拼搏故事时，我的眼中盈着泪，他们深夜备课、关注每一个孩子的学习，冒着酷暑家访的样子突然让我想起了我小时候的老师。这种以校为家、舍小家为大家的故事虽然听上去很老土，但却次次都能戳中我的泪点。虽然现在教学环境好了，教学技术改革为教学这件机械的事情带来了新气象，但我一定不能忘记，好教师永远都需要用心去做。

作为教育行业的新人，要不断提升自己的教师修养和教师品德，爱孩子，会沟通，常反思。我们和学生应当形成亦师亦友的关系，和他们在学习上成为可以互相讨论的师生，在生活上成为可以彼此倾诉的伙伴。作为一个初出茅庐的新手，我已不再是小孩，而是一个需要把握一切机会让自己成长的大人！

初出茅庐的新手教师用"心"聆听着一个又一个前辈的故事,在故事中感悟到教师的责任与使命,在感悟中筑起教育的理想,在筑梦时让自己慢慢升华。时刻准备着被"点燃",是新手教师跨出的最坚实的第一步。多样化的培训活动,讲述着附小人的每个闪光时刻,汇聚成新手教师们眼前的一场好"戏",从育人和教学多个角度为新手教师们划好了教师成长的起跑线,让"教师理想"迸发出火花。

(三) 学: 学附小"新"基本功　渐入佳境

所谓师傅领进门,修行还得靠自身。叶圣陶先生说:"中国的教育太重书本,和生活没有联系。教育不通过生活是没有用的,需要生活的教育,用生活来教育,为生活而教育。"在我的认知中,新手教师培训也要触碰这样的高度。我们的新手教师要学什么呢?对了,附小"新"基本功!俗话说:只有在游泳中才能学会游泳。因此,不同于普遍认知中的教师基本功,我们的新手教师们要跟师傅仿课堂、试备课、比成效;跟着师傅学常规:听课、评课、研课,这是要了解教学细则;模仿师傅上课,这是要推动实践和反思;尝试独立备课,这是要思考与应用;同伴互助结对,互相观摩,互相展示,这是要创造成效。凌雨薇老师在培训后的见习案例中这样描述道:

这周我接手带班,心里甚是紧张:脱离了师傅,我能做好吗?

这一周,我开始进入单独备课的阶段。之前,师傅会在上课前帮我讲解重难点、理清过渡语。但是,现在没有了师傅的指导,只能试着自己来。所以,在备课时我会花更多的时间。首先,我会观看空中课堂,学习老师的过渡语设计,合适的地方就会记录下来;也会关注老师如何突出重点难点,便于自己模仿学习。接着,我试着设计好每一个环节的教学活动,尽量保证让课堂充满趣味性。其间,让我意识到备课不仅仅是简单的过 PPT,这一份课件里承载的是这一个单元的重点与难点,需要在这些教学环节中一一突破。

之前上课时,我的眼前可能只关注到了教学,很少关注到学生。现在,我发现自己能慢慢关注到学生的动态,慢慢开始观察他们是否眼神都关注到我了、是否都集中精神听课了? 老师上课做到眼睛里有学生,才能使一节课的效率更高。

在未来的带班教学中,必然还会有不断的挑战,我需要调整好心态,积累应对,为 9 月份的正式执教打好基础。

她是前置见习教师众多成员中最普通的一位教师。在日志中我们可以看到这位新手教师的见习生活都在经历哪些事件? 她的内心都在思考哪些教学点? 她是否沉浸在"被点燃者"的角色中逐渐成长? 在学中做,转化为在做中学,让基本功学习像每日三餐一样寻常而自然。在不知不觉中,他们会走向"自燃",即自己思考如何面对学生,如何驾驭课堂,如何处理家校关系。当新手期的教师们渐入佳境,持续学习时,才意味着他们真正踏上了第一阶"阶梯"。顺着阶梯向上走,我们的新手教师们又将与"点燃"有哪些美好的邂逅呢?

二、破晓:蓄势待发

破晓是"光"第一次被我们看见的时刻。每当破晓将至,我们内心是无比激动的,那些微光聚在一起,聚合成一束充满了力量的光,冲出天际,洒向附小的每一个角落。每一次目睹新手期教师站在成长链的台阶前,等待着自己迅速成长的那种眼神,我们便期许着他们一定能在附小与我的团队达成一种认同与共鸣。

他们拾阶而上,正感受着与"点燃"的第一次升温!

每年9月,新手教师们渡过了为期3个月前置见习期后,他们将迎来上海市规范化见习期培训,这场见习足足要延续1年之久。这意味着,他们拥有了自己的孩子们,自己的办公桌,自己的教室,自己的教学资料,自己的家长们,自己的教师身份。自己的,都是自己的!他们又将迎来哪些困惑和挫折呢?我们又该如何陪伴他们一步步成长呢?

在这个阶段,我们为他们量身定制了三组关键词:做、写、讲。带着已经学会的附小"新"基本功,他们要真正做一位教书匠,要学会更多的本领。他们要懂得梳理自己的经历,形成自己的观点。他们更要为自己的成功和失败而反思,讲出他们的附小"故事"。他们会拾阶而上,迎来自己与"点燃"的第一次升温。

(一)做:做闪光的教师

网络上有这样一句文案:"你不一定非要长成玫瑰,你乐意的话,做雏菊,做茉莉,做向日葵,做无名小花,做千千万万。"对呀,附小培养教师的原则也是这样,做闪光的教师。但在展现特色前都是需要厚积而薄发的。于是便有了我们的青年教师"987"工程。

"987"这个名词是指学校针对一年期、三年期及五年期以上不同阶段的教师专业发展的阶段特点,制定了"987"青年教师培养工程(见图2-3),即一年期教师要求"9个会",三年期教师"8个会",五年期教师"7个会"。"987"在目标数量上逐年递减,在教育教学能力要求上则逐年递增。

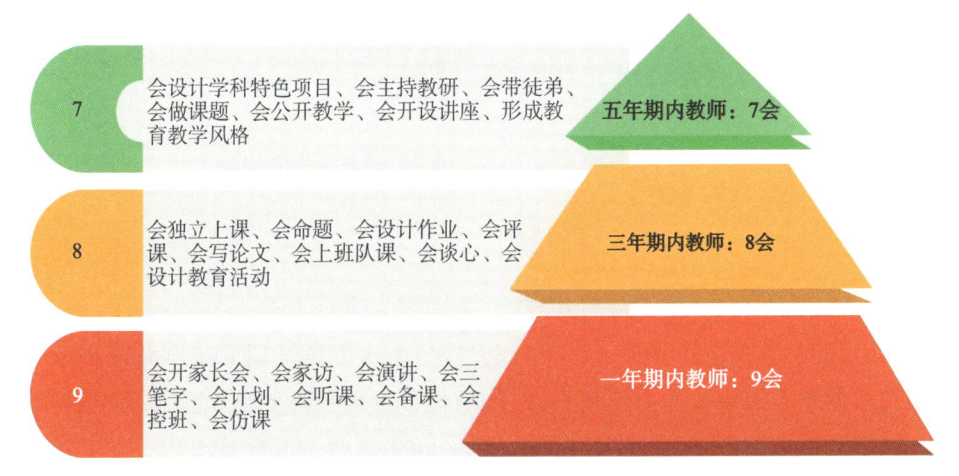

7	会设计学科特色项目、会主持教研、会带徒弟、会做课题、会公开教学、会开设讲座、形成教育教学风格	五年期内教师：7会
8	会独立上课、会命题、会设计作业、会评课、会写论文、会上班队课、会谈心、会设计教育活动	三年期内教师：8会
9	会开家长会、会家访、会演讲、会三笔字、会计划、会听课、会备课、会控班、会仿课	一年期内教师：9会

图 2-3　奉教院附小教师培训"987 工程"结构图

在"987"师能奠基工程中，学校坚持"阶梯培训，小步递进"的原则。越是细化越是明确的要求，越能让教师明晰发展方向，产生更大的发展动力。根据"987"工程阶梯性的培养目标，学校出台了系列化的培养策略。从图 2-3 中，可以看到，一年期见习教师需要学会 9 种必备技能，这些技能都来自于日常的"做"。最具"点燃"特色的便是以下三个。

"会家访"：这组关键词已在新手期的前置见习时有所了解。在见习期，他们可要"真枪实弹"演练一番，事先联系家长，关注家访礼仪，设计家访形式，统计家访所得。一样样细枝末节的琐事都是学习的养料，助力新手教师的专业能力提升，为"点燃"添了一把火。

"会控班"：孩子的天性是活泼的，常有家长说：一个我都管不过来，老师要管几十个，太难了。但在附小，新手期的教师所要做的是学会和孩子相处，把控全场。他们的智慧往往来自与学生的谈心，与同事的讨教，有时也来自于自己的创意。新手教师课堂活动中会出现奖励制度，为遵守纪律的孩子发"校币"；也会出现提醒制度，为破坏纪律的孩子点个"提醒"，班牌上的提醒符号可不是孩子们喜欢看到的。还有一些新手教师善于塑造个人魅力，他的课堂永远能吸引孩子们的耳朵，让孩子们听得津津有味。我们鼓励新手教师拥有百花齐放式的控班方法。像我们期待他们能自己成长一样，自由地发挥，细致地反思。

"会演讲"：每年的 8 月 27 日，附小雷打不动地举行集团青年教师演讲赛，见习教师全员参与。他们解读演讲主题，撰写演讲文本，制作演讲媒体，练习演讲技巧，呈现演讲效果。每一位选手都会在舞台上展示自己最佳的风采。台下的观众,有的是他们的伙伴,有的是他们的前辈,还有的是他们的长辈。舞台下的掌声、啜泣声、欢笑声、喝彩声、助威声。声声入耳,催人奋进。的确,"点燃"也会在此刻升温!

做闪光的老师,做任何值得做的事情,做得"糟糕"也值得做!

(二)写:写附小的"故事"

诗不是诗人写的,是读诗的人写的。附小的故事不是别人写的,是有附小故事的人写的。教师要擅于写自己成长的故事,每个教师的成长中都有许多成功的,失败的感人故事。作为新附小人,他们比谁都渴望融入这个集体。于是,他们的成长和"点燃"之间便有了交集。每周,新手教师都要完成五个一:模仿师傅上一次课,跟一位家长沟通孩子的情况,写一次课后反思,完成一份三笔字作业,记录一个附小"故事"。在众多故事中,我无意间瞥见了这样一个故事:

这是我踏上工作岗位以来的第一节考核课,我很紧张也很焦虑,因为时间紧迫,孩子们的教学进度又有些赶,我怕做不好,那就太丢人了。最后,我选择了《项链》这一课。三天的磨课、试教,一遍又一遍地反复修改再试教到最终上课,整个人就像经历了脱胎换骨般的历程。教学中,我能引导学生反复朗读句子,然后找出描写大海美的词语。逐步引导学生们学会回答问题,这样既可以锻炼学生的表达能力,又能进一步让学生熟悉课文内容,加深对课文的理解。我想这不是我一个人的成功。

来到附小工作已将近一年的时间了。一年对于整个历史长河来说,只是沧海一粟,对于人的整个生命来说也只是几十分之一。在这近一年里,我深刻体会到了做老师的艰辛和快乐,我把自己的青春倾注于我所钟爱的教育事业上,倾注于每一个学生身上。

项宋妮老师在一年期考核课结束后,在她的见习案例那栏写下了这样一段话。虽然这是每个"煎熬"着的新手教师都会经历的平凡日常,但我还是感受到了我们这支年轻的教师队伍正在迅速成长。

我教的两个班的成绩与其他几个班都有一定的差距,我很迷茫也很无助。明明该做的我都做了,到底是哪里出了问题?师傅看出了我的焦虑,她耐心帮我分析原因,查看了每一份答卷,发现了问题。"班级里的学困生比例较大,因此影响了整体水平,需要进行重点辅导。"经过师傅的提醒,后半学期,我对班内困生有了更多的关注,自此对于学困生的教育教学也有了自己的看法和心得。

这位新手教师在面对学困生方面遇到了问题,教学质量不能保证,让她辗转反侧。但我也暗自窃喜,质量问题一直是新手教师常见的问题,我欣喜于我们的教师团队能携起手来共同成长,更欣喜于我们的新手教师能正确面对问题,积极解决问题。

图 2-4　奉教院附小教师培训之故事展演

山是水的故事,风是云的故事,无论是上课遇到的故事还是教育孩子遇到的故事,这都是他们与附小的交集,而这交集便是我们的附小"故事"。许许多多像他们一样的见习教师也同样拥有这样的独特记忆。他们用文字记录下汗水和泪水,记录下欢笑声和欢呼声,记录下岁月的痕迹和成长的印记。

(三)讲:讲我们的时光

"附小"是一个有魔力的词,它总闪烁着耀眼的光芒,光芒所及,皆是真人、真事、真情、真爱。很多人都觉得,或许在这光芒里呆久了,会让人慢慢对这光热的感觉钝化,但在这儿不会。每年的职初教师演讲赛就是汇聚光芒,再次"点燃"大伙儿的时刻。8月27日这一天,五年期内的集团青年教师们都用讲演的方式说出自己的故事。每年,演讲的主题都会聚焦不同的关键词,如:梦想、教育、师傅、同伴等等,将我们的人物与我们的经历相互编织,立体展示。有一个例子,很符合我创设这一培训活动的初心。

体育组的小钱老师,她总是那个不出声躲在角落里的小透明,和附小"所向披靡"的体育组有着鲜明的对比,无论同事们怎么"嗨",她都只是安静地看着他

们"疯"。直到那次演讲,我看到了一个不一样的她。在她的演讲稿中有一段这样的话:

在金春雷老师的课堂中,我看到了我理想中小学体育老师的样子、理想中的课堂。有练习密度、有序、有趣,又学会了技术动作还鼓励孩子,不只是传递知识而是让每个孩子发展其自己的个性,用我们那无可救药的热爱去感染孩子们,点亮属于他们自己的成长道路,我想,这也许是水中月,也许是镜中花。但不管怎样,我将用我的一生去追求。

"小钱的改变有目共睹,作为她的师傅我也感到无比欣慰,希望她永远这么阳光。"小钱的师傅——区体育名教师金春雷这样说。

听、写、讲,三者紧紧相连,打通了见习期(包括前置见习期)教师的成长通道。与"点燃"的第一次相遇,也将始终温暖他们的教师生涯。破晓的微光已经逐渐增强,接着,这些新手教师们即将迎来朝阳的光亮,如朝阳般生机勃勃。

三、朝阳:生机勃勃

从见习期"摸爬滚打",顺利晋级的教师,在附小被称为"朝阳"教师。我们想第二至五年的教师应如"朝阳"一般充满希望,正所谓朝阳万里。如何让他们以最快的速度成长起来?"朝阳"教师们要深入践行"点燃教育"的理念,在实践中反思,在反思中改进,在改进中收获每一次成长。学校为教师提供多元的平台。依据他们前期的发展情况调整师徒带教安排;邀请区域名师,如上海市中青年评比中的佼佼者们,为他们讲述"实战"故事;给予他们机会参与 TCG 团队的教育研究,积累教学经验。用携手模式让他们拥有附小的专业烙印,用研磨让他们拥有阵痛后的蜕变,用研究让他们拥有反思后的积淀。让他们一步一个脚印,稳稳当当地打下职业理想与技能的基础。

他们一步一个脚印,正收获着被"点燃"的每一次成长!

一个人可以走得很快,但一群人可以走得更远。见习教师成长的途中,不是孤勇者,更应是携手抱团走的人。学校致力于有效培养青年教师发展 987 工程中一年期教师的 9 个会,为他们挑选引路人和队友,携起手来,走得更远更稳。

(一)携:被"点燃"之双向结对促成长

朝阳教师们会拥有两位师傅。一位负责班主任工作指导,另一位则负责教学工作指导。我们充分考虑到教师职业的特殊性和家校沟通技巧在教师成长中的重要地位，将班主任带教放在首位，而后才是学科带教。

结对的导师都来自附小导师慧 Club。他们本身在专业上已经有了一定的发展，理解并正践行着"点燃教育"。他们也是被结对者，他们的导师都是区域内的学科教研员，也有一些甚至是初中学科教研员。双方在上岗前会先完成培训者培训，对结对带教的职责、内容以及流程进行详实的培训（见图 2-5，2-6），他们经验丰富，带教有方。带教工作有序开展的同时，学校会全程参与监督。中期展示和期末考核是学校管理中通过看徒弟，客观全面评师傅的有效载体。让见习教师们在有限的成长时间内被推着走，拉着走，赶着走，比着走，拖着走，最终慢慢自信、自主走。

图 2-5 奉教院附小师徒结对协议书（学科） 图 2-6 奉教院附小师徒结对协议书（班主任）

携起手，向前走还不够，前行路上少不了挫折和坎坷。成长哪会因为拥有导师和队友就能速成，经历风雨才能见彩虹。这风雨大抵都来自艰苦的研磨。

（二）磨：被"点燃"之基本功培训促成长

如切如磋，如琢如磨。《诗·卫风·淇奥》中便出现了"磨"这个词。词典上说：加工骨称"切"，加工象牙称"磋"，加工玉称"琢"，加工石称"磨"。我想青年教师不就是一块普普通通的石头吗？怎么磨他们，最终让他们成为一块价值不菲的璞玉呢？这就是"磨"的意义所在吧。那么，我又要怎么去"磨"他们？追根溯源，寻找对策，制定青年教师发展目标，建立完善的培训管理体系，是我们"琢磨"出来的经验。我坚持"阶梯培训，小步递进"的培训原则，根据"987"工程阶梯性的培训目标，出台了系列化的培训策略：

一磨——育德能力

育德能力常常是新教师最棘手的问题，也是作为一名教师最需要掌握的艺术。学校将班主任工作一一细化，分为班级公约的制定、座位的安排、小干部的选举、个别学生的访谈、开家长会、上班队会等三十多个模块，每月由资深班主任任教，全体新教师参加，有的扮演家长，有的扮演学生，在模拟课堂中解决疑难问题，提升育德能力。

二磨——教材把握力

学校要求新教师通读《新课程标准》，梳理本学科教材五年的知识点，清晰把握年段目标。每年进行学科本位知识测试：语文教师写文章，数学教师做思维题，英语教师即兴编故事，音乐老师弹琴谱曲……这样的活动促进教师们不断充实自我。

三磨——课堂践行力

研磨，是教师发展的孵化器；团队，是教师成长的摇篮。提升教研的有效性，发挥团队的互助。学校对青年教师课堂能力的提升提供了多元的教研模式："课前干预式"让青年教师减少失败的体验，从成功的经验中获取职业自信。"合作派位式"让青年教师加入新教师与成熟教师并存的团队。"跨学科研磨"让青年教师发挥各自的所长。"连续渐进式"让青年教师在循环往复中不断改进，精益求精。回头望一望，我想有一个老师就是在"课前干预式"中脱颖而出的：

单雯雯老师是我们学校的青年教师，她在试讲《唐老鸭新传》时，曹阳老师就发现她的课堂存在三个问题：整体感知这一环节设计对学生而言难度较大；课堂生成处理不够灵活；课堂板书没有亮点。针对以上问题，组内老师们纷纷提出了修改意见，通过童趣的图片，结合板书降低难度，引领学生说说故事的主要内容，在学生思路产生局限时，老师可以通过评价语和肢体语言帮助学生打开思路。这样的课前干预，不仅优化了教案，更帮助她避免了课堂中将要出现的种种教学问题，使她在踏上讲台之前心中有底、充满自信。

对职初教师的课堂教学指导模式一般重在"课后的后续阶段"。如果职初教师失败的体验太多,既挫伤积极性,又影响学生的学习效率。因此"课前干预式"更重要,师傅和同伴们就是干预者,新教师独立备课,而后给师傅和同伴们模拟上课,大家对教案作出评析。甚至来个角色互换,相互示范教学,经过大家的点拨,职初教师及时作出调整,带给孩子们的往往是智慧高效的教学,有效的"课前干预"使他们"上手快","后劲足"。

再说到"连续渐进式",有一位数学老师,在他职业生涯的第一年,他是这样铆足了劲儿地成长的:

新教师夏晨辉正在紧锣密鼓地筹备一节旨在突显运用电子书包提升数学课堂教学实效的区级展示课,可是对教材还不完全熟悉的他不知从何下手。四年级备课组的老师们马上行动起来,根据夏老师的教学特点和教学进度,和他一起进行了集体备课。聆听了他的第一次试教课,听课的教师从多个方面对这节课提出了自己的意见,甚至因为如何突显电子书包在数学课中应用的必要性而争得面红耳赤。

通过研讨,夏老师重新钻研教材,并在师傅的建议下,寻来了其他版本的教材进行了参考,将本节课的内容进行了重组,经过一番调整,夏老师又进行了第二次试教,这次试教的教学效果较第一次有了明显的进步。

听课后大家又再次坐下来,再次研讨,针对教学语言的规范问题、板书的布局问题、学生的语言表达问题等细节方面又提出了新的建议。夏老师又再次进行了调整,然后再次进行了试教。他感慨地说:"上公开课是一个痛苦的过程,但更是一个成长的过程,感谢团队中的所有老师陪伴我一起痛并快乐着,见证了我的成长!"

除此之外,为了让教师在教研组中积极参与,学会主动担当,就产生了"合作派位"教研模式。"首先由组内教师共同选定一堂课,一起解读教材,然后抽签派位,确定每个人的角色,或上课、或说课、或做课件、或评课……大家共同分担,职责分明,又相辅相成。我最喜欢合作派位模式,感觉自己棒棒哒!"新教师孙艳在与我的一次谈心中这样说道。教师在这种充满趣味的合作教研中提高了主动参与的积极性。(见图2-7)

除了各种教研模式,学校还通过"捉虫课"帮助教师发现问题。每月进行一次捉"虫"课,由校内督导组成员捉"虫",成员的组成既有学校行政人员,又有学科组长,还有新教师家长,跳出师傅看徒弟,所有听课的老师都是"啄木鸟",提出教师课堂上的瑕疵,使他们获得实实在在的进步。一次次练兵,点燃了教师们学习的热情,使之成为合格的"学科专业"的掌舵者。

图 2-7　奉教院附小教师课堂研磨

（三）研：被"点燃"之研究力培训促成长

不同于"磨"，"研"在词典中有细磨和碾的意思。研究是落到细处的功夫啊，这细致的劲儿对教师专业成长举足轻重。古今中外，研究者总是掌握真理，为社会发展贡献力量。屠呦呦不研何以发现青蒿素，推进医学进步？邓稼先不研，何以发明两弹，提升国防力量？而我反思自己若不研，何以带领学校不断发展，教育好每一个孩子？得研，青年教师要想研、去研、学着研。为此，学校针对研究经验少的青年教师提出了各类研究项目。一年期教师人人撰写每日成长日志；三年期教师尝试进行"草根课题"的研究。他们研教育教学技艺，研学生成长途径，研家校互动策略。日记与草根课题都基于实践问题，帮助新教师养成善于发现问题、积极解决问题的好习惯。

我校教师课题申请积极性高，成果突出。近五年，全校50％以上教师拥有自己的研究课题。其中，青年教师课题数量达到25项之多。截止至2021学年，一至三年期教师做到人人申请课题，80％能被校、区级立项。

携、磨、研，每一次牵手，每一次研磨，每一次研究，每一次的那一点小进步都是青年教师们成长路上的财富，一步一个脚印，学校见证了他们被"点燃"的每一次成长，而"点燃教育"也让我们的"朝阳"教师更生机勃勃。

四、艳阳：光芒四射

从"朝阳"到"艳阳"是附小教师成长链的必由之路。"艳阳"教师是指已经站稳讲台，并且在教学中具备独立思考的成熟教师。他们在自己的专业领域形成自身的风格与光芒。他们有主张、有风格、有团队、区域内有名望。

他们步步登高，正践行着给"点燃"的再一次升华！

"艳阳"教师会自我"点燃"，能系统总结自己的特色，能梳理自己的教育风格，能突出自己的教学主张，能彰显自己的课程特长。他们在已有高度上步步登高，进一步点燃自己，也带给"点燃"再一次的升华。

（一）彰：梳理风格，彰显光亮

只有有主张与风格的老师才能聚焦特色，深入研究，带领团队，彰显光亮。我们很庆幸，在附小有这样一批教师，他们是学校教师队伍建设的中流砥柱，他们专业上有建树，团队引领有方法。因为在他们的教学经历中，我们总是鼓励他们要学会梳理与提炼自己的教学主张和风格。每学期，我们都会组织策划一场教学主张宣讲会。"艳阳"教师们会有不同的组团方式，或教研组、或年级组、或研究项目组。团队中的领头人要上台分享自己的教学主张，分享时总要设计不同的形式，如宣讲式、微论坛式、演说式等等。不仅对全体教师彰显了自己的风格，也是一场很好的沉淀总结活动。

主张分享时，有的老师身上透露着自豪，就如体育"掌门人"吕园园老师在开场词中这样说：

我校体育组现有组员十人，其中高级职称两人，中级职称四人，初级职称四人。我们是一支年轻但充满了战斗力的队伍，组内一位教师参加了第八届全国中小学优秀课现场展示；一位教师获得上海市中青年教师教学比武一等奖；两人次获得上海市青年教师技能大赛团体一等奖，个人一等奖；一人被评为奉贤区"名教师"称号；两人次被评为奉贤区青年骨干教师；两人参与了空中课堂12节课的执教任务，一人担任空中课堂6节武术课的指导教师；所指导的团体武术操队连续八年获得上海市一等奖；广播操队多次获得上海市一等奖；五年来开设区级、市级公开课近20节！是奉贤区唯一一个体育示范教研组。

这段报菜名式的介绍瞬间迎来了台下阵阵掌声。主张的彰显也是成果的展示,有成果,主张才有生命力呀。

而有的老师则是温文尔雅,娓娓道来:

不知道老师们平时教学是否会遇到这样的情况:学生上课的时候反响很热烈,好像都听懂了老师讲的东西,但是真正到实际操作去做题时,就会头脑一片空白,错误百出,而老师也不得其解,明明上课还好好的,怎么一到做题,就懵了呢?知识要点一样也没少讲,但学生就是不掌握,真的烦恼不已。

要学好数学,只有从调动学生的主观能动性出发,在学法上找出路,竭力培养学生良好的学习数学的习惯,才能从根本上解决学生"难学""厌学"的问题。那么如何培养学生的数学学习习惯呢?我尝试了以下几点做法……

如果,对工作真情实感的投入;对学生真心实意的关怀;对自己真才实学的要求,那对学生的影响将是积极的。

数学教研组长俞青的主张分享不能说慷慨激昂,却也入木三分,细细品来,恰到好处。

"艳阳"教师这个群体在学校教师队伍建设中至关重要。她们是教研组长,团结整个学科团队;她们是教学能手,带教"朝阳"教师;他们是"点燃教育"中懂得"自燃"和"互燃"的关键人物,彰显自己的教学主张。她们的光芒是附小绿太阳成千上万束"光芒"中重要的组成部分。

(二) 显:教书百遍,特色见长

在教育改革推向深处的同时,学生的发展走向"五育融合",跨学科综合主题课堂、项目化融合的课堂、科技与知识并行的课堂都对教师的综合素养提出了更高的要求。我校教师队伍中不乏有一些教师,他们本专业很优秀,却还追求专业以外的第二、第三专业。我们就通过工会平台,为老师们发掘自己的特长举行诸如土布制作、瑜伽、游泳、太极拳、编程、油画、糕点烘焙等,学校以教师发展清单和订单为载体,了解教师的发展内需,将他们送出去打开眼界。慢慢地,许多教师显露出了自己的特长,形成了自己的特色。

那一年,学校课程完成了升级,校园环境发生了很大变化。教学楼四楼的平台按照设计要变身为太阳花园。可学校后勤岗位人员紧张,再把任务分配给他们,似乎要不堪重负了。于是,我们连忙发出"订单",招募花园主。接单的翁春花老师这样回忆到:

不知道是不是名字带花的原因,我不仅爱画画,也爱花花,平时捣鼓花草是我的爱好。姐妹们爱称呼我"嗡嗡",看,连昵称都是离不开花的小蜜蜂。

我鼓起勇气忐忑地走进了校长室,向校长表明了我想认领花园的想法。胆小的我为自己的这个奇怪想法心里直打怵,没想到校长给予了我极大的鼓励和支持,让我马上就开始行动。想不到美术和园艺看似不搭界的两种工种却在附小进行了完美的融合,而我就是这位幸运圆梦人,所以在附小只有你想不到的,没有你做不到的。在附小我真的实现了自己的目标,也没耽误了自己的爱好。

作为上海市中青年比武(美术学科)二等奖获得者,翁春花老师不仅能在自己的专业上站稳站好,也能将她的光芒洒向"太阳花园",为附小打造了一块让人神往的小空间。她不再只是美术老师,而是一位精通花艺,创造另一种美的美术老师。像她这样的"艳阳"教师还有很多,从体育圈转身为"书法大师"的杨卫平老师,从体育圈变身为"心理辅导大师"的朱海英老师,从语文学科跨界去自然科技的顾聪老师,从英语学科跨界去探究的沈亚芳老师等,都完成了华丽的转变,彰显了自己的才华。

(三) 展:月月展示,崭露锋芒

每学期,学校为"艳阳"教师搭平台,展风采。面向全体教师的品牌教师展示成为了全员翘首期待的教研大餐。品牌教师展示每月举行一次,展示的形式以一课一教研为模式。展示课都是每学期教研组团队精心研磨的优质课或是参加市区级比武的比武课。展示全校推广,以跨学科听课的方式推进。听完展示课后,各学科教师都要针对展示课对自己学科的启示进行研讨和记录,从而扩大展示课的辐射深度。张晓燕作为"土生土长"的附小品牌教师,在一次活动中她这样记载:

正值教院附小"品牌教师周"活动。我携工作室的老师们进行了教学与教研工作的展示。洪庙小学、塘外小学和海湾小学以及宁波市江北区实验小学教师也参加了本次展示活动。

上午,附小潘青老师和许娇娇老师分别展示了《3AM3U1 Insects》和《4AM3U2 Nanjing Road》。潘青老师亲切的教态、层层递进的教学环节,以及丰富多样的评价吸引了听课老师的目光。许娇娇老师以清晰的教学思路、亲和的教学风格、巧妙的语境创设和精美的媒体设计博得了听课教师的一致赞叹。

接着,我向大家做了有关《单元整体设计,搭建语言支架》的微讲座。联盟学校和外省市老师表示非常欣赏附小英语老师的课堂驾驭能力,对"张晓燕品牌教师工作室"的研究内容颇有兴趣,对于附小学生流利的语言表达也是赞不绝口。

品牌学校离不开品牌校长和品牌教师,能否建设一支具有优良师德,胜任现代教育教学工作,具有现代教育理念,适应教育改革和发展需要的高素质师资队伍，从根本上关系到一所学校的生存与发展。原清华大学校长梅贻琦先生说："所谓大学者，非有大楼之谓也，有大师之谓也。"名校培养名师，名师造就名校。谁拥有高质量的师资队伍，谁就拥有高质量的教育，这已成为人们的共识。人们评价一所学校，总是注意评价它的师资队伍状况。我们从打造品牌学校角度出发，审时度势，着手打造品牌教师群，形成一个乐于教育，敢于奉献，富有创新精神的团队。莫言说："从阴雨走到艳阳，我路过泥泞，路过风雨。"我们的"艳阳"教师们一路披荆斩棘，尘土飞扬，但这些也不能使他们的光芒暗淡。他们是青年教师"拨开云雾见青天"的领路人，也是更多成熟教师"三人行必有我师"的好伙伴。附小"点燃教育"也在"艳阳"教师的步步登高中实现了再一次的升华。

五、金阳：光辉灿灿

如果说"艳阳"教师是优秀的大多数，那么"金阳"教师则是特别优秀的塔尖人物。他们拥有更高的职称，他们会辐射其他教师，他们拥有更强的研究力。但他们发展就此停止了吗？不！我们认为，只有点燃"金阳"教师持续发展的激情，才能使学校的可持续发展走得更远。"金阳"教师站在更高的水平和境界上辐射引领，他们自然而然会"点燃"更多人。

他们一览众山小，正希冀着让"点燃"更广阔地传递！

我们希望我们所拥有的"金阳"教师是一支这样队伍：在专业上声音更响，在辐射上平台更广，在职称上追求更高，在研究上积淀更深。作为校长，自己首先以身作则，开启"二次成长"，为"金阳"教师们起了个好头。总结我们这个阶段的职业增值，那就是三个字：破、领、著。那么怎么破？如何领？又著些什么呢？

（一）破：紧跟潮流　突破舒适圈

有人说：许多人觉得突破就是转换赛道，其实把自己的本职工作做到更好才是一种突破。"金阳"教师的突破就是在自己的研究领域追求卓越，创新改革，找到属于自己的更高点。"线上教学""双减"，当下的教育面临很多变革，我觉得我更需要考虑教书育人的时代特征，对自己的领域进行优化和重构。

我们组织老师们一起学习"学习强国"，紧紧跟随时代的步伐；组织教师们一起研读"双减"文件，深刻领会育人的精神；组织教师们一起实践"双导师制"，紧紧抓住育人的核心；组织教师们一起跨界培训，做自己最不擅长的事情，提升自己的综合能力。校长领衔的"破"局行动,带领着"金阳"教师们突破专业、年龄和能力的舒适圈,冲出更广的天地。有位临近退休的老师说:

一直很不适应每天学习强国这件事。但是,在形成了一种习惯后,我才发现,这真是个了不起的平台。我每天都能听新闻,了解学校以外的其他领域都在发生什么。我还会去看看翻转课堂等潮流前线的课堂模式,了解小年轻们的教学方式。我也能在学习强国平台上投稿,看到家人同事们为我点赞,感觉自己又一次充满了前行的动力。

我想退休只是一种形式,有了破局的勇气,退休了也还能活跃在教学的这片热土上,孜孜不倦,乐在其中吧。像于漪老师那样活到老,学到老,这才是"金阳"教师屹立不倒的"金字招牌"。当然,破也是为了更好地领。破局后,我们的"金阳"教师就会引领更多的教师走向更高的平台。

(二)领:引领团队　抱团成长

如何让"金阳"引领团队,愿意创新,敢于创新,胜任创新,从而适应时代的瞬息万变? 于是,我们有了"金阳"教师的"TCG 工作室"。其中 T 就是 together,团队成员全程参与所有教研过程;C 就是 change,团队成员一起不断改变,提升教研能力;G 就是 grow,团队成员在教研中一起成长。

在这样的模式下,"金阳"教师提出了很多新潮的教学观点。如语文老师提出了"本真语文""慢语文""浪漫语文",数学老师提出了"潮数学""七彩数学"英语老师提出了"自然英语""动感英语"等教学主张。

借助附小优质资源,开放优秀骨干教师课堂,引进市区名校名师优质课送教活动,将市级优质课请进工作室,以区"卓越教师"为主导,共同带领工作室成员前进。TCG 团队中的关键人物领衔,优秀的成员可以成就为"品牌教师",学校鼓励这些教师提出属于自己的教学主张,推动教师批判创新,超越固有经验的限制和束缚,不断拓展专业发展的宽度和深度。

"金阳"教师虽一览众山小,但绝不是一人独行。他们更多的是将"点燃"传递,让"点燃教育"更熠熠生辉。

(三)著:著书立说　助力成长

优秀的教师之所以优秀是因为他们具有辐射引领的能力。他们会梳理自己的经验,总结记录,著书立说。毛姆曾说:"经典之所以成为经典,不仅因为能得到评论家的赏识,更在于一代又一代人能从阅读中汲取养分和乐趣。"如何将他们的智慧辐射到更广阔的平台？让他们的声音传播得更响亮？我们想"著书立说"一定是一个最有价值的做法。每学年，学校都会激励在科研上有一定成果的教师将自己的研究升级，积极联系更广阔的科研平台进行发表。因为，"金阳"教师的价值往往就在于他们乐意为老师们提供"养分"与"乐趣"。他们所写的著作为"朝阳""艳阳"教师们点出了教学的真谛，让他们在成长途中不断被"点燃"，不断去"自燃"。

近些年，以我为领衔的"金阳"教师团队每隔一段时间便会梳理出最新的教学经验和做法。我们共同努力，留下了一本本经验和思想的著作。德育方面的《班主任工作三十六计》为教师们如何育人支招；课堂教学方面的《上一堂灵魂渗着香的课》为教师们提供教学金点子；《点燃教育的55个故事》则是为更多的学校提供校园文化创设的典型案例以供参考。

第二章 "四单"：为教师全方位打开"助燃"通道

可以说，每一位教师在初为人师时，都是带着一种美好的教育憧憬和职业发展的期待走上了"三尺讲台"。他们希望成为"名教师"、成为"优秀班主任"，乃至成为"特级教师""特级校长"……实现从优秀走向卓越的梦想。而这种教育梦想是潜藏着的发展激情，一旦被"点燃"就会发出闪亮的光芒。学校管理者就应该为教师全方位打开"助燃"通道，唤醒教师发展潜能，让他们拥有更多的热量，闪光发亮。

教师的专业成长不是一蹴而就的，而是一个不断发展、循环互动的过程，它贯穿于教师的整个职业生涯，而且在教师专业发展的不同阶段具有不同的发展定位和发展特质。因此，学校以"服务供给"的方式，依据教师在不同发展阶段的目标和定位，提供适切性的"助燃"，满足教师专业发展需求。"清单""菜单""订单"和"回单"，就是体现"精准服务"的"四单"供给（见图2-8），让不同阶段的教师经历自我修炼的四个步骤：发展——研究——挑战——反馈，从而获得内在动力的驱动，改变并提升教师的自身素养，拥有职业成就感。

图2-8 奉教院附小教师专业发展"四单"供给服务

"四单"式服务供给，是一个多向循环、支持教师实现专业发展的全方位的"助燃"通道,强调教师专业发展不同阶段和发展内容的多向性与循环互动性,是一个动态生成的有机循环系统。

一、清单:锚定夙求

"校长,我知道静安区一师附小的数学教学非常强,我们的组长俞青老师就曾去跟过岗,我也想拥有这样的机会!"

"我想请教研员帮我指导,拜她为师,下学期争取开一节区级语文公开课。"

那边小金也抢着说道:"我觉得3班班主任陈老师的班级管理特别好,班干部管理得井井有条,没有老师也特别安静!"

这是一次青年教师谈心会上,我们的"朝阳"教师向学校提出的"条件"。从他们兴奋的神情中,我们读到了他们对未来的期许,也感受到了他们需要"帮助"的迫切需求。

"校长,看到比我年轻的晓燕今年都评上了高级,我也想试试,但是感觉自己还有些差距,没有那么多拿得出手的奖项。"

"教学和班主任工作我都驾轻就熟了,就是一碰到写课题,写论文就没有方向,希望有教科研的专家能够'手把手'教教我。"

在假期家访中,两位中年教师也对我提出相似的发展夙求。

老师们真是好样的。他们都是有梦想、有追求的老师,他们对发展的需求各不相同,像这样的老师在我们学校肯定还有不少。作为校长、一名管理者,我们要读懂教师,了解、支持不同阶段教师的发展需求,为他们的专业发展铺路,让他们少走弯路、多些成功,助燃他们实现自己的发展梦想。

教师专业发展计划"清单"由此产生。"清单",是锚定不同阶段教师专业发展的真实诉求,是学校倾听教师成长需求、捕捉教师心灵深处"秘密"的一种特别的方式,也是学校为教师专业发展提供针对性供给服务信息来源的主要渠道。

"清单"有两种,一种是教师个人"清单",还有一种是团队"清单"。个人"清单"聚焦教师个体的发展需求,通过教师自己1—3年发展规划的制定,让教师明确发展目标,提出需要学校"助燃"的发展通道;团队"清单",是以群体抱团的形式,依据团队建设的发展目标,提出需要学校扶持的真实想法。团队,可以是学科教研组团队,可以是 TCG 项目研究团队,还可以是学校行政管理团队等等。学校通过下发"清单"的形式,调查、了解教师和团队的发展需要,为他们提供量身定制的发展计划。

(一) 个人"清单"

为了全方面、及时地了解教师的专业发展诉求，学校于每学年度的 8 月底，开始下发夙求"清单"，老师可以从学校提供的"教师专业发展清单"中进行选择，也可以自主提出需求。(见表 2-1)

表 2-1 奉教院附小教师个人发展"夙求清单"
(2019 学年)

发展目标：			
申请项目	具体内容	级别 （国家、市、区、校）	意向安排时间
学历进修			
公开课和比武课			
跨校跟岗挂职			
外出听课			
培训考察			
教育科研			
活动策划			
师徒结对			
工作室学习			
其他需求			

是否愿意承担工作室？　　愿意□　不愿意□
想成立哪种类型的工作室？

在此打勾	工作室类型	工作室主题
	德育研究类	班级管理、家校沟通、职业启蒙等
	师德领衔类	师德档案袋
	心理成长类	缓解家长焦虑、发育迟缓干预等
	党性修养类	新时代组室党建工作

三、您希望学校提供的"助燃"通道是什么？

教师的夙求"清单"包含"学历进修、公开课和比武课、跨校跟岗挂职、外出听课、培训考察、教育科研、活动策划、师徒结对、工作室学习"十个方面,"清单",各个阶段的教师都可以真实表达,选择这一年你最需要的发展需求;"是否愿意担任工作室"主要指向于"艳阳""金阳"阶段的教师。"清单"也同时征求教师对学校给予"助燃"的期望。

"清单"的征询与调研,在学校中树立了"只要有梦想,每位教师不管你在哪个阶段都有发展的机会、都有发展的希望、都会发展得很好"的教师发展观,给予每一位教师公平的发展机会。

一年期的项宋妮老师,虽然在正式入职前参加过区、校两级的前置培训,但是她很清楚,自己的实际课堂教学经验缺乏,无论是对教材文本的解读,还是对教学方法的实施都非常稚嫩,对于班主任工作也是一片迷茫。于是她提出了"三个一"的"清单夙求":跟岗一名校级骨干教师、观摩一次德育展示活动、上一堂语文教学公开课。

项老师的夙求"清单"虽然只有"三个一",却是表达了一位一年期教师的最真实的、也能在一年时间里通过自己的努力、学校"助燃",能够实现的愿望。

陶怡玮老师,是一位三年期教师。在一段时间的教学教育实践后,她发现,一个好的教师不仅仅需要将教学落实到位,更要对教学实践中形成的有关问题进行思考与探索,形成自己的教育主张。然而,她也很迷茫:似乎除了每天都重复着教育教学的常规工作,对教育主张却毫无想法。有些气馁的她思索许久后发现,自己虽然是师范毕业,但本科专业是非中文系,没有系统的对语文教学知识进行学习,缺乏专业性的认识,对于语文相关的教育理念了解不深不透……此时,学校"清单"中罗列的学历进修让她眼前一亮。她坚定地在"清单"中选择了学历进修,并填上了申请报名华东师范大学语文学科的在职研究生。

我们也发现:大部分1—3年期的"朝阳"教师都和以上两位教师的想法一样,希望快速站稳讲台,成为合格的为人师者。而另一些青年教师,在顺利完成自己的第一个三年规划后,开始寻求更高层次的发展。

青年教师周诗羽便是其中一个。在第一个三年中,不管是她的数学教学还是班级管理都出类拔萃、屡受表扬。但是正所谓"志不立,天下无可成之事",在新的专业发展规划中,她写到:"作为一个青年教师,我的教育之路还很长。我想把路走宽,不只局限于数学和班主任。我想要开拓创新,真正把为学、为事、为人统一起来，当好学生成长的领路人，为他们的梦想导航。"于是，在她的清单中赫然写上了"开发一门拓展课"。

看到她的专业发展规划以及"清单"夙求，教导处领导与她促膝长谈，最后将"百废待兴"的《绿太阳"小超市"》这门拓展课交给她。精诚所至，在周老师的努力下，"小超市"的货物种类比原先多了几倍，声望和销售额也提高了不少。在奉贤区中青年课堂教学拓展课评比中，周老师所执教的《绿太阳"小超市"》一课也取得佳绩。（见图2—9）

图2-9 奉教院附小《绿太阳小超市》课程探究活动

青年教师在不断地提出新的发展需求和渴望。同样地，成熟教师也是不甘落于人。

已经在市、区乃至全国各类语文学科教学评比中斩获殊荣的单雯雯老师提出要开设一个个人工作室，带领更多的语文教师研磨教材，分析文本，使语文教学更生动，更具有人文内涵；数学老师说：我从杂志上看到了，宁波有一所学校作业设计非常棒，我要去学习；美术老师申请参加摄影培训班，将自己的审美与摄影结合，为学校拍摄大片；音乐老师觉得教科研薄弱，申请教科研专家指导；学校中层管理干部希望多去外校考察，汲取先进的管理理念，取长补短，提升能力……

教师专业发展需求涉及方方面面，大家如同一个个嗷嗷待哺的婴儿，急需学校给予各类"营养"的支持。

在梳理教师专业发展清单时,学校还发现:不管处于哪个阶段的教师,"跟岗培训""师徒结对"需求量都特别大。针对这一现象,学校立刻细化清单,对跟岗培训模式、师徒结对需求进行深度调研。随即下发"个人跟岗清单"全面摸底教师所需。(见表2-2)

表2-2 奉教院附小2020学年教师个人跟岗清单

一、基本信息

填表人		教龄		职称	
任教学科	□语文 □数学 □英语 □体育 □音乐 □美术 □品社 □自然 □信息 □探究				

二、跟岗意向

跟岗对象	意向人员姓名	备注
市教研员		
区教研员		
区级名教师		
区级骨干教师		
校级名教师		
校级骨干教师		
校级中层干部		
条线负责人		

个人夙求"清单"的推行,有效激活了教师发展的潜能,"点燃"了每位教师心中的那团"火",去寻找专业发展新的增长点和突破口。学校通过"夙求清单"的征询、调研,对每位教师的发展愿景有了一个清晰的、全面的了解,为后续研制"配送菜单"提供了基础,实现针对性的"配送"。

(二) 团队"清单"

一个群体的发展、一个团队的发展,历来是我们附小所追求的。因为我们深信:一个优秀老师的背后必定有一个凝心聚力的优秀团队。也确实如此,附小教师的成长都是离不开他所在团队的倾力付出。所以,我们的"清单"夙求一定是包含"团队发展清单"。(见表2-3)

表 2-3　奉教院附小 2021 学年团队专业发展清单
_____ TCG 工作室/教研组

发展意向

申请项目	内容	级点	地点	时间
外省市听课				
专家指导				
教研活动				
跨学科学习				
参观考察				
主题论坛				
论文指导				
项目研究				
成果展示				
课堂比武				
其他				

希望学校给予哪些帮助？

团队建设"清单"包含了以下十个方面：外省市听课、专家指导、教研活动、跨学科学习、参观考察、主题论坛、论文指导、项目研究、成果展示、课堂比武、其他，更多地指向借助团队的力量来助推、发展自己。团队建设"夙求清单"由团队负责人召集团队成员，听取来自大家的夙求，填写团队建设夙求"清单"，统筹安排培训、研修需求。在组长或主持人的带领下，共同研制成长规划，并提出需要学校提供的支持，确立团队专业发展目标。

"晓燕 TCG 工作室"是学校英语学科团队。主持人张晓燕是附小英语教研组组长，也是一位成熟骨干教师，曾带教过校内、区内多名新教师。在她的带领下，附小英语组创造了一个又一个"神话"：蝉联四届"汇师杯"课堂教学一等奖，荣获最佳团队说课奖以及最佳教学设计奖，上海市青年教师爱岗敬业教学技能大赛二等奖，全国小学英语教师教学基本功大赛一等奖，上海市中青年教师英语学科教学评比二等奖，指导工作室成员集团校马丽莎老师荣获上海市中青年教学评比英语学科特等奖……这些"神话"从何而来呢？身为工作室"大家长"的晓燕聚焦团队建设目标，在每学期初制定工作室整体发展规划，提出工作室发展清单。同时还会为每个成员进行"私人订制"式的清单：外省市听课组团出发，申请市域内学科大咖指导，从教学设计到课题研究，她都考虑周到。

身为工作室的主持人，晓燕站在整个团队的高度，为老师们打开"助燃"的通道，为成就他人的发展而默默奉献。

对上海市十佳家庭教育指导者王秀明老师来说，她的家庭教育指导 TCG 工作室，吸纳了来自全区乃至全市的致力于研究家庭教育的同行们。也在工作室的滋养下，她和她的团队完成了多篇课题、论文，专场讲座，参与了全国第一届家校社协作与教师发展论坛等，成为了名副其实的家庭教育指导专家。秀明团队"清单"更有深度、广度，在需求度和专业度上也大大提高：充分发挥示范、引领、辐射作用，从教学实践、从课程设置、从学生发展中探寻问题，确立家校共育研究主题，制定研究计划，促进团队发展。

同样，学校学科教研组、班主任工作团队、教科研团队、心理辅导团队，甚至是后勤管理团队，都根据自己的实际，"抛锚"定标，提出自己的发展夙求。

学校通过对教师个人以及团队专业发展夙求"清单"征询，深度调研了不同层面教师和团队的发展需求，清晰所有教师和团队的专业发展趋向和夙求。如：我们的"朝阳"期教师普遍希望通过师徒结对、观摩优秀课例或是进行公开课堂教学展示等发展自己；"艳阳"期教师更多地寻求项目创新、成果展示、带领团队发展等；而"金阳"教师则夙求能够再攀专业高峰，著书立说，开设讲座去引领辐射更多人。

"清单"，如同航行于大海中的万吨轮船，通过船锚才能使船停稳。同样，学校也只有锚定教师夙求，才能为其提供个性化支持，全方位打开"助燃"通道，促其发展，实现梦想和愿景。

二、菜单：配送资源

"清单"的夙求，让学校明晰了教师和团队的发展计划，学校邀请专家帮助论证和修改。在此基础上,学校推出"菜单"配送各类资源,有针对性地为教师发展和团队建设配送优质资源,真正全方位地打开"助燃"通道,满足教师成长或团队建设的各种培训、学习、资源等需求。

"菜单"是由学校这位"大厨"开出,为每位教师和各团队提供了各种丰盛的"菜品"和优质的"原料",选择最好的"厨师",完成教师专业成长和团队优质化建设的饕餮"大餐"的制作,为教师专业成长提供优质的服务和帮助。顾名思义,我们的"菜单"配送呈现了以下几个特征:

(一)"菜品"丰富多样

"菜品"包含了教师专业发展的各个方面:有培训"菜单"、教研"菜单"、后勤"菜单"、社团"菜单"等等。每个"菜品"侧重点各不相同,满足了各阶段亦或是各团队的需求。

以培训"菜单"为例,包含了文化素养、育德能力、学科素养、信息技能、科研能力、课程意识等多方面。在"育德能力"培训中教师可选择:班主任工作培训、家访技巧讲座、特殊学生心理辅导、家校沟通能力、班会课设计、班级活动策划等。"学科素养"的培训包含了:教学设计指导、公开教学展示、作业命题设计、听课评课方法等。当然还有与时俱进的教师信息化技能,主要涵盖:微课制作、信息化评价、视频拍摄等。

"菜单"不光培训项目丰富,培训形式也是多种多样的:可以是专家讲座、同伴金点子分享,也可以是外出观摩学习,外校、外区、外省市乃至国外培训学习,还可以是师徒带教,跟岗学习等各种模式。

而培训级别从校级到区级,再到市级、国家级,学校竭尽全力搜集各级各类相关培训信息,提供可以让教师和团队选择订阅的教育教学书籍和杂志书目,还会邀请专家大咖,专业团队等。教师也可以推荐专家,或是各类优质资源来不断充实"菜单"。

当然,"菜品"的丰富性,还体现在学校不仅为教师的专业发展提供支持和帮助,同时,还推出了别具特色的社团生活"菜单":覆盖"绿太阳"教工社团的瑜伽、游泳、烘焙、书法、工笔画、太极拳等各个方面,利用一切校内外资源,提升教师职业幸福感。

这样一份"琳琅满目"的菜单怎能不让老师们心动呢?因此每次"菜单"一出,教师们必然"垂涎三尺""食指大动",按照自己的发展需求选择所需要的"菜单"资源。随着学校的发展和课改的深入,学校的各类"菜单"也在不断更新,形成越来越适合附小老师"口味"的"菜单",输送成长"营养","助燃"教师专业发展。

(二)"原料"优质高端

朱海英老师作为学校体育组第一任组长有过这样一次难忘的赴美培训经历。而她的这次经历就是缘于学校"菜单"中的配送资源。那时,学校"菜单"下发,朱老师迅速瞄了一眼:出国培训。她的眼睛瞬时发亮,大胆地进行了选择,并交了上去。旁边一同事说:出国培训,是真的?我想想不会吧,这代价……另一同事也附和道:你的胆也太大了,学校是写写而已的,你当真的!听了他俩的话,朱老师后悔自己"眼疾手快",这下可好,已经交上去了。

过了几天,校长把朱老师请去了。这可把她给急死了,她红着脸走进校长办公室。可校长笑盈盈地对她说:学校班子决定,圆你一个梦想——赴美培训七周。

朱老师也就带着这份珍贵的"梦想"通过层层考核,从100个人到50人的初选集训,最后通过英语考核和课题立项答辩,获得了全市仅20人赴美参加培训的名额。为了学习先进的教育教学理念,也为了这份感恩之情,朱老师每天晚上熬夜做好功课将想要交流的话题翻译好,为了第二天能直接和老师交流;怕不能及时消化老师的先进理念,白天不是录音就是视频,晚上回宿舍再整理。不管在肯尼修斯学院学习,还是去美国中小学实习,她都从来不敢懈怠,因为她深知身上的责任,明白学校让她出去培训是希望她将先进的理念带回学校。回国后,她将美国的先进理念渗透到国内的体育教学中,给区内的体育教师和学校的老师做了讲座,把她学到的理念和方法与大家一起分享。随后由她组织开展的市级体育兴趣推进会在附小成功举行。

学校推出"菜单"交由老师自主选择,并不遗余力地提供发展的"平台"助力教师实现梦想。像这样的案例不是仅仅发生在朱海英老师身上,还有选送去往英国、澳大利亚等国外进修学习的老师们,成就他们"跳起来摘果子"的发展梦想。

高端的食材原料才能烹出悦目美味的佳肴。因此,学校在选择资源配备上可谓动足脑筋、精挑细选。为了满足教师的成长需求,学校花大力气邀请市级教研员来校开展师徒结对;联合静安、普陀、浦东、奉贤、嘉定组建"五区六校联合教研"团队;语文、数学教研组派出骨干教师到内蒙古鄂尔多斯进行展示考察,英语教研组赴广州学习交流等等,以打开教师发展视野,让他们站得更高、看得更远、发展更快。

（三）"用餐"灵活自助

在我们附小的教职工食堂，采用的是"自助餐式"的工作餐，一排美味，荤素搭配，任君选择。同样，对于教师专业发展"菜单"的选择，学校也提倡灵活性和自主性。

以教研"菜单"为例，学校针对不同发展阶段教师对教研活动的不同需求，推出了多元的教研模式："课前干预式""连续渐进式""模块研究式""跨科学习式""合作派位式"，教师根据"菜单"进行选择，找到自己喜欢并适合的教研模式。

不同阶段的教师可以结合自己的发展实际，自主选择"教研菜单"。当然，学校在教师选择的同时，对教师进行指导，让教师们选择最适合自己的"教研菜单"。

对于职初教师的课堂教学指导模式一般重在"课后的后续阶段"。如果职初教师失败的体验太多，既挫伤他们的积极性，又对学生学习不利。因此"课前干预式"更为适合职初教师的选择。其中，师傅和同伴们就是"干预者"。新教师独立备课后，模拟上课，师傅和同伴们就是他的"学生"。其间，根据模拟上课情况，大家对教案和教学过程作出评析。甚至来个角色互换，相互示范教学，经过大家的点拨，职初教师及时调整教学方案。有效的"课前干预"使他们"上手快"，"后劲足"。

对于新教师的成长，还可以选择"连续渐进式"教研。教师可以根据自己的需求，自主选择不同的"教研菜单"。

"连续渐进式"教研，是为了突破打一枪换一个地方的弊端。针对一个教学内容，在集体备课的基础上，新教师先执教，组内老师们点评，新教师改进，新教师进行第二个班的执教，老师们再点评，新教师再改进，再第三次执教，最后优化教学方案。"连续渐进式"教研活动促使新教师不断反思，不断改进，不断精益求精。

学科间的观摩有利于相互学习与借鉴。因此，每学期我们都会进行"跨科学习式"的教研，通过跨学科听课活动，借他山之石的"跨科诊断式"教研，帮助教师跳出学科看学科，开拓了教学的新视野；为了让教师在教研组中积极参与，学会主动担当，就产生了"合作派位式"的教研模式：组内教师共同选定一堂课，一起解读教材，然后抽签派位，确定每个人的角色，或上课、或说课、或做课件、或评课……大家共同分担,职责分明,又相辅相成,教师在这种趣味式的教研中提高了主动参与的积极性。

一次高质量的教研活动,就是一次不可多得的培训成长机会,学校用这样灵活自助"菜单",为教师搭建教研平台,开发不同的教研模式,提供发展的机遇,点燃成长的激情,让老师们在校园中不断成长、不断成熟、不断地编织着梦想、不断地追求着幸福、不断地实现着理想……学校成了教师工作、学习、成长、发展的乐园。

(四)"服务"贴心到位

"一个精致的校园就要做到连厕所都是精致的,香喷喷的。"这是学校精致服务的精神体现。既然提供了优质的"菜单",那么配套的服务也必须得跟上。来看看我们是怎么做到既贴心又周到服务的呢?

这是一份教职工"社团菜单"(见表2-4)。学校在配送的"菜单"里注明了"是否在食堂用餐、是否有家属报名(人数)",教师根据实际情况选择填报。虽然费用由教师承担,但节约了教师来回晚餐所浪费的时间,还能够让家属一起享受。这不仅是一餐暖心的晚饭,更是一份贴心的关怀。同时,对于社团的保障工作,学校也考虑全面,体育类项目活动时,有专人负责准备和热身活动;烘焙糕点时,有一名专门安全提示的老师,确保了活动的顺利开展。

表2-4 奉教院附小2019学年教职工社团菜单

社团名称	时间	地点	是否食堂用餐	是否有家属报名（人数）
太极拳	周二晚18:00	体育馆		
点心烘焙	周一晚18:00	魔幻厨房		
游泳	周三晚18:00	沈坚强游泳馆		
国画	周五晚18:00	国画教室		
瑜伽	周四晚18:00	妈咪小屋		

除了社团"菜单",我们贴心细致的服务还体现在支持教师和团队发展的方方面面。开展团队活动时,教师可撰写方案申请后勤保障支持:是否需要安排车辆?是否需要调整课务?外出学习时,家中子女是否需要看护?人性化的贴心服务免去教师后顾之忧。

体育组金春雷在上市级教学评比课时，需要40个相同规格的滚灯。可是找遍整个奉贤区所有学校和民间表演团体，都无法凑齐。40个大滚灯、80个小滚灯，核算下来是一笔巨大的费用，金老师一筹莫展。他怀着试试看的心情提出"清单"需求。校长的回答让他记忆犹新"只要上课需要的教具、学具，就去买，不用考虑其他问题。"正是学校无条件的"配送资源"，给了他莫大的鼓励，最后金老师在那次评比中一举夺得一等奖。

学校里清新别致的美术教室，别具韵味的书法室，只要提出合理的工作室设计方案，学校就为教师提供"后勤服务菜单"，再由教师进行选择，最后由学校提供服务，找工程队进行装修，教师都可以拥有一个舒适的教学环境。

"色香味俱全"的"菜单式"配送模式对教师给予充分的尊重和信任，使他们在和谐、轻松的环境中更加焕发活力，展现自我，突破自我，个性化发展。短短几年中，学校三十几位青年教师在市教学评比中获市一二等奖，在区一、三、五年期教师考核中获奖达100%。100多篇论文在全国、市、区级刊物上发表并获奖。《班主任工作三十六策》《教师的三十六个教学主张》已经成功出版。在市课程与教学调研中，我们的好课率达到了90%，教师们人手一门的拓展型课程，大大满足了学生的需求。学校就当前教师的职业幸福感现状进行了问卷调查，获得了一系列的相关数据。总体精神幸福指数较高，精神状态比较好，对自己的工作是满意的，教师的幸福感在专业的发展中提升了，在团队的凝聚中提升了。

三、订单：挑战激情

美国著名心理学家、行为科学家维克托·弗鲁姆认为："人总是渴求满足一定的需要并设法达到一定的目标。这个目标在尚未实现时，表现为一种期望，这时目标反过来对个人的动机又是一种激发的力量。"[1]学校如何持续"点燃"教师的这份发展激情？"订单"的推出，就是运用期望教育理论，构建教师向更高的目标发展的规划，以"任务式订单"的方式，向教师抛出专业持续发展的"橄榄枝"。

"订单"，体现为"二下一上"的过程，"二下"是学校两次向下发单子，"一上"是教师往上提单子：学校根据近阶段项目研究、课题研究、重点任务等向教师和

---

[1] 王蕙. 校长的第一使命是促进教师的专业发展[DB/OL]. https://www.sohu.com/a/313170309_100908?sec=wd, 2019-05-10.

团队发出"订单",发布招贤令,让那些"有贤之士"(特色教师、骨干教师、教研组长、工作室主持人等)来揭榜"订单",意在持续"点燃"需要高位发展教师的教育激情,给予他们更高的发展平台。同时,通过团队揭榜带动一批有潜力的年轻教师共同发展;教师或团队揭榜"订单"后,凝聚团队智慧,制定项目研究目标、发展任务,向学校提交需要支持和帮助的"清单"要求,比如专家资源、经费支持、人员需求等;学校接到"清单"后,为教师和团队提供自助"菜单",以支持教师和团队"接单"后的顺利"开工",挑战发展激情,实现追梦路上的新发展。"订单"—"清单"—"菜单"的"二下一上"过程,打通了"助燃"教师和团队发展的各个通道。

(一) 个别化"订单"

个别化"订单"是学校依据教师的个性特色,发出项目建设"订单",这些"订单",由教师个体可以独立完成。比如,学校创新实验室、合唱队、舞蹈队、手风琴队的建设等。

在我们附小,就有这样一位老师因为揭榜了一份"订单",为学校校本课程增彩,也成就了她的一番天地。

她就是学校美术老师高飞华。她原是一名幼儿园老师,因喜欢、擅长国画,也就在学校里担任了美术教师。为了发挥她的专业特长,学校特地发出了一份"订单":开设国画兴趣班,建设学校的国画校本课程。她欣然揭榜,同时,她也根据课程建设需要开出了"清单":需要一间古色古香的教室,专用的画具,笔墨纸砚,国画作品的展板。这份"清单"详细到纸张的品牌和墨汁的产地。高老师在学校的"菜单"配送中没有找到她所需要的纸质,当时遍寻整个上海没有找到。为了满足高老师的需求,学校就让高老师亲自远赴江苏购回所需纸张,并提供所有的经费支持。正是学校这一贴心的服务和支撑,"点燃"了她的一颗感恩之心。在学校的支持下,她不断拜师学艺,从本区的大师到全国的大师,从上海到杭州,再到北京,不断充实自身专业能力,最后在区域内形成一定影响力。国画课程成为了区"品牌项目",她自己也成为了区特色教师,很多孩子慕名加入她的国画社团。心怀感恩的她,还主动承担起了学校教工国画社团的教学任务,为学校的社团"菜单"添"菜"。(见图 2-10)

一份"订单"的发出,一切资源的支持,点燃了更多教师的挑战"订单"的激情。大家纷纷寻找自己的"订单"任务,有的认领了"校园美化师",有的主动化身"屋顶花园园艺师",还有的成为了学校"御用摄影师",等等。正如现任附小美术教研组长顾晓蕾老师所说:"校长信任的眼光,把对我们教师发展的期待传递给

图 2-10　奉教院附小国画课程展示

大家,让我们挑战走向更高更远的目标。"

是啊,正是这样信任和支持,才使我们的教师能够义无反顾地"接单",完成一项又一项看似不可能完成的任务,也让我们的教师完成了一次次华丽的转身,点燃了一团团发展的火苗。

自然老师夏春妹从事教育将近 24 年,在 2019 年顺利晋级中高职称后,她感到自己的教育教学的瓶颈期开始来临,出现了职业倦怠,感觉自己可以放慢脚步,止步于此也不错。然而此时,一个充满诱惑的"订单"让她开启了激情满满的挑战模式。2021 年,她来到附小环城东路校区,这里有一个"开心农庄"。此时,教导处谭老师抛来一根橄榄枝,让她成为农庄"庄主"。她果断地接收了开心农庄的一块"实验田",开始和"小徒弟"王伟佳尝试在农庄实验田里上自然课。经过一学期的实践,自然办公室常常会听到她和小徒弟的感慨"悔不当初啊,没有好好学习"。于是,她们开始给自己"充电",对着《基本要求》开始疯狂地加班加点恶补学科知识,生怕哪一天上课时被学生"问倒"了。因为与传统的教学相比,实地课堂虽然状况百出,但原本那些课堂上顽皮的学生在实践课上安静了,原本教室内奉行"沉默是金"的学生,开始就实验田里的某一物体"滔滔不绝"。学生们不再拘泥于教材,他们开始从课外拓展知识,常常会"举一反三",争夺"教师"传道这一职务。值得开心的是很多学生通过开心农庄的实践活动,积极参加各项相关的活动及竞赛均获得了不错的成绩。

再如,我们的年轻教师沈未迪,他是一名男教师,爽朗的他揭榜了学校的"爸爸俱乐部"，后续在组织活动中，他却碰到了一些问题：如何让平时不太参与家庭教育的爸爸们"动起来"？怎样让孩子与爸爸之间的交流更加融洽自然？一个一个问号萦绕在他心中。此时，学校再次向他发送"菜单"，让他跟岗家庭教育专家，随着一次次讲座的聆听，一个个案例的分析，现在的他已然成为"爸爸俱乐部"的掌门人，每次活动一经发出，必被"秒杀"。

以个别化"订单"促进教师个性化成长，以"订单"点燃教师特色发展，一个个品牌教师的成功就是对这些敢于"接单"的勇士最好的回报！而"组团式订单"则需要更大的舞台。

(二) 组团式"订单"

组团式"订单"是指学校在推进教育改革和发展的过程中的一些创新项目、主题活动和重点工作等，学校根据项目、主题和工作任务的需要，向全校发出"订单"，发布"招贤令"，学校各层面团队主持人"揭榜"。揭榜成功后，团队主持人招兵买马，配置人员一起完成。

学校自然组接收了"开心农庄"校本课程研发的"订单"，他们在创建市级创新项目"开心农庄"的基础上，又积极筹建了学校的"智能菜园"，加大科技含量：浇灌利用雨水收集技术，温控采用太阳能发电，电脑跟踪记录植物的生长过程。2017年又提出建设"鱼菜共生馆"的设想。他们齐心协力为学生开发多彩课程，在过程中不断挑战自我，快乐学生，发展自己。

在我们学校，体育节、艺术节、自然节等校本节庆活动也是这样发榜"订单"，每逢学期开始，这些"订单"被老师们频频接下。

学校体育教师自主研发项目，整个体育组分工合作，你来想方案，我来找创意，最终提出以"炫彩民族风"为主题举办体育节，同时向学校申请场地、资金、设备、人员等需求，再召集其他学科组成员组成设计团队。语文老师组织孩子们去了解各民族的生活习性、民族特色；音乐组教孩子们跳自己最喜欢的民族的舞蹈；美术劳技老师让孩子们制作各民族的运动器材，绣球、高跷一一诞生；数学老师指导孩子们合理安排运动场地，多学科融合的主题项目为期一个月，人人参与，生机勃勃，特别有意义。

令附小孩子难忘的"群星闪耀照我行"主题探究活动，教师们以年级组为单位一一接单。一年级"寻找传统文化，传承非遗精神"，班主任们奇思妙想，挖掘各类资源，带领孩子们体验捏面人、耍滚灯、雕木刻等；二年级的"禾下乘凉梦"，追寻心中最闪亮的星——袁隆平爷爷，一班一主题以序列活动开展项目研究，各学科教师一起参与项目，班主任携着孩子和家长去田间感受"莘野秸秆忙"，语文老师领着去书中寻找袁隆平爷爷的感人故事，自然老师与孩子探秘农具，了解稻谷的生长；五年级"探索中医文化"，学做药剂师、抢购"芳草地"与爷爷奶奶一起学种中草药、体验中医理疗；四年级"科技改变未来"，解密磁悬浮的奥秘，探索新能源汽车；三年级"传承红军精神"探究野菜品种、制作野菜美味。在团队项目中汇聚教师能量，让学生在学习中感受快乐！

一个个研究主题彰显了教师的研究热情，一份份项目计划折射了团队的创新智慧：如数学组根据绿色指标中呈现我校学生高层次思维能力发展指数不高的现状，确定了如何发展学生高层次思维能力这个研究主题；语文组创造性地为课程做减法：增加学生喜欢的活动作文的同时，减去一些教材中的写作篇目。除此之外，德育组开展了"跟着爸妈去上班"职业启蒙教育研究，体艺组开展了"头脑风暴"创意工程研究，信息化组建立了奇趣数字影音工作室。组团式"订单"不仅促进了课堂变革，同时助力教师的团队发展。

不论你是体育老师、美术老师，或是班主任，只要是自己感兴趣的、喜欢的，只要两两合作或三五成群，通过精心地设计和无限创意，都能有意想不到的收获。好的文化是一种精神内涵，它是每一位教师专业发展的养分，使教师拥有发展的眼光和底气，也使整个团队拥有团结向上的不断创新的可持续发展力。

"订单"的发出，再次激发教师发展"清单"需求，促使学校不断充实"菜单"提供更富营养的内容。也正是这样良好的循环往复，推动着学校不断发展前行的步伐，才能使学生、家长、教师、学校越走越远、越走越好！

四、回单：反馈评价

教师专业发展的过程，需要适时地回头望望，梳理过往成绩、反思自己的不足；也需要仰望星空，树立新的目标，以迎接更高的挑战。

"回单"，是返回给教师的一份"单子"。这份"回单"从教师角度来说是"回头看"的自我反思和评价：看看自己走过的路，走得怎样？还有哪些需要改进？这份"回单"从学校角度来说，看看教师在专业发展路上有什么收获？有什么困难、疑问？还有什么需要帮助的？学校必须一一对其进行及时反馈、发展评价，并提出过程性的改进提高的建议。我想这就是我们设立"回单"的意义。

"回单"融合在"四单"的每个环节中，是针对教师在提出"清单"，享受"菜单"，接收"订单"的过程中，学校需要对教师各个阶段成长以及团队发展的情况，及时地反馈、跟踪评价,提出改进和提高的建议。"回单"伴随教师的专业成长过程。

为了记录教师的成长过程,我们为每一位教师建立了《电子成长档案袋》的"回单"形式(见图 2-11)。教师不仅可以在档案袋中存放自己最满意的教案、自己的论文、项目研究、课堂教学视频等宝贵成长经历,还可以通过电子雷达图检验自己的成长收获以及成长中不足。

图 2-11 奉教院附小教师电子成长档案

《电子成长档案袋》包括十大板块,分别是:指导学生获奖、个人荣誉、资源研发、教师培训、教师进修、教学科研、学生德育、管理工作、带教工作、工作负荷。教师不仅可以通过"电子成长档案袋"看清自己,也可以看到同伴的发展轨迹,从他人的规划、成果中发现自己的不足。这样更有利于教师之间的相互学习、相互交流,从而提高教师专业化水平。(见图 2-12)

学校利用电子平台,由各条线,如教导处对其公开课教学、集团送教课进行评价;科研室对教师一学年的教科研论文获奖发表情况赋分;德育处对教师育德能力进行评价,综合各条线评价对教师发展情况进行反馈。通过一系列的打分,最后对发展快速有成效的教师给予绩效奖励,从不同层面提升教师后续发展动力。

当然对教师发展的激励不光光体现在绩效考核以及评优评先上,我们还有更多的激励方式,如优秀备课予以展示,项目活动争取资源,扩大影响力等,从物

图 2-12　奉教院附小教师电子成长档案评价指标

质上、精神上，予以不同的激励。

学校还让教师根据"清单"填写"回单"（见表 2-5），使教师进一步认识自己，分析自我，从而达到自我提高。学校也形成了教师专业发展评审小组，通过"回单"，积极帮助教师分析存在的问题，并对解决问题的方法、措施提出建设性的意见，使教师自评真正起到促进教师素质的提高。通过"点燃教育"，充分认识，促进教师循环提升。

表 2-5　奉教院附小教师个人专业发展回单

填表人：裴磊

你认为本学年你已达成的目标是：

1. 区级一般课题结题 2. 撰写了多篇论文发表市、区级刊物 3. 带领学生参加了未来之城科创展评活动 4. 指导学生参加市、区级智能机器人竞赛，获得多个奖项 5. 完成了中级职称评定

你认为自己做的最好的一项是<u>指导学生参加科创活动和机器人竞赛，获得了多个奖项，其中包括了几个含金量较高的一等奖，为学校在科创和智能机器人领域增添了荣誉。</u>

请分享你这一学年的所思所得：<u>虽然在指导学生竞赛方面收获了不少荣誉，但是自己的教育教学水平的提升还没有达到预期的目标，荣誉和奖项很少。</u>

对自己下一学年的专业发展有何规划：

1. <u>努力提升自己的教学水平，积极参加校级和区级的教学比武和展示活动；</u> 2. <u>进一步提升自己的机器人科创课程教学能力，努力成为一名特长教师。</u>

2020.6

这是我校数学教师裴磊的一份回单。它清晰地记录了他的发展，也充分地分析了自身发展问题，及后续成长目标：

2015年的9月，裴磊老师是从初中信息科技教师转岗到了教院附小成为一名数学教师。在成功转型为一名合格的数学教师后，他没有停下前行的脚步。为了提高学生学习积极性，他建立了"Math发电站"，将信息化技术融入到教学中，运用光荣作业打卡、微课知识胶囊、答题刮刮乐等，并取得良好教学成果。他还顺利完成了区级课题的结题，课题成果被评定A级。同时他撰写的《共筑上海的高度》和《小学数学教学线上线下的有效融合之探》，成功发表于《上海教育》，多篇论文发表于区级刊物，并在市、区级评选中获奖。

第一轮回单的填写，让他意识到，除了数学教学，他必须要发挥自己的专业特长，研究与设计一门创新课程，成为了一名乐高机器人教师。从零开始，他不断地摸索研究，在短短的几年里，他带领的队员们，在各类市、区级的智能机器人比赛中，收获了20多个奖项。他不仅仅局限于只带领学生参与机器人编程，还关注了其它各类科创活动，作为学校项目制学习的先行者，他利用FPSPI未来问题大赛的参赛经验，组织"绿太阳"科创小队参加了"未来之城"大赛，引导学生面向"清洁水源，流向未来"的视野，针对水源污染、绿色能源、生态环境等一系列问题，让学生进行头脑风暴，分析城市水资源短缺的潜在问题和威胁因素，并制定解决方案；利用可回收物料制作了城市模型，在沪苏地区展评中获得了小学组一等奖。他带领孩子们冲出了上海，走向了全国的舞台，最终获得了全国小学组三等奖。在新一轮回单总结中，他清晰地看到自己的成长，也明确了新的方向，要在学科评比中拥有自己的一席之地，让自己的学科教学再创新高，他又果断地报名参加了新一年的中青年教学评比。

当教师对自己有了客观、正确的评价后，会发现工作中存在的问题，使其今后扬长避短，更会对自身的定位和发展方向有一个充分的认识，"回单"让教师能够很好地回头望，也促使教师在下一学年的"清单"制定中能有全新的发展目标。

教师的发展也并非一直是一帆风顺的，也会有"走错路"或者"不适合"的时候。学校不仅要跟踪评价教师成长的成功之处，也要及时对有困难的教师给予帮助，替他们把准发展方向，寻求更适合的成长通道。

职初教师顾聪，入职第一年他任教四年级语文以及班主任，对于本科并不是中文专业，也不是教育"科班"出身的他来说是个不小的挑战。语文教学上的茫然，班主任工作的不易都让这个大男孩产生了一丝挫败感，总是听到他说"这个知识点都讲了无数遍了，为什么孩子还是不懂？""小诺的爸爸怎么这种态度，根本无法沟通！"他也总是愁容满面，哀声叹气。学校及时了解到他的这些情况，通过师徒结对，组织培训等方式帮助他走出困境。在不断深入跟踪中，学校发现，小顾老师对于视频剪辑特别有兴趣，且和大学所学专业契合，于是一张"订单"发送给他，让他成为了学校"绿太阳电视台"的台长。同时提供给他发展平台，为他报名参加区摄录培训，加入摄录名师工作室等。这一新的领域仿佛为他打通了"任督二脉"，他变得积极向上，重新成为了一个阳光自信的大男孩。他和同事一起合作拍摄有关科创的内容，通过一次次的修改和拍摄，最终让它亮相在开学典礼的大屏幕上；开学后，他们又继续合作，利用双休日和330课程的时间，指导学生练习摄录和剪辑等内容。最终获得了第十一届上海市青少年校园影视创作实践活动EFP多机位创作项目一等奖，作品的分数位于小学组的前列。他完成了一次华丽的转身，学校通过实时的评价，提供改进意见，让他突破困境，踏上新的征程。现在的他不仅是一名优秀的摄录工作者，学校大小活动都能看到他忙碌的身影，他还成功转型成为一名自然教师，公开教学得到教研员肯定，课堂自然亲切深受孩子喜爱，他也变得越来越进取，还报名参加了研究生学历进修。

他说："'附小出品，必属精品'的理念不断地鞭策着我前行，让我尽力去做好每一件事。在附小这个大团队中，我感受到学校的温暖，尽管自己还需要千锤万凿，但是在这样一个大家庭里，我一定能够百炼成金。尽力去做好每一件事，让我以附小为荣，同样也让附小以我为荣。"

学校通过"回单式"的及时反馈，积极帮助教师分析存在问题，并对解决问题的方法、措施提出建设性的意见，准确帮助教师把握培训改进方向，使教师进一步认识自己、分析自己，勾勒专业发展"自画像"，从而实现自我提升，真正起到促进教师素质提高的作用。

"回单"不是终点，而是新一轮"四单"的起点。通过"回单"回头望望来时路，为踏上新台阶做足准备。

"四单式"的教师发展计划来自教师、服务教师、发展教师，契合教师的最近发展区，点燃了教师发展的内驱力。"清单式"的发展需求征询和调研，让教师的研修更适切教师发展之需；"菜单式"的资源配送，让教师的培训充分体现自主选择性，促进教师更有个性地成长；"订单式"挑战激情，能者为师，凝聚团队的智慧实现共同发展；"回单式"评价反馈，让教师时时跟进效果的检验，让改进与优化成为教师发展的常态。

"四单"循环螺旋提升机制，它尊重的是每一位教师的发展差异，给予不同的营养"助燃"。"机会供给""服务供给""协同供给"是我们期望达到的终极目标，它们永远没有到顶，但是我们已经基本实现这种趋势：激发了教师多元、个性的发展需求，最大限度地挖掘每一个阶段教师的发展潜能，使我们的教师在职业生涯中触摸到了教育的幸福！

第三章 聚焦：以"点燃者"角色与孩子心灵"共燃"

每年的 9 月 10 日，在附小，老师会和孩子们有一场特别的约会。

当天一大早，每个孩子一走进校园，就会收到一个特别的"礼物"：老师为孩子们精心设计的漂亮书签——"爱的缘起"，每张书签分别手写着老师们的节日寄语："你是最棒的太阳宝贝，加油！""做快乐的你，做好学的你！""与人分享，快乐加倍！"……

书签上还会写着"接头暗号"，比如："上午九点，校门口的榉树下穿白裙子的老师等着你""图书馆里，戴着蓝色帽子的老师等着你""校长办公室，有一位神秘人在等你哦！"

这是一场特别的"约会"，每位老师都会手写近 15 张卡片，供孩子们随机抽取，也会准备同等数量的小礼物，送给孩子们。礼物有文具、玩具，还有好吃的零食和水果。

尝一颗甜甜的巧克力，咬一口寓意收获的金桔，照一张温暖的合影……这一天，整个校园都沉浸在欢乐的气氛中。（见图 2-13）

9 月 10 日教师节，是尊师重教的传统节日，是全体老师们最快乐、最受尊重、最被祝福的日子。我们以为：教师的幸福和快乐是源于孩子们的一份尊重、一份爱戴、一份温暖、一份纯真、一份成长……教育又是爱的化身、爱的传递，我们要把这份快乐与幸福进行传递与分享，让孩子们拥有更多的爱与温暖，获得更好的进步与成长。我们又该如何去把这份快乐与幸福回赠给孩子们呢？于是，就有了教师节里"特别约会"的故事。我们还要求每位老师认领 15 个左右的孩子，同时还要认领一位特殊学生，一张卡片、一份礼物，和孩子们共庆节日，并把这份师爱伴随着孩子们的成长过程，每学年完成"五个一"：送一份礼物、圆一个梦想、拍一张合照、每周一次谈心、每学期一次家访，使他们整个学习阶段都受益！这种"1+X"的结对认领模式与当前倡导实施的"全员导师制"不谋而合。

图 2-13 奉教院附小"爱生节"活动

跳出学科乃至课堂，从校长到班主任，再到学科教师甚至于每位后勤职工，都"变身"成为了学生导师，走进孩子们，发现、挖掘他们的"更多面"。于是，每年的"教师节"在附小也就演变成了"爱生节"。

"爱生节"里，是孩子们享受最为温暖的时刻。因为每个孩子都可以邂逅一位有缘有爱的老师，收到一份惊喜的礼物时，还有诚意满满的祝福和拥抱……我们的"爱生节"永不落幕，每月都有小小故事会，师生一起来讲述身边的闪光故事、身边的感动时刻、身边的温暖瞬间，并在"心心墙"上留下了老师、学生、家长之间最真诚的感恩卡，这一切都将孩子们的心、老师们的爱、家长们的情紧紧地凝聚在一起。这是一种特别的爱，这是附小教师最为动容的教育情怀，用这样特别的方式去点燃孩子们的成长热情，激励他们朝着自己理想的高峰勇于攀登。

一、面向群体：汇聚成长力量

每个孩子都有内在的、天赋的、智慧的生命力，所以学校要做的不是塑造他们，而是面向所有孩子，用爱汇聚成长的力量，通过文化氛围、语言激励、畅通沟通渠道，去帮助他们点亮自己的梦想，成为最独特的自己。

(一) 一班一品,营造爱的文化氛围

班级是孩子们的"家"。"家"是温暖、美好、幸福的地方,"家"是成长的港湾,"家"是展示风采的舞台。美好、幸福的"家"需要靠大家的共同努力,共同经营:营造"家的氛围",涵养"家的文化",凝聚"心的动力",让孩子们有归属感。因此,我们提出"班级是我家,温馨靠大家"的倡议,着力打造"一班一品"的班级文化建设,让孩子们在自己独特的班级文化中拥有阳光心态、传递爱与温暖、学会与人相处、习得学习方法、进行自我教育,用"家的文化"滋养孩子们的心灵,达成生命的自我实现。

"一班一品"班级文化是一个班级的灵魂,彰显着班级建设的特色与品牌,投射出班主任的班级管理理念。在附小"一班一品"的建设中,温馨班集体的主体是学生,老师则是以点燃者的身份帮助孩子打造专属于他们的"文化品牌",以班级文化理念引领孩子们幸福成长。一个班级就是一种文化,一个班级彰显一种个性:"满天星""七色花""萤火虫""小锦鲤"……每一个班级,都有一个孩子们自己取的班名。每个班级创立一种特色,设计一个属于自己的独特的班徽,制定一个个性化的班规班训,选择或创编一首班歌,充分激发了班集体的凝聚力和创造力,多彩而有个性的班级文化在校园中竞相绽放。

五年级三班,是一个快乐、闪亮的集体。在五年的时光里,孩子们积极向上、勤奋好学、七彩闪耀,班集体曾多次获得学校"绿太阳示范班"。许多闪亮的故事也在这个班集体中传颂:"我是歌手"班级舞台秀风采活动,"护绿小能手"社区环保活动,"爱,让大家更幸福"社区爱心义卖活动……

孩子们的快乐成长正是源于"一班一品"文化建设。班主任顾慧老师从一年级起和孩子们,还有孩子们的爸爸妈妈们一起打造了"七彩小巴士文化"品牌,营造了"心怀梦想 奋勇拼搏"的家园精神,构建了独特的班级文化特色。孩子们在班级文化的滋养下,携手共进,乘坐着满载梦想的"七彩小巴士"欢乐地度过了五年的小学生活,一路欢笑、一路闪光、健康成长。

三(10)班是班主任王秀明和孩子们的温暖"家园"。王老师瞄准了孩子们的兴趣特点,与孩子和家长们一起出谋划策,于是就有了"小蚂蚁'慧'科创""一班一品"文化。在班级文化的熏陶下,科技、智慧将孩子们凝聚在一起,动手动脑、积极创造,多次参与科技比赛并获奖。疫情期间,孩子们十分担心班级的一米菜地没人浇水而渴死,便在"云"端的一次次商讨后发明了"无土栽培 循环灌溉"装置,该项成果也在上海市课程领导力现场会中面向全市成功展示。这之后,班

级里的孩子愈发有自信、愈发有力量。他们爱科创、"慧"科创的小火苗被成功点燃，并不断地燃烧着！

在附小，每一位班主任都会用充满智慧的师爱带领着孩子们共同建设一个属于自己的"文化品牌"。教师用师爱和教育智慧书写着伟大的教育情怀，点燃着孩子们心中的"爱"。这份师爱构筑起了一个个温馨集体，唤醒了一个个生命体的活力，照亮了孩子们的成长之路。

（二）禁言倡言，传递爱的正能量

俗话说：教师是吃"开口饭"的，教师工作就是"言传身教"。人民教育家于漪老师也曾说过："教育语言发挥的作用往往能超越时空，在学生心中弹奏，经久不衰。"的确，美好、真诚的言语，总是给予学生以温暖和力量，让沉重的烦恼、低落的心情在瞬间释怀；而冰冷、指责的教育言辞会让学生沮丧、压抑，逐渐自卑、焦虑和叛逆。

"良言一句三冬暖，恶语伤人六月寒。"在附小，我们规定"教师不能说的50句话"，倡导"孩子最爱听的50句话"，用爱心去育人，用情怀做教育。

学校里，每个老师都有一张50句"语言禁区"清单：

"现在的学生，一拨不如一拨！"

"别的同学都会，就你不会！"

"你走，我不想看见你！"

"叫你家长来，把你领回去！"

……

老师们以此为戒，给自己设定教学语言的"红线"，杜绝校园里语言的"冷暴力"，不要让教师语言成为伤害孩子心灵的利剑。尤其是面对学习困难学生、行为问题学生，更要注意说话的场合、时间、语气和方式，禁止使用讽刺的、挖苦的、歧视的，甚至是侮辱的语言去批评孩子、指责孩子。在教育孩子的过程中，不翻老账，不揭伤疤，不数落孩子，不打击孩子的自信。

"言为心声"，语言的背后是教师的思想、修养和素质。如何消除、禁止"教师语言50句禁忌语"？我们把其作为教师师德建设的必修项目，并以角色体验的方式进行专题培训：让有的教师扮演受训斥的学生，有的扮演使用禁忌语的老师，"身临其境"地感受着负面语言的冲击以及由此带来的沮丧和伤害。事后，教师们相互交谈自身的情感体验，感悟到教育语言的魅力：要用尊重的语言、关爱的语言、欣赏的语言、激励的语言去教育和感化学生，这才是教师最美好的教育情怀。专题培训后,我们把这张负面清单打印出来,贴在教师办公桌上,时时给自己提醒,让教师的教育语言显爱心、有温度。

图 2‑14　奉教院附小教师角色体验培训

有温度的爱才能打动学生,有温度的语言才能点燃学生,使其敞开心扉。这份 50 句"语言禁区"清单让每一位附小老师时刻谨记,要用一颗颗充满博爱的心与学生交流,要知道学生在需要知识的同时,更需要语言的滋养和关爱,学会了以平等、尊重、理解的态度,温润孩子的心田。由此,学校也倡导"孩子最爱听的 50 句话":

"真不错,你比上一次有了很大的进步!"

"你真是我的得力助手!"

"我欣赏你的做法!"

"今天,你给了我很多惊喜!"

"告别粗心,继续加油!"

"慢慢来,老师相信你能做得更好!"

……

教师的语言是构建孩子成长的乐园,是"点燃"孩子们成长的明灯。做有"仁爱之心"的老师,必定是修炼自己的教学语言,让自己的语言带给孩子们以心灵的抚慰、鼓励、温暖,让教师的教学语言成为阐释教师教育情怀的一张闪亮的"名片"。

在附小的校园里,我们也时常能听到小朋友对老师的暖心话语:

"老师,我懂了,谢谢!"

"老师,我爱你!"

"老师,今天你真漂亮!"

……

不经意间,学生也将爱的温度传递给老师,传递给身边的每一个人,爱的暖流在附小潺潺流淌。正如经久不衰的歌曲《爱的奉献》所唱诵的,"爱是人类最美好的语言……我们都在爱心中孕育生长,再把爱的芬芳洒播到了四方"。

(三) 年评诗评,给予向上的力量

每每到了学期末,附小的孩子们总会拿到一本成长档案袋。在这份成长档案袋中,最令孩子和家长们期待的莫过于老师为孩子们写下的学期评语。

学期评语,年年写,年年难写,年年千篇一律。我们总发现教师对孩子们的评语内容笼统、机械,缺乏针对性评价,彰显不出孩子的成长个性,读来总觉得少了点温度、少了点个性。在这样的情况下,孩子们对教师评语的期待也越来越低,甚至看都不看一眼。其实,教师的评语对孩子的成长是至关重要的,一个孩子能获得老师的珍视和积极的评价,会让学生看到自己的闪光点,激活自我成长的动力,点燃孩子们持续生长的希望之火。那我们该怎样改进评语,让孩子愿读、乐读,让评语引领发展、点燃希望?学校班主任项宋妮老师的"年度关键词"评语引起了我们的关注。

临近期末,我想是每个班主任最焦头烂额的时候,备忘录里堆满了各种待办事项,其中必备的一项就是——班主任期末评语。往年,我给班里孩子的评语大多雷同。无非是用评语模版结合孩子特点,给个评价。但我发现,返校的时候,孩子们最期待的就是打开成长手册翻看老师们写给他(她)的总结评语。这让我感慨,决定今年的评语要给孩子们一个不一样的体验——**"年度关键词"评语**。

灵感来自于我手机里的一张支付宝年度账单,看到支付宝的温情回顾,我想,能否把这种形式借鉴到孩子们的期末评语中呢?以下是为班级学生量身定制的一条评语:

年度关键词——后起之秀:

小朋友,你身上有无限的可能,看到你一天比一天有进步,老师真心为你感到高兴。每一件事都努力完成,结果都不会太差。看到你上课期间每一次的作业都认真完成,字迹进步特别大,老师心里都是满满的感动。

这个孩子上一学期的学习习惯不是很好,相比过去,这学期他每天都能按时完成作业且质量较高。因此,我给了他"后起之秀"这个关键词。

翻看着项老师撰写的一则则走心评语,我们发现她极富创意,采用的评语模式贴近当前的时代潮流,让每个孩子都有读下去的兴趣;她更是十分用心,为每个孩子量身定制一个年度关键词,如"勤勉坚定""乐观热情"或"无限可能"等,并尽可能地放大孩子的优点,为孩子安装上了成长"引擎"。所以,我们将项老师的"年度关键词"评语进行宣传与推广,让更多的教师去突破、去改变以往评语的撰写模式,用教师的美好的教育情怀去点燃孩子们进步的激情。

渐渐地,老师们对撰写评语有了更多的思考和创意。其中,郁颜沁老师富有诗情画意的"三行诗"评语也受到了孩子们的喜爱。

创新评语我最先想到的是诗歌。但是在这么短的时间内,我原创不了四十首专属于班级孩子的打油诗。于是,我就采用之前很流行的三行"情诗"给予孩子个性化的评价。

送给 xxx 小朋友的三行诗
老师愿意做一个树洞,
能听到你喜悦的分享,
也愿意分担你的忧愁。
——《只要你开口说》

这个小朋友在我们班很内向,他总是沉默寡言,送给他这首诗也是希望他能变得更加开朗阳光一些,愿意表达和交流,更快融入班级集体。

"三行诗"评语将温情的诗歌与指导性的评价充分结合在一起,孩子的心灵更能被抚慰,孩子也更愿意与老师沟通、更容易接受老师的建议。这样的评语能带着孩子走向诗与远方,激发孩子走向更美好的成长彼岸。

近年来,"年评诗评"慢慢成为了附小评价孩子的一种创意与特质。当然,除了"年评诗评",附小老师们也创出许多在无形中激励孩子的"金点子",学校也会定期举行故事分享会,互相介绍经验。在这样的氛围下,老师们的评价方法也层出不穷:

有的会让学生用贴纸兑换奖品,奖品可以是一本书、一支笔……

有的是免写一次作业……

有的则是和老师交换一次午餐……

还有的会去老师家里做一次客……

一个个"走心"又创新的"金点子"一时间在学校成为"爆款",老师们纷纷创设师生间积极互动的、正向的评价方式,既体现了他们对份内工作的敬业,更彰显了他们充满激情的乐业,传递着温暖的教育情怀,点燃着孩子成长的无限可能。

(四) 心语心愿,走进孩子的心灵世界

每一个孩子都是一个独特的生命体,在他们的心底都绽放着不同的梦想、充满着不同的想法,就像每一朵花儿一样都蕴藏着一个不同的世界。教育要走进孩子的心里,倾听孩子们心灵深处的需求和情感,学会和孩子们"同频共振",才能感知孩子们心灵跳动的"脉搏",才能成为孩子们成长路上的良师益友。如何走进孩子们的心里,和他们真诚沟通?

在我们附小,每一个班级都设有一个"心语心愿"信箱,孩子们有什么心里话、有什么不高兴的事情、有什么开心的故事,都可以在这里倾诉和分享;孩子们还可以把自己在学习、生活、家庭中的人际关系、心里困惑和需求帮助都可以用"小纸条"投放到信箱中。"心语信箱"是孩子们专给自己的"导师"说的心里话,搭建了教师和孩子们心与心连接的真诚沟通的桥梁。

孩子们试探着给导师写信:有给导师提意见的,有为班级献计献策的,还有跟导师述说伤心事的。几天后,写信的孩子都收到了回信,他们激动地让自己的好朋友看;也有高兴地带回家和爸妈分享;还有的收到导师的邀请,和导师一起解决学习、生活中困惑……

导师们收信、回信,并及时和班主任分享孩子们最近的思想动态。从一封封孩子们的来信中,老师们发现了一个属于孩子的不一样的世界。慢慢地,孩子们心头的疑虑和不良情绪得以疏导,而孩子们表达的内容也越来越丰富,大到当前国际形势、疫情防控等社会问题,小到和同学相处时的不和以及告状,等等。这些珍贵的"信件"也成了导师们教育心田中最大的宝藏。

从孩子们的来信中我们逐渐发现每一个阶段的孩子,突出存在的问题也各不一样,不同的年级的学生,教育的侧重点也各不一样。如,二年级的学生,重点开展处理好同学之间关系的教育活动,克服嫉妒、自卑等不良心理的;三年级呢,重点开展克服任性、培养毅力以及时间管理等方面的教育活动。"不读不知道,一读才知道,要'读懂'孩子,还得下点功夫!"这让导师们更坚定了自己肩负的重任,促使自身不断地去反思、去改进教育的方法。

孩子是一个个鲜活的生命体,每个生命都值得尊重。"看待儿童,其实是看待可能性,看待一个正在成长过程中的人。"加拿大著名教育家马克斯·范梅南

的这句话让我们深受启发。随着时代的变化，与我们的祖辈、父辈相比，孩子的成长环境面临着更多的不确定性和可能性，家庭是否稳定，学校多了竞争，社会充斥着太多触手可及的成人元素。一切都在改变，一切都需要我们教师不断地学习和提高。走进孩子的心，发现不一样的世界。做一个有教育情怀的智慧型教师，一定要读懂孩子的心。

这是一段来自学校顾慧老师的感悟，唯有走进孩子的心里，才能赢得孩子们的"同频共振"。"心语信箱"就像一条联系师生情感的纽带，打开了孩子的心灵，传递了"师生间的爱"，开启了教育的绿色通道，帮助孩子对自己的成长有了清晰而立体的认识，鼓励着孩子自律奋进，也为教师之后的工作打下了扎实的基础。

二、关注个体：定格温暖瞬间

德国哲学家莱布尼茨说过"世界上没有两片完全相同的树叶"。人也一样，每一个孩子都是独特的，每一个孩子都有他的人格尊严。尊重每一个孩子的天性，发挥其最大的潜能是我们"点燃教育"的本质特征。面对一个个性格各异、行为不一、习惯不同的孩子，我们的老师只有对每个孩子心存善意，关注他们的生命价值，培植他们对生命的热爱，用行动和责任关怀、引领，指导他们在成长的道路上体验成功与挫折，才能收获快乐与幸福。

（一）细致呵护，融入生命的温度

师生之间存在着一种看不见的生命场，哪个老师对我好？哪个老师对我不好？孩子们都会敏锐地感应到。细微之处有关爱，孩子们心中有杆秤，时刻关注着老师的一举一动。因此，爱孩子需要智慧，需要艺术，我们的老师在育人道路上潜心探索。

课堂上，每个孩子举手的方式都不一样，有的是小拳头，有的是一两根手指，各种状态，不尽相同。其实，这里面有一个"小秘密"：举起拳头，是一次也没被叫过；举起一根手指，是回答过一次；举起两根手指，则是回答过两次；举起三四根手指，则是回答过三四次；手掌全开，则是回答过五次。孩子们可以根据自己回答问题的次数，来选择举手的方式，而老师们则可以依照"小树的枝杈"选择让哪一个孩子回答问题，尽可能避免"被遗忘的角落"。一个发言，老师们都能精细照顾每一位孩子，让他们体会到老师的关心和呵护。在附小，老师们还会在更多

的细节,倾听孩子的诉求和苦恼,最大限度地帮助他们解决生活中的实际问题。(见图 2-15)

图 2-15　奉教院附小课堂举手的"小秘密"

资深班主任沈玉琴老师有一个"百宝箱",它是那么的神奇,会将每一个孩子的成长瞬间和成长所需都装了进去。

晨跑要开始了,爱出汗的小男生偏偏又忘记带吸汗巾了,此时"百宝箱"会及时打开,里面藏着好几块吸汗巾,随时给孩子们垫在背上,小淘气们像风一样欢笑着向操场跑去。晨跑结束后,他们再雀跃着跑回来,抽出吸汗巾,顺便擦干他们汗淋淋的背脊和额头。

体育课后,几个小姑娘散乱着头发从体育馆回来,肯定又是在垫子上训练前后滚翻了。她们熟门熟路地走到"百宝箱"前,取出梳子,让班主任老师给她们扎上一个花式小辫,然后再笑嘻嘻地跑到小伙伴面前"炫耀"。

"老师,我不舒服,头晕……"询问后知道是轻微的头疼脑热。于是,掏出"百宝箱"里的刮痧板,抹上青草膏,小心翼翼地刮在细嫩的背上,一下又一下。刮痧后神清气爽的孩子大声地告诉那个怕刮痧的同学"老师刮得一点也不疼,还很舒服呢!"。

横倒在桌子上的水杯不停地流出水来,裤子被沾湿了一大片的孩子呆呆地一脸茫然。沈老师会轻轻把他拉到一旁,马上安排几个孩子帮忙拖地擦桌。老师牵着他冰凉的小手,拿出"百宝箱"里的吹风机,暖暖的风吹干了湿叽叽的裤子,吹散了他的惊慌,吹来了他满眼的笑意。

那个"百宝箱"呀,装满了可以处理各种小意外的日常小物,装满了沈老师妈妈一般暖暖的爱,散发出其独特的魔力。班主任的爱,是一个眼神、一个表情、一个手势、一句话语,是任何一个小小的细节举动。正是有了一个个像沈老师那般触动人心的小小举动,我们的孩子才显得更加灵动可爱。

(二) 家访关爱,架起成长彩虹桥

上门家访,曾经是一个很熟悉、很亲切的词,是一件很寻常的事。可是,随着社会的发展、信息的发达,"上门家访"成为一件稀罕的事情,取而代之的是电话联系或微信语音,或是家长到学校去"校访",老师登门家访的越来越少。确实,一通电话、一条微信使得我们的家校联系便利了很多。信息时代,传统上门家访还要不要?我们以为与现代"信息化连线式家访"相比,传统"上门家访"的方式虽然多花了一些精力和时间,但能让孩子和家长更真切感受到老师的关心与真心,从而实现老师和孩子、老师和家长之间的零距离沟通。

在我们附小,"上门家访"的好传统没有被淡化、被丢弃。尤其是在全员导师制实施的背景下,提出了"上门家访"三大硬性要求,根据以往的家访经验,提出了新要求、新内容:(见表2-6)

表2-6 奉教院附小新生家访记录表

班级_____ 班主任_____ 副班主任_____ 家访日期_____

学生姓名		性别		籍贯		民族		出生日期	
家庭住址								固定电话	
家庭状况		姓名	年龄	文化程度	工作单位及职务			联系电话	
	父								
	母								
	居家环家	优美( ) 整洁( ) 安静( ) 杂乱( ) 吵闹( ) 其它( )							
	学习环境	有自己的房间( ) 有自己的书桌( ) 有自己的书橱( )							
	家庭气氛	快乐( ) 和谐( ) 严肃( ) 吵闹( ) 乱糟糟( )							
健康状况	良好( ) 一般( ) 较差( ) 差( )								
	特异体质(请注明情况):								

续表

学生情况	饮食习惯	定时（ ） 定量（ ） 偏食（ ） 爱吃零食（ ） 过敏食物（ ）
	睡眠习惯	独睡（ ） 与父母共睡（ ） 与祖辈共睡（ ） 按时睡觉起床（ ）
	卫生习惯	勤洗澡洗头（ ） 常修剪指甲（ ） 饭前便后洗手（ ） 每天刷两次牙（ ）
	性格特征	活泼开朗（ ） 调皮好动（ ） 内向腼腆（ ） 文静懂事（ ） 倔强好胜（ ） 自觉内敛（ ） 暴躁易怒（ ） 其他（ ）_____
	自理能力	会穿脱衣服鞋袜（ ） 会收拾整理自己的物品（ ） 会整理自己的房间（ ）
	社交能力	主动与人交谈（ ） 喜欢和朋友一起玩（ ） 常常自己玩（ ） 人前会害羞（ ）
	阅读习惯	每天阅读（ ） 经常阅读（ ） 偶尔阅读（ ） 从不阅读（ ）
	兴趣特长	唱歌（ ） 舞蹈（ ） 乐器（ ） 书画（ ） 运动（ ） 其他_____
	日常爱好	阅读（ ） 玩玩具（ ） 玩电脑（ ） 看电视（ ） 运动（ ） 饲养（ ） 其他（ ）
	对父母态度	畏惧（ ） 尊敬（ ） 亲热（ ） 撒娇（ ） 蛮横（ ）
家庭教育情况	父母特长	文艺（ ） 体育（ ） 书画（ ） 电脑板报、编辑（ ） 其他（ ）_____
	养育情形	自己带孩子（ ） 托别人带（ ） 祖父母带（ ） 其它（ ）_____
	教育方式	严格管教（ ） 公平民主（ ） 自由放纵（ ） 溺爱（ ） 打骂（ ）
	相处情形	一起活动（ ） 一起看电视（ ） 一起阅读（ ） 各自活动（ ） 父母常不在家（ ）
	辅导作业	父亲（ ） 母亲（ ） 祖辈（ ） 其它（ ）_____

一是新生家访：要求班主任对刚进学校的每一个一年级孩子加强了解，从家庭状况、健康状况、学生情况、家庭教育情况、家长建议和班主任建议等方面完成本班每个孩子的"体检报告"；

二是导师家访：要求每位导师和班主任每学期对结对的15个学生进行共同家访；

三是新接班的班主任家访：要求中途新接班的班主任不仅在前任班主任和相关老师那里了解班内孩子的家庭及家庭教育情况，还要亲自前往学生家庭进行摸底式了解。

附小的每一位老师都认真对待每一次上门家访工作，且做得扎实有效。每每家访时,总是着眼小处,用心发现每一个孩子、每一个家庭的需求。李梅老师便是其中的代表,她在家访中实时"追踪"着每一个孩子的成长历程,她关爱小凯的故事更是感动着我们每一个人。

小凯是班中的一位男孩子。最近,我发现小凯与人交流,只用点头和摇头来表示。是什么让一个只有九岁的孩子失去笑容？我跟他谈心,才知道原来他觉得同学们都不喜欢和一个被父母抛弃的孩子做朋友。一阵心酸,在我的心头涌起。

小恺是个苦命的孩子。他四岁时,父母就离异,母亲改嫁后,再也没有回来看他。去年,他爸爸突然独自离家,留下一对孤苦的老人与年幼的小孙子相依为命。

同学们不喜欢他,我这位班主任是有责任的呀！这是一个尚未成熟、特别需要母爱的孩子。作为他的班主任,我不仅从学习辅导、生活关心和情感填补几方面去关爱他,更要想办法走进他的内心世界。

于是,我再次走进了他的家。记得第一次走进小凯的家,略显逼仄的房间、四处堆放的杂物……诉说着祖孙仨生活的艰难。这次家访,更让我了解到爷爷奶奶在生活上竭尽全力地弥补他缺失的爱：亲自给孩子喂饭,和孩子一起睡觉,甚至包揽了所有他应该自己能做的事情。这样的爱,是不利于孩子的健康成长的呀。我婉转地向爷爷奶奶提出,爱孩子更应该是教会孩子独立生活的能力和养成良好的习惯,溺爱会剥夺孩子成长的权利。

家访之后,我不定期与孩子的爷爷奶奶沟通,传授一些家庭教育的基本方法,指导爷爷奶奶在生活中教孩子一些简单的家务,学会做自己的事情。就这样,小凯在爷爷奶奶的放手之下,慢慢地长大起来：学会摆碗筷、学会扫地、学会整理房间……

小凯也把自己习得的劳动经验在班级里"闪光",经常会发现小凯主动擦黑板、排桌椅、整理图书……我就在班级里表扬小凯的进步,以赢得同学们对他的尊重和喜欢。

渐渐地,小恺的性格逐渐开朗,他和同学们也相处得越发要好,爷爷奶奶一有机会就向我汇报孙子的进步。让我惊喜的是,爷爷奶奶也慢慢地调整了自己的心态,对孩子不再过分怜爱和格外包办。原本只是帮小恺一人,没想到却改变了他们一家人。

这几年,李梅老师无论是学习、生活还是情感上,都给予小恺无微不至的关心,俨然成了他的"老师妈妈",点燃了小恺对生活的希望。

通过上门家访,发现问题,教会小恺提高生活技能和学习能力;通过情感慰藉,外援寻求,提升了小恺及其家人的幸福指数。家访,只是在路上,真爱却始终在心中。在附小,我们提倡通过家访,把老师和孩子一对一的对话模式改变为老师、孩子、家长三方的沟通,三方互"点"互"燃",让老师及时了解孩子在思想上、学习上、生活上那些解不开的结,与家长一起及时补足他们生活、心理、人格的缺憾,为孩子也同时为孩子家长以后的人生道路增色。

(三) 无限信任,激发无限的潜能

一个人在成长过程中,始终是渴望被尊重和认可的,学生也一样,渴望大人的信任和理解。以爱心为基础,以责任心为源动力,在孩子心中播洒一颗信任的种子,是送给他们成长的一份礼物。当学生犯错的时候,就需要我们的导师引导孩子,信任孩子,用信任的力量唤起他们一颗向善、向上的心。放下身段、适当"放手",孩子会给我们意想不到的惊喜。班主任沈家卉老师便是这样做的,在她的班里,顽皮的小囡竟然化身为代理班主任,成为老师的好帮手。

这个学期,我新接了一个非常难带的班,纪律薄弱、卫生薄弱、学习薄弱……这对刚入职场才3年的我来说,真的是一次重大的考验。与此同时,班级中最顽皮的小 A 和小 B,看着他们上课懒懒散散,下课活蹦乱跳的样子,更是让我头疼。他俩还是我作为导师带教的结对对象,"如何点燃他们心中的小火苗",让他们有一些改变呢? 成为我导师工作的第一件事。

刚开始,我总是追在他们身后,告诉他们哪里还做得不够好? 哪里还需要改进? 然后再去一个个整改。每天"追债"式的管理让我非常累,效果也微乎其微。其实,对于五年级的孩子来说,他们已经有一定的独立意识和管理能力。我可否尝试把班主任的权力交给小 A 和小 B,让他们来当"代理班主任",帮我"打理"这个班级呢?

我把想法告诉他们,他们甚是高兴。起先,他们俩手忙脚乱,甚至会对那些顽皮学生皱眉大喊:"你们怎么这么烦啊?"我见状后,并不发话,最多也就是"有需要帮助时来找我"。男孩子还是有一定自尊心的,听到这样的话,当然觉得自己能完成所有的事情。于是,在他们当代理班主任的这一周里,我找回了些许安宁。

第二周,这两个男生开始动脑筋、想办法来管理班级。他们拿出"代理班主任日志",记录每天同学们做得不够好的地方,并试着提出"改进建议"。刚开始,记录的内容特别多,慢慢地记录变少了,开始增加了"表扬事迹"。而这些,我都

没有直接帮助或指导过他们,而是旁敲侧击地提醒。

第三周,两位代理班主任的工作总结越来越短,说明出现的问题越来越少了。有一次,我因为临时处理紧急发生的事进教室晚了几十秒,却远远听到孩子们响亮而整齐的背书声。从后门看进去,所有同学都整整齐齐地端坐着,这是从来都没有过的场景。下课后,我问一个孩子:"是谁带头背的书?"她说:"好像也没有人带头,就是大家突然一起背了。"

实际上,所谓的代理班主任,不过就是换了称谓的班长而已,但是孩子们从来没听过这样的名称,而且听到人人都有机会做代理班主任时,整个班级开始变得非常积极。一开始无心的决策,无意间成了点燃孩子的小火星,而今小 A 和小 B 已经变了一副模样,其他孩子也变得越来越自律,争着要做代理班主任。放手给孩子管理的权力,不仅是对他们能力的培养,更是给予了他们信任,有了信任,孩子才会有信心做更好的自己。

当小 A 和小 B 完成了一些"代理班主任"的简单任务后,沈老师会毫不吝啬地进行夸赞和鼓励。没错,向孩子表达信任,让孩子感受信任,是每一位教师的应有之义、情怀所在。每个孩子的背后都有自己的故事,如果有人读懂了,并给予他信任,他一定会多一份生命的活力,多一份成长的动力。因此,我们也常常接到家长的反馈:"孩子很开心有这样的成长导师,老师对孩子真切的关爱和信任,让他们快乐!"是的,在附小,责任和担当已经成为孩子们的成长动力。

三、呵护天使:敲开他的心门

每个年级总有那么几只"丑小鸭",游离在集体之外。近几年,我们发现这样的特殊孩子的数量竟逐渐呈上升趋势,他们在人际交往、心智发展、行为习惯等方面存在着或多或少的障碍,被称为"折翼天使"。我们包容、接纳这些特殊的孩子,与区特教中心、区心理健康咨询中心紧密联络,以学校心理辅导室为主,为孩子提供专业的疏导和训练,缩短"普通"和"特殊"的距离,尽可能让这些折翼的"小天使"跟上大部队,因为他们都是我们的"阳光宝宝"。

每学期初,学校心理咨询室会组织老师通过幼儿园走访、新学期家访等多种渠道,排摸特殊孩子,为每个特殊孩子建立"一生一策"成长档案,过程中保护孩子个人隐私,特别针对不同孩子的特点做好融入阶段的"温暖接纳"、成长阶段的"树洞解忧"、日常生活的"伙伴结对",多方合力,点亮他们的成长梦想。

（一）破冰游戏，与温暖同行

学校在接纳特殊学生随班就读时发现，身受智力障碍困扰的孩子，他们在新环境中往往会缺乏安全感，更渴望老师以及同龄小伙伴们的理解和认可。要让这些特殊孩子得到更多发展，首先要教师接纳他们。为此，学校心理咨询室会精心培训班主任，指导他们策划一些"暖心"的游戏，让他们更好地融入集体活动。2021学年，徐美乐老师接手的一年级新班级中便有这样一个阳光宝宝……

一张"阳光宝宝"证似乎宣告了小雅的命运。记得转入班级的第一天，她哭着闹着"这不是我的教室……"任凭我怎么安抚，她依旧不愿意坐下来，而全班同学则一脸诧异地盯着这位新同学。无奈，我只能带她在校园里逛了一会，抚平她躁动不安的内心。特殊宝宝的到来，对班级的小朋友而言也是个不小的冲击，怎样让小雅融入我们的班级？我设计了一个自我介绍的课前小游戏，点到名的小朋友要起立介绍自己，比如"我叫曹＊＊，我喜欢画画。"然后全班小朋友挥手跟她打招呼"你好，曹＊＊！"一声声问好中，小雅一直乐呵呵地，轮到小雅介绍自己了，虽然她口齿不清，但同学们都跟着我一起挥手，说："你好，小雅！"我看到小雅的脸上绽放出异样的光彩。

破冰游戏持续了一个多星期。清晨，我在讲台边整理书本，"徐老师，早上好！"吐字有些模糊，但我知道那是小雅在跟我问好。我抬头一看，哈——小雅正对着我笑呢！我连忙挥手："早上好，小雅！"那一刻我好激动，小雅的心中有老师了！

小雅无论是排队还是做操，都会自说自话地离开队伍，在旁游走。以防意外，我在班级里招募了两名护花使者——小杰和小辰，并郑重其事地给他们颁发了"护花使者"证，交代好他俩的职责。于是小雅的身边就多了一高一矮两个身影。早操时，小雅又不自觉地离开了队伍，甚至跑到了隔壁班的队伍，排在她后面的小辰，一把拉她回来；中午排队盛汤时，小杰一手帮小雅拿着汤碗，一手勾着小雅，那努力的身影，让人看后不禁感动。有一次，小辰病假，由于小杰的疏忽，结果小雅从专用室回来的路上走丢了。小杰和老师兵分几路，终于找回了小雅，一路上，小杰始终牵着小雅，不敢轻易松手，直到护送她回了教室。

渐渐地，小雅上课会跟着同学一起读儿歌，有一天晨读，她拿起语文书，大声念着课文"弯弯的月儿小小的船……""小雅真棒！"我带着全班同学为她鼓掌，在掌声中，小雅念得更大声了，似乎在宣告自己的进步！眼中有爱，心有责任。我们还有许多编外的护花使者，让小雅感受着集体的温暖。

小雅也慢慢地记住了同学们的名字。一天。小徐同学请假没来,她一整天都在念叨:"徐＊＊怎么没来?"可爱的小雅,她的心中也有了同学!

创意的"破冰游戏"和"护花使者"折射出徐老师对小雅特别的关心,她帮助特殊孩子扫清了"为什么自己和别人不一样"的阴霾,让小雅像一朵含苞待放的花,在成长路上感受老师的耐心浇灌、同学的友爱和集体的温暖。让爱点亮爱,让生命温暖生命。其他孩子在老师的感染下也学会接纳、学会帮助,爱的种子在幼小的心田萌发、成长。

(二) 树洞解忧,知心好朋友

一直以来,学校坚持培养乐观、积极、自主、自信的"太阳宝贝",注重提高孩子们的心理素质。因此,我们也特别重视教师在心理健康教育方面的能力,特地在校园举办上海市心理咨询师培训班,一大半的老师报名参加了学习,有19名老师参加了中小学心理咨询中级考试,最后有5位老师取得心理咨询中级资格证。老师们开发的"Flash Student"心理辅导课程深受孩子们喜欢。询问几个经常出入心理辅导室的孩子:"你们最喜欢参加什么活动?",孩子们的答案出奇的一致:"解忧杂货铺"活动。

"解忧杂货铺"是个地方的名字吗? 错了,它是附小特有的心理健康辅导活动,是为个别出现心理焦虑或抑郁的孩子精心开设的。线上,我们联合公安学院一起开发了APP,孩子们可以通过APP关注"解忧杂货铺店长鱼子酱"匿名投递烦恼,获得专业的解答服务;线下,心理辅导老师还能做"树洞",倾听他们的烦恼。有孩子说:"当我把心里的烦恼通通讲出来,看着老师很温柔地听着,渐渐地,我好像也不那么难过了。"来自"树洞"的爱,让孩子和老师一起笑开了怀。

那天下午,我又隐隐感觉小哲有点焦虑不安。放学后,我便和他来到校园的一角,此时夕阳西下,绿色校园掩映着红透的半边天,非常漂亮。我问孩子:"咱们校园如何?"孩子顺着我的目光看去,说"很美"。

"以前老师的学校就是乡下的一所村校,我当时很皮,总是偷溜出去玩,老被妈妈打。"

"后来呢?"孩子疑惑地问。

"后来,我们校长来找我聊天。从那以后我再也没有逃学,我能做一名老师,其实是受到我很多老师的感染……"

小哲低着头,不语。看到这情形,我像是故意说给自己似地继续刚才的话题,自言自语道:"每个老师都希望自己的学生是很棒的"。

小哲玩着手指头,喃喃地说道"其实我也很爱老师的。"

"老师当然知道。小哲是个有礼貌有爱心的好孩子!"我拍拍身上的尘土,起身说:"天色晚了,我们回家吧。"

"你不怪我今天又没带作业吗?"

"我知道你不是故意的。"

"我记得的,可是……"

"没事,如果不想说咱们就改天说。"

"老师,我想说。"

我望着他,又坐回了原地。

"有几次,我是忘记了。我的作业其实早就在学校完成了,可妈妈说我的字不好看,全撕了,我跟妈妈生气,就没重做。"孩子说话的声音越来越轻。

我轻轻地拥抱着孩子,孩子在我的怀里竟然抽噎起来。等他的抽泣声停止,我摸着他的头,问"舒服点了吗?"

"嗯,妈妈和爸爸都不会这样拥抱我,说我长大了,男子汉不需要。每当我很早做完作业,妈妈总说做点课外作业吧,反正还早。可我不想做,我好累。我也有不开心的时候,对不对?于是我就磨磨蹭蹭的,后来就干脆不写了。"说完这一通话,孩子抬起眼睛望着我。

"是的,你们也上了一天的'班',也相当辛苦。"

"老师,你真得觉得我们上了一天学,很累吗?"

"当然了,老师也是妈妈呀,我看到我的女儿在校学了一天,回家后我也很心疼她的。"

"你要是我的妈妈就好了"孩子叹了口气,"我还以为你会跟我妈妈一样会说我在学校里有啥可累的。"

我抚摸着孩子后脖子,告诉孩子:"以后在校完成作业后就直接交掉,放在老师这里,妈妈不相信,叫妈妈发消息给我,我来给你做证明,可以吗?"

一个月后,小哲明显乐观开朗起来,他的爸爸妈妈也逐步接纳了"双减"政策,不再强硬布置"光荣作业",学着更有智慧地爱自己的孩子。

具有学校心理咨询资质的老师们成了几个孩子的小小"树洞",成了孩子们的知心"大姐姐",她们仿佛具有不一般的魔法,抚平了孩子们心中的不安。受此案例启发,学校在"心灵悄悄话"广播中增设了"正确认识学习""我的烦恼"栏目,让更多的孩子正确地面对学习生活。面对孩子的苦恼,学校还组织全体班主任召开线上家长会,宣传"双减"政策的同时,让家长多关注孩子的内心世界。对于一下子难以转变的家长,我们还邀请上海市精神卫生中心刘乐博士,每月对这些有特别需求的孩子及其家长组织"月月有约"沙龙,提供更专业的指导。

(三) 成长伙伴,互学又互燃

彩霞因太阳的辉映而妩媚,世界因生灵的丰富而多彩,而学校因那一个个各具特色的学子而蓬勃。"孩子的最好先生,不是我,也不是你,是他们自己队伍里最进步的同伴!"这是教师经验分享会上一位资深班主任的发言内容。在附小,每一个学生绽放着自身的亮光,还将温暖传递给了周围的同学。因此,我们开展自主互助式的"成长好伙伴"活动,提倡让性格活泼、学习优秀、岗位服务认真的孩子与行为上较特殊的孩子结对。平时,"成长好伙伴"会互相关心对方的心情,分享彼此间成长的快乐,帮助对方不断进步。比如,"成长好伙伴"会提醒、督促学习不自觉的一方快点完成作业,并辅导他完成作业。而那些行为上较特殊的孩子,其实也有自己的特长或优点分享给结对的小伙伴。宋银花老师班级里的小宇就是在成长好伙伴小怡的帮助下,两个小小的生命体互相照映闪光。

这段时间,我细细地观察着小宇。早上到校后,他把书包原封不动地放在课桌上。每一堂课上,他总是沉浸在自己的世界中,老师们必须特地走到他面前,单独再给他一遍指令:"小宇,把书打开;小宇,打开铅笔盒……"他才会慢慢跟着动起来,课堂推进与节奏一次次地被中断,老师们都不禁踌躇起来。身为班主任的我,看在眼里急在心里。这可怎么办?

我思索着,也观察着,目光聚焦到了坐在小宇旁边的小怡,发觉这个小女孩虽然有些胆小,但特别安静,不浮躁,做事也认真、细致,个子娇小,却给人一种稳妥感。有了,结对帮教,让小怡试试做小宇的"成长好伙伴"。心头罩着的乌云飘散而去,而一幕幕温馨的画面也开始出现在我的面前:

每一天早上,小怡帮小宇一样样取出要用的学习用品,帮他在桌面上、台板里摆放好,并指导他把书包入柜;每一节课内,老师发出了指令,小怡自己弄好后,连忙去帮小宇,帮他打开书、帮他拿出笔,帮他取出作业本,课堂不再被中断;每一次课间,小怡总是陪在小宇旁边,一道题一道题,一个字一个字地教着,小宇的作业能按时上交了。

一天天、一周周、一月月……小怡尽责地帮助着。而我时不时地在全班同学面前表扬她对于小岗位的尽心尽责,时不时地奖励她校币。小宇在小怡每天一对一地耐心帮助下,各项作业基本能按时完成,上个月还被评到了礼仪美、行为美的"美美太阳好宝贝"!而小怡因为认真履行"成长好伙伴"的岗位工作,也一次次地得到大家的称赞与赏识，自信心明显增强。原本遇事常会哭鼻子的她，到了二年级越来越放得开。有什么事，也敢主动跑过来跟我说了；元旦迎新会时，她大方地给大家表演了拿手的长笛；本学期举行班干部竞选时，她还第二个勇敢地走上讲台，响亮地演讲起来！更可喜的是，她得到了大家的支持，选票名列第二，当上了中队委员！

点亮自己，温暖他人，"成长好伙伴"收获着双倍成长的快乐！

小怡在成功帮助小宇的同时，自己的小宇宙也不断被点燃和激发。他俩之间的成长帮教故事，不正是学校"点燃，让每一个生命都闪光"办学理念的最好印证吗？自行闪光、照亮自己、温暖他人。孩子在互相充当小老师的过程中，看到了彼此的长处，增强了相互间的合作，基于这样一种平等互助的关系，一对对"成长好伙伴"在附小团队中互学互长，共同进步。我们的校园，也正因为有着这一轮轮闪亮的小太阳而更具光彩。

每年教师节，我们时常能看到五年级毕业的孩子，回到附小看望老师，有在读中学的，也有读大学的，诉说着自己对小学生活以及对老师的念想。

"最怀念的莫过于小学丰富多彩的活动，回忆起来，那些都是甜甜的日子！如果能回到小学，我还想回到那个爱生节，和我最喜欢的张老师来个甜甜的拥抱，吃一根她送给我的甜甜的棒棒糖！"

"感谢燕燕老师，你总是循循善诱，在我的身上找'亮点'，为调皮的我量身定制了一个小岗位'神奇拖把手'，让我越来越喜欢帮助别人！"

"我最喜欢朱老师了，还记得小学的时候，我心里难过便找她聊天，朱老师不但安慰我，还让我担任'心灵悄悄话'的小主播，她这一举动更是成就了我，让我成为了一名播音员。"

……

附小的老师们用一个个鲜活的事例诠释着崇高的师爱，他们的无私奉献赢得了学生、家长及社会的普遍好评和认可，相关事迹也多次在《上海教育》《文汇报》等多家媒体报道。历经十多年的艰难跋涉和守正创新，我们的"点燃教育"，在成就每一个孩子、每一个家庭的过程中，也阐释着质朴而又美好的教育情怀，也成就了自身的教育价值。播撒春风化雨般的师爱，用思想唤醒思想，用生命点燃生命，一路花香弥漫，我们得到了孩子们最真挚的爱。

第三篇

"点燃"学生的人生梦想

本篇导语

"小小少年,大大梦想,心中升起绿太阳,知书达理,自信健康,微笑中幸福荡漾……"校歌扬起悠扬的旋律,每一次响起,都打动着我们的心。梦想,是激发潜能的源泉;梦想,是对美好生活的向往;梦想,是一束光,照耀人生,也能给予他人光亮与温暖。

为了让梦想的种子在孩子们心中生根发芽,学校积极探索多彩的学习方式,搭建多姿的课程平台,创设多元的评价机制,让课堂充满智慧、温暖、活力,点燃了兴趣和思维之光;学校坚持树立"五育融合"的质量观,让学生在劳动中激发潜能,在劳动中创造创新,在劳动中育心践行,点燃了崇尚和热爱之光;学校"问需于童"开设各类社团活动,趣味的体育科目、七彩的艺术项目、炫动的科技项目,让每一个生命的个性都得以张扬,点燃激情与创意之光。同时,关注学生的每一个成长瞬间,让他们在学习生活中,在志愿服务中,在社会奉献中,有担当,会担当,勇担当,点燃了责任与理想之光。

那些闪闪发光的梦想,就像初升的太阳,闪耀着七色光,洋溢着美好,照亮着每一个人的童年时光。

第斯多惠说:"教育的奥秘不在于传授,而在于激励、唤醒和鼓舞。"我们希望"点燃教育"能使每一个孩子都有自己的精彩,成就属于自己的梦想人生。

学生是课堂的主人,在积极参与中让课堂闪耀智慧的光芒。学校围绕"八会"培养目标,构建"五育融合"的课程体系。以高效的课堂互动,让每一个孩子"学"起来,通过思维的碰撞与融合,信息化赋能,提升学习力、创造力;以和谐的师生关系,让每一个孩子"暖"起来,通过教育的公平、积极的鼓励,包容每一个孩子,促进多元化、个性化发展;以丰富的课程实施方式,让每一个孩子"玩"起来,通过课堂模式的重构,教学策略的优化,学习方式的转换,培养能力,丰富体验。

学生是校园的主人,在流汗出力中用双手创造美好的生活。习近平总书记提出,要把劳动教育提升为青少年健康成长的重要教育内容。15年前,学校从"开心菜园"开始了劳动教育的漫漫探索。校园里,"小当家"身着绿背心、黄围裙、红马甲,他们有的是电影放映员,有的是电视台主播,有的在小超市收银理货……农庄里总有孩子们穿梭的身影,他们挥锄耕作,研究蔬菜生长,精心养护小动物;假日小队跟着爸妈去上班,当小医生、小警察、小工人,体验职业启蒙的乐趣,激发蕴藏的无限潜能。

学生是课程的主人,他们都是独特的花蕾,都有自己的色彩,都会绚丽绽放。学校尊重孩子的主体意识,以"我的兴趣,我做主;我的课程,我来选"为出发点,满足学生的个性发展需求。阳光健身一小时,让孩子生龙活虎;花样特色项目,让孩子拥有体育特长;风采艺术年会,让孩子光芒四射;炫彩星光舞台,让孩子自信闪亮;奇幻科技小社团,走向未来立大志;缤纷创意科技节,走向生活小实验……多姿多彩的课程让孩子们有了张扬个性的绚丽舞台。

学生也是社会的小主人,肩负着新时代赋予的责任与使命,从小就要有担当。面对幸福安定的生活,我们常说:"不过是有人在负重前行。"在享受、珍惜当下的同时,也应该行动起来,为创造幸福贡献自己的一份力。学校始终以点燃责任意识与理想信念为目标,着重打造品牌化的绿太阳志愿服务团队,让每一位附小娃都有机会参与社区活动,让胸前的领巾在社区的志愿服务中飘扬,让附小的那一抹亮丽的绿光温暖身边的每一个人。

第一章　智慧：在多彩学习中点燃兴趣与思维

有这样一个绘本故事:《在教室里说错了没关系》,它用明亮的色调,大声地诉说着:"教室就是让我们学习的地方,别害怕说错,别笑别人说错。尽管安心地举手,尽管安心地表达吧! 每个人都要勇敢地说出自己的想法。这样才能在热烈的讨论中,一步一步找出答案,在相互激荡的过程中共同成长。"这样的课堂留给孩子们的是多么温暖的人生记忆啊!

课堂是温暖的,课堂是有活力的,课堂还是启迪智慧的。真正美好的课堂,是教师的眼里有学生,让孩子们站在课堂中央,展现生命的活力,唤醒生命的自觉;真正美好的课堂,还在于具有生长的力量,能够启迪孩子们的智慧,激活孩子们的学习兴趣,点化和润泽生命,点燃生命的智慧之火。这样的课堂,才是有滋有味、有声有色。

"点燃教育"尊重每一个孩子的个性和差异,肯定每一个孩子的生命价值,相信教育可以点亮孩子们的未来。我们关注课堂,聚焦课堂,提升课堂的生命品质,积极创设智慧、温暖、活力的"点燃课堂",坚持以智慧启发智慧,以善良培育善良,以生命润泽生命,让教师的教与学生的学充满生机和活力,以多彩的学习方式,引导学生从知识走向智慧,让每一个孩子收获不一样的学习体验;以多姿的课程平台,让每一个孩子热爱学习,快乐成长;以多元的评价策略让每一个孩子全面发展、均衡发展,适应社会,放飞梦想。

"双减"政策、新课改推进,更要深化课程教学改革,提升课堂教学质效。我们把"立足差异、激活主体、真实学习、多元发展"作为课堂教学关键特征,激发学生学习的内驱力,从关注学科知识转向关注学科素养,实现从"教"到"学"的学习方式变革。

一、慧学：关注思维

教学,不仅承担着文化传承、知识传授的任务,更要关注学生心智启迪、思维的培养。"传授式"教学中,教师往往是"照本宣读",按照备课的计划带着学生一步步地完成知识的学习。孩子们则是被动地在老师预定的范围内活动,缺乏主体学习的主动性和创造性,孩子们的个性得不到张扬,思维得不到培养,久而久之,孩子们学习的兴趣被压抑,想象的翅膀被折断,创新意识和创新能力也得不到发展。

新课改大力提倡"将课堂还给学生",把落实学生的主体地位提到了前所未有的高度,"以学定教"也就自然成为课堂教学很重要的一条教学原则,教师的眼里要有学生,站在学生学习的角度去展开教学,能顺应学生的发展需求,符合学生的成长规律,开启孩子们学习的智慧之门。

(一)"问题驱动"演绎探究精彩

推进课堂教学的变革,其价值追求在于实现从"知识型"课堂转向"智慧型"课堂,把学习的权利交给学生,以自主学习、合作学习、探究学习为主要学习方式,以问题为驱动,培养学生的问题意识和思维品质,让学生在解决问题的过程中,绽放"恍然大悟"的思维火花,演绎探究学习的精彩。

就这样,"基于学生思维品质提升"课堂教学专题研究在我们的身边发生了。我们认为提升思维能力的核心便是"问题"。"问题"是高效课堂的根本动力,教学中怎能没有"问题"?但"问题多"就好了吗?课堂上,满堂问、零碎问、低效问的现象比比皆是。这样的课堂能给孩子带来什么?

一场由"问题"引发的研究:学校各学科着力研究以问题驱动,聚焦基于真实问题解决的教学设计策略,如英语组围绕《小学高年级英语教学中运用问题教学法提升学生思维品质》进行实践研究,数学组以《立足单元,联系生活应用,提升思维品质》为主题开展教学研究。从呼应教学目标的"主问题",到有思维含金量的"真问题",从问题设计的有效性,到思维工具的开发运用,通过"问题"研究"问题",推动教师对"问题意识"的关注,鼓励学生形成"问题能力",让课堂教学因"问题"而存在,也因"问题"而精彩。

《平均数的应用》一课,是让学生了解平均数的意义,掌握平均数的计算方法。以往的教学中,老师通常是让学生先观察例题,通过做题的方式尝试总结方法。这样的学习方式让学生被动接受知识,只会计算,上升不到理解。而夏老师在教学时就以"如何用脚步测量学校足球场球门之间的距离?"这一开放式问题作为驱动,让学生在问题情境下,将课堂知识与生活应用相连接,在解决问题的过程中,进一步理解平均步幅的概念。接着,学生通过"长度的丈量",讨论、发现：原来每一个人丈量的长度都是不同的。课堂上没有所谓的例题、习题，一切都是那么的自然而然，循序渐进。由问题导入新课，以问题驱动教学，开放的讨论，自主的探究，没有"满堂灌"，只有"学生说"。整堂课，学生真正担任了课堂的主体角色，根据已有经验，猜测、验证、发现，经历了思维提升的过程。

好的问题要有"味道"，能引发学生的深度思考，要了解学生真正不懂的地方在哪里。学生只有在解决问题的过程中，才能真正理解。不仅知其然，更是知其所以然。而只有真正理解了知识，才会应用知识，解决其他问题，形成良性循环。

一张精准指导教学的"观察表"：看似一个个不经意的"小问题"，却能成就"大思维"的发展。为了更精准地诊断课堂教学中"提问"的有效性，达到优化课堂提问的目的，我们深度研究《课堂观测量表》(见表3-1)。在"教学过程"板块内容中设置了指向"课堂提问"的指标，如教师的提问观察点是"面向全体，涵盖不同层次问题""有效引导问答，追问""思考作答时间足够""学生质疑，鼓励创新式，探究式思维"；同时在教学策略的自主探究维度中设计了鼓励自学、有效组织小组合作、引导探究等指标。在推门课、比武课、考核课中，观测教师提问的情况，真实记录问题内容和学生应答情况等，观测后再进行交流、分析、反思。

表3-1 奉教院附小课堂教学评价表

观测指标	观 测 内 容
课堂提问	是否考察学生所学知识点
	是否对学生进行有意义的提问
	提问难度是否恰当
	提问是否面向全体，涵盖不同层次问题
	学生回答时，是否对其进行有效引导
	回答不够完整或准确时，是否进行追问
	思考作答时间是否足够
	是否引发学生质疑，鼓励创新式、探究式思维

一次次地观察，一次次地质疑，一次次地思考，让老师们逐渐寻找到基于学生需求的、最适合学生思维发展的学习方式，让学习真实发生，让每一个孩子都能在自己的"最近发展区"绽放精彩。

(二)"巧搭支架"追崇深度学习

课堂学习中,学生必定会经历思维的过程,特别是对一些隐形知识的体悟和了解。如何展现学生的思维过程呢？学习支架就是一个有效的载体。我们设计并使用《快乐学习单》,关注目标导向,优化教学设计,搭建学习支架,开放多元任务,引导深度学习,促进有效教学,让孩子们学得高效、学得轻松、学得快乐。

学习任务"先引导"：在开展正式的学习前,我们让学生先借助基于目标的以问题为导向的学习单,进行自主学习,激发学习主动性。让他们提前就知道老师课堂上要讲授的内容是什么,以任务驱动的方式激发学生的求知欲望,培养自主学习力,实现以学定教、先学后教(见图3-1)。

《少年闰土》学习任务单

1. 熟读课文,读正确,读流利。
2. 学习生字新词,能读准下列词语：
   畜生　五行　少年　空间　正月　仿佛　供品　银项圈
3. 思考：课文写了关于闰土的哪些内容？用小标题概括,写在下面的横线上。
   _____
4. 说一说：这些内容,表现出闰土是个怎样的少年？
5. 阅读课文后,我还有不理解的问题：
   _____
   _____

图3-1　奉教院附小《少年闰土》学习任务单

学习任务"有坡度"：学习单要有明确的目标指向,我们基于"课程标准的教学与评价"设计并运用学习单。精准把握教学方向,厘清教学重难点,搭建斜坡支架,根据学生原有的学力分解训练步骤,层层递进,分层实施,有效教学。

语文老师在设计《宝葫芦的秘密》这一课的学习单时,就考虑到在阅读中训练表达,在表达中推进阅读理解。于是,他们在课中设计了两个学习任务单(见图3-2)。第一,通过表格引导学生提取奶奶讲的几个故事的重要信息,不要小看这个表格,首先表头提示了奶奶讲的这些故事有相似的结构；其次通过梳理,学生能在比较故事后发现奶奶讲的几个故事有详有略。而后请学生听老师讲故事,根据情节地图,梳理故事情节,将情节图和表格对比发现,可以在这样几处发挥想象补充故事情节,最后结合表格和空白的情节地图自己创编故事。就这样,学生在阅读文本的基础上,提取关键信息。接着通过倾听故事,梳理线索,绘制导图,让思维可视化,实现从语言到思维的转换；在此基础上,借助支架,发挥想象，创编其他人的故事，对文本进行"补白"。

在课中学习单的设计中，教师有意识地为学生提供支架，根据教材特点去设计适合学生发展的作业，增强作业设计的针对性和有效性，指引学生做好语文知

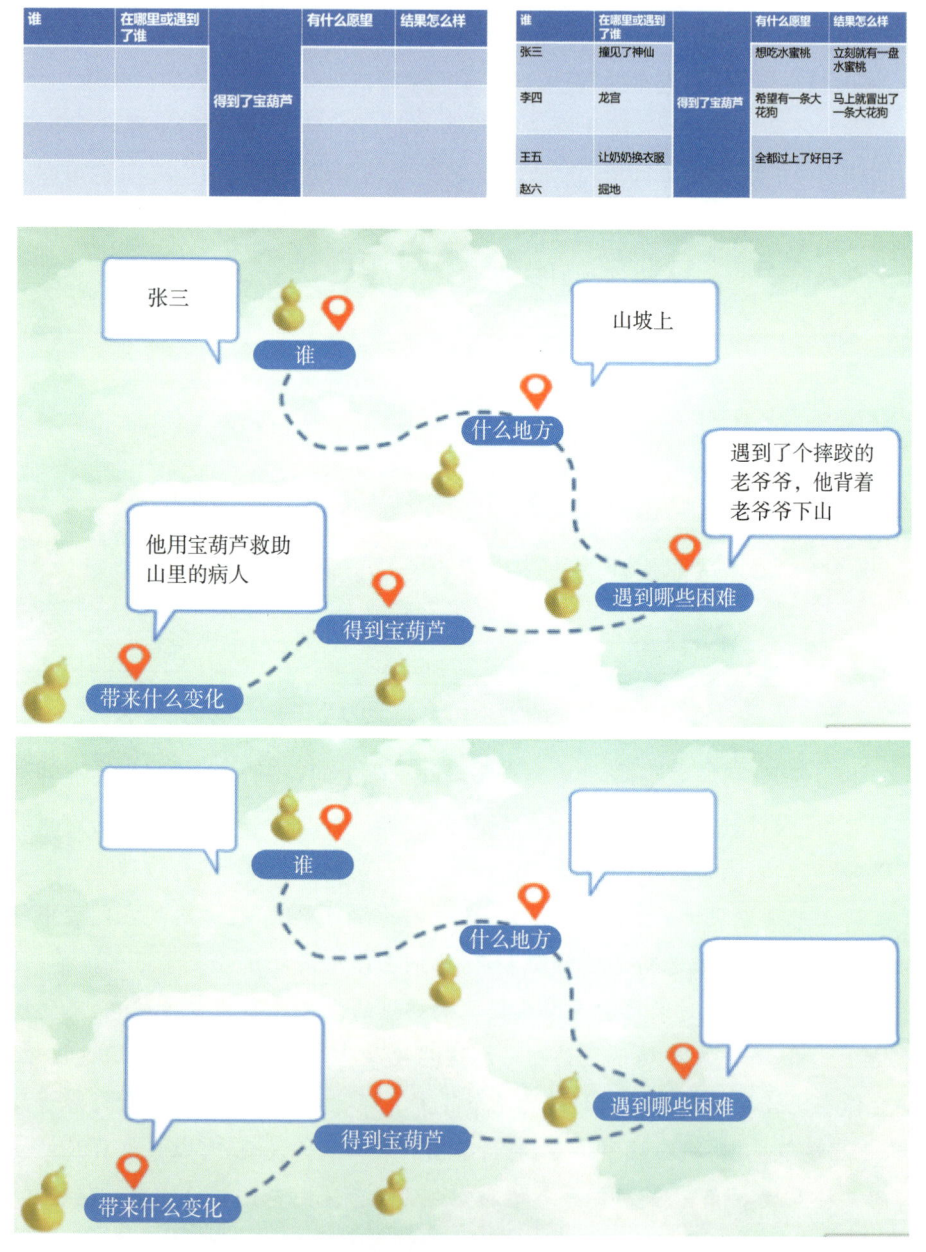

谁	在哪里或遇到了谁	得到了宝葫芦	有什么愿望	结果怎么样

谁	在哪里或遇到了谁	得到了宝葫芦	有什么愿望	结果怎么样
张三	撞见了神仙		想吃水蜜桃	立刻就有一盘水蜜桃
李四	龙宫		希望有一条大花狗	马上就冒出了一条大花狗
王五	让奶奶换衣服		全都过上了好日子	
赵六	掘地			

图3-2　奉教院附小语文《宝葫芦的秘密》学习任务单

识点的复习及理解,强化运用,进一步提升学生的高阶思维能力。

学习任务"花样多":我们面对的学生是有差异的,他们基础不同、能力不同、性格不同、习惯不同、兴趣不同,怎样面向全体,照顾到每一个鲜活的个体呢?我们在设计学习单时考虑到孩子的年龄特点、心智认知,还要根据孩子的学习兴趣点、增长点、疑难点等因素,开发了多元形式的特色学习任务单,如:基于核心知识的基础学习单、基于能力提升的综合实践单、基于问题解决的项目化任务单等。在实践作业中充分调动学生的各种感觉器官,让他们在动手体验中经历思考,在探究中温故知新。

小实践

请你制作一个七巧板,在制作过程中,你有什么发现? 你发现七巧板中间的分数关系了吗? 请把你的制作过程和发现记录在下面:

我的制作过程:
_____
_____

我的发现:
_____
_____

我的思考或问题:
_____
_____

图3-3 奉教院附小学生课堂学习"动手体验"学习任务单

学习任务单的设计源自教材,走出课堂,链接生活,由关注知识和技能向关注能力和素养转变。结合信息平台或互动工具,采用情境体验、动手实践、游戏活动等方式开展学习任务的实践探索,更能提高学生积极主动地参与、完成学习任务的兴趣。比如,体育组设计亲子合作型作业,要求孩子和爸爸妈妈一起拍摄运动短视频,和爸爸妈妈共同发现生活中一些有趣的运动项目或与运动相关的知识等;音乐组为了让学生学会归纳音乐的特点,基于信息化软件让不会乐器的学生进行简单操作并创编,成立"酷乐队",设计模仿打字机打字的游戏,实现学生和教具、学生和学生之间的互动,激发参与兴趣,体验学习乐趣。

学习任务单,让课堂支架式学习如虎添翼。学生依据清晰、直观的"任务学习单",就好比手里有了一张学习的"线路图",又如搭好了一座"脚手架",助力自己实现"独立行走"。

(三)"进阶设计"不断超越自己

孩子的天性是玩,玩才能带来快乐,枯燥乏味的学习方式和作业就成了孩子的负担。怎样让学习更有趣,让作业更有吸引力?我们都知道,学习是一个过程,不同阶段的学习目标也不同。学习有进阶,作业也应有进阶。不同进阶作业有不同的目标。这就好比是一种有趣的游戏,当玩家因为游戏进程的进行,逐渐获得游戏等级、游戏装备的提升,就会越来越有获得成就的感觉。

我们把进阶的理念运用于学生的作业设计,根据学生的个体差异、学习能力和逻辑思维能力等,将作业内容根据难易度,从简单到复杂,分等级去挑战。我们设计了系列化的主题作业、单元整体作业、套餐作业等,如同游戏的进阶升级模式,完成后还可以获得学习奖励,与他人竞争的经验值排名或学习段位等使学生在做作业的过程中就体验到学习的快乐。

英语组的老师们为了让每个层面的学生都能进行有效的练习,开发了基于单元的"序列化作业"。如在"4BM2U3 Home Life"一单元中,就有在朋友圈记录特别的家庭日,录制家庭生活 vlog 分享日常生活,设计一份家庭旅游攻略等,巧妙地激活语用能力,达成语用目标。在 5B M2U2Films 一课中,老师们又设计了一份作业"菜单":A. 挑选一部你喜欢的电影,制作一张电影宣传海报;B. 选一部你喜欢的电影片段进行配音;C. 选一部你喜欢的电影片段和你同学一起表演。通过菜单式作业,学生在巩固所学语言知识的同时又激发了学习兴趣,并且提升了综合语用能力。

类似这样形式多样的作业就像一份"超级套餐",我们将规定任务和自选任务相结合,提供学生自主选择的权力。学生可以根据自己的兴趣和特长选择其中任意一项来完成。擅长写作的可以选择写一写,擅长表达的可以选择说一说,擅长画画的可以画一画,还可以猜一猜,讲一讲,演一演。这样设计练习能使每个学生通过不同层次的作业练习在原有的基础上各有收获,都能享受到成功的喜悦。

(四)"多维评价"落实立德树人

在智慧型课堂中,教师要善于使用有效的激励评价手段,浇灌学生慧学的果实。遵循"教学评一致性"的评价原则，我们积极探索多维评价方式，让评价促进发展。评价要看基础、看进步、看发展，而不是"一刀切"或"为了评价而评价"。只有关注学生的学习过程，尊重学生的个体差异，发现学生的闪光点，才能让评价成为一把结实的梯子，让每个孩子都能往上"爬"，摘到成功的果实。

围绕"绿太阳"课程目标，以培养"八会"附小人为评价目标，聚焦思想品德、学业水平、身心健康、劳动实践、个性发展五大评价模块，结合学校五个"太阳宝贝"吉祥物，即美美、慧慧、康康、能能、强强，开展集宝活动。依托信息化平台，通过采购设备、开发系统、组织培训、采集数据、分析数据、生成图谱，对学生进行线上综合素质评价。五大模块的评价不仅关注学生学业成绩，对学生掌握知识的状况做出评价，而且重视知识以外的综合素质的发展，尤其是创新、探究、合作与实践等能力的发展，以适应人才培养多样化的要求。（见图3-4）

图3-4　奉教院附小学生综合评价系统

比如，"慧慧"模块是根据《上海市小学基于课程标准的教学与评价实践指南》，按照学习兴趣、学习习惯、学业成果这三个评价维度，我们制定了不同学科、不同年级的特色评价指标。在横向的评价内容上，指向表达、书写等；纵向上，评价体现难易的变化坡度。以一年级第一学期语文学习为例，主要分为"学习准备期、读儿歌识字学拼音、看拼音读课文识字"三个阶段。我们就依据三个阶段不同的教学内容的特点及不同成长阶段的学生特点，确定了不同的评价目标。

在指向行为规范的"美美"模块中，从文明礼仪、博学守信、勤劳节约、责任健康、自律自强等方面对学生进行综合评价。"能能""康康""强强"各板块也通过不同维度的评价指标,为孩子们的成长留下痕迹。(见表3-2)

表3-2 奉教院附小学生行为规范评价指标

评价目标	评价模块	评价内容	负责部门
美美	思想品德	该模块主要评价学生在思想品德认识、思想品德情感、思想品德意志、思想品德信仰和行动,即知、情、意、信、行方面的发展,具体记录学生思想品德表现的过程性评价数据。	德育处
慧慧	学业水平	该模块主要针对基础型课程中学生的学习兴趣、学习习惯以及学业成果的评价。	教导处
康康	身心健康	该模块主要反映学生的身体素质、心理健康状况等各身心健康相关方面(例如体育学业成果、体检数据、心理测试数据等)。	体育部
强强	主题探究	该模块主要评价学生在践行课程中(综合主题探究课程、劳动教育课程、岗位实践、项目化学习等方面)的表现。	课程部 大队部
能能	个性发展	该模块主要评价学生在拓展型课程中的表现,评价学生的兴趣爱好和特长等个性发展延伸潜能。	课程部

每个学生都配有一个电子手环,每位家长都有一个自己孩子的账号,教师只要登陆APP就能对学生的表现进行即时记录,电子班牌也将自动生成"积分排行榜",只要轻松一按,每月的个人荣誉、集体荣誉便一目了然。

二、温暖:关注个性

"上课,同学们好!老师好!"多么熟悉的问候。这不仅体现的是课堂的礼仪,更是师生传递"爱"的开始。苏霍姆林斯基说:"没有爱,就没有教育。"爱,是教育的基础,只有和谐的师生关系,才能让每一个孩子"暖"起来。

确实,没有爱的课堂,就称不上是美好的课堂。课堂中,只有充满师生间温暖的、惬意的爱,才会变得更有活力。我们面对的是有温度的学生、是有个性的学生、是有想法的学生,所以,我们的教育也应该是有激情的、有投入的、有追求的,应该让课堂成为孩子们喜欢的样子:平等、民主、自由,真切体验学习的过程与快乐,让他们坚定、自信、豁达、勇敢追求,让他们用自己的努力去证明每一个人都可以成为更好的自己。

(一) 以"公平的爱"照亮每一个未来

"你真棒!表扬他!""进步啦,我们送他掌声!"课堂上,老师简简单单的评价语就像滋润孩子心田的春雨,老师的一个微笑或一次微微的点头,就像抚慰孩子心灵的春风,消除孩子们在学习时产生的紧张、自卑、害怕,给予他们肯定、激励、鼓舞。

每个人都渴望得到爱,教师的言行往往会对学生产生很大的影响。我们的孩子不可能都是"天使",有一些可能是折翼的"天使",他们一样需要我们的帮助和关注。多一点赏识,多一点肯定,多一点赞扬,孩子们才能在充满欢乐,充满爱的环境下健康成长、全面发展。教师只有一心公正,才能如同太阳,把爱均匀地播撒在每一个孩子的心灵,照亮每一个孩子的未来。

课堂充满生命的律动,便会呈现别样的绿洲。张春梅老师总是微笑着走进教室,只要她一个眼神、一个手势,班级就随她而"变"。在张老师的课堂上,每一个小朋友都能受到关注。她很会夸奖孩子,哪怕是那些看似很肉麻的夸奖。疫情期间,只能在线教学,张老师的眼里依然都是孩子。隔着屏幕的一句提醒:"小丁丁,下巴能写字吗?把下巴抬高"幽默地一次叮咛:"妞妞,你的坐姿被我尽收眼底,把腿放下,我全都看见啦!"也有温柔的鼓励:"同学们,刚才朗读声音最响亮的是芃芃,最富有感情的是萱萱,虽然他们没有被请上台,但是他们美妙的朗读声就像在教室里一样都能进入我的耳朵,希望其他小朋友也能给我,给自己这种美的享受。"直播间里的"哄式教学"温暖了孩子们的心灵。张老师说,她喜欢孩子,喜欢换位思考,喜欢在课堂上"装傻"。正是这样的喜欢,让她的课堂成为了孩子们成长的绿洲。

公平的教育还要为学生提供平等的机会,以合理的、发展的眼光看待每一个孩子,不由表及里、不以偏概全、不先入为主,树立科学的评价观公平对待每一位孩子。

老师们就这样奖励孩子的学习表现:一朵小红花、一颗小星星、一个小苹果、一只大喇叭、一个大拇指……用这种温柔的力量、宽容的心态、欣赏的眼光,发现每一个孩子都是潜在的"宝藏"。

老师们也有许多奖励的法宝:点赞、积分卡、抽奖券、免写券、一次拥抱、一次合照、一次共进午餐……这些意外的惊喜就像哈利波特的魔法，化解了学生学习上的困难、疲惫以及消极的情绪，让他们在进步的喜悦中，看到希望，增强信心，努力向上。

我们的评价方式也很多样：《成长档案袋》记录学生成长全过程：阶段性学业评价诊断学业水平、依托信息化的综合评价形成大数据……随时评、随处评、多位评、多维评，孩子在成长中的每一个精彩瞬间都被记录下来。

每学期期末，学校的"综合素质评价平台"都会给每位孩子生成一张成长雷达图，并配有各学科教师相应的评语。到小学毕业时，这份综合评价单就会形成一本"特别"的成长册，清晰地记录下孩子们在小学五年里的成长历程。（见图3-5）

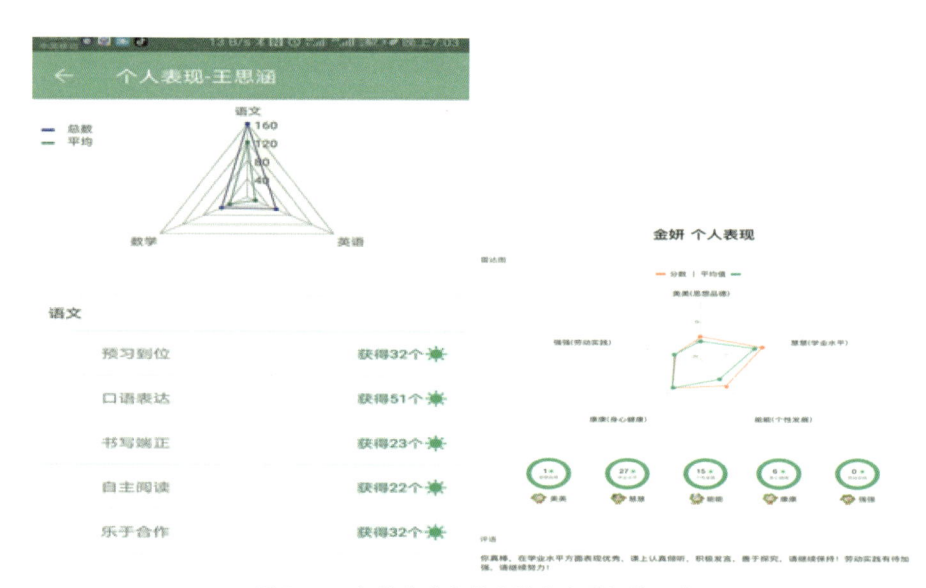

图3-5 奉教院附小学生综合素质评价平台

我们力求在评价方面体现公平，关注全体、关注个体、关注过程。评价内容的多维、主题的多元、方式的多样都是为了激发学生的内驱力、增强调试性，帮助学生学会接纳自己的有限和不完美，也敢于拥抱自己的无限可能，一步步实现自己的人生梦想。这些看似微不足道的举动都让课堂充满了温暖。

（二）以"鼓舞的力量"实现每一个梦想

正如"世界上没有绝对相同的两片树叶"，每一个孩子也都是唯一的，不能用一个标准去衡量他们的发展。如何适应差异，促进每一个孩子的发展？让学生按需学习,让能力薄弱的孩子得到鼓励,让学有余力的孩子获得自由发展的时间和空间,让每一颗梦想的种子都能生根发芽。

课程是孩子们学习的跑道,我们立足学生兴趣和需求,从已有的"绿太阳"课程架构出发,挖掘校内外一切资源,尝试开设跨学科主题实践课程,跨学科之界、跨时间之界、跨教室之界、跨认知之界,提升学生发现问题、解决问题和信息搜索等综合能力,给予学生别样的学习体验,以"鼓舞的力量"实现每一个梦想。

在"统整思想"下架构课程框架。在遵循国家课程标准的基础上,着眼学生个性发展、成长需求,为不同年段、不同班级的学生提供内容丰富、形式多样的主题实践活动包。主题实践课程分为三个板块:必选模块、自选模块、自创模块。必选模块包括 5 个主题:开心农场、魔幻厨房、基地远足、传统节日、我上班啦,自选模块含 3 个主题:奇趣影音、最爱 COSPLAY、多彩世界。自创模块为机动,由年级和班级自创设计。

每个主题可以在一周内完成,也可能持续数月,甚至整个学期。主题的内容扣紧各科的教材内容,涵盖数学知识、自然探究、美术音乐、品德教育等,让学生能将各学科的知识透过主题的活动加以统整。

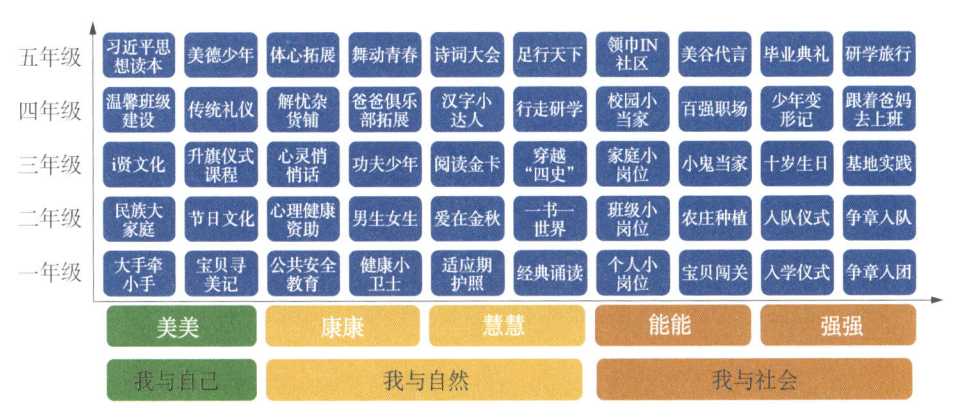

图 3-6 奉教院附小综合主题实践课程

在"百分百参与"中推进项目实施。主题实践课程在"三个百分百"中开展:挖掘百分百家长资源、整合百分百教师资源、学生百分百参与活动实践。校长室、德育处、教导处及外聘专家组成项目领导小组领衔研究,确定项目主题和顶层设计。

课程的统整涉及各种不同年级课程或领域,不是个别教师可以单独完成的,而是结合校内不同专长教师,打破学科界限、班级界限,进行协同教学。全校教师参与，采取"班群"方式，教师协同合作负责所有的班务、课程与教学，学校不再安排科任教师。各模块成立了项目负责组，根据不同主题设计探究活动、记录单等，并由所有学科老师共同合作推进。

每年的"读书节""体育节""自然节""艺术节"等六大校本节庆活动，都由多学科融合，进行跨学科主题实践活动，为期一个月，人人参与，生机勃勃，特别有意义。

在"弹性调整"中落实实践体验。我们保证足够的时间让学生实践体验，在活动中培育学生综合素养。上课时间不拘泥于每周固定的时间与节数，视课程活动的需要进行弹性调整，使学习活动从开始到结束具有完整性。如我们在每周五下午15:30—16:30作为每周主题探究课，各学科老师由年级组统筹安排进行活动；每天下午三点半以后的课后服务时间也可以开展活动。

穿越"四史"，畅想未来。学校积极探索疫情下的课程实施新模式，采用教师走班、跨校授课的形式，开展结合"四史"的跨学科主题实践课程。以年级组为单位，设计了序列课程，如一年级"劳动精神代代传，争做附小'巴结头'"、三年级"改革开放换新颜，家乡发展霞起快"等，经过整整一个学期的主题实践学习，从阅读"四史"到每周研学，从课题研究到戏剧展演，最终形成"一班一史剧，一班一展台，一班一场馆"的成果展示。

四年级确定了"穿越四史寻初心，长征精神'勿可忘'"的主题，队员们读长征的书，画长征的路线图，演长征的故事。瞧，四(5)班的小朋友深情演绎了自己编写的故事—《我们都是儿童团》(见图3-7)。故事讲述了四位2020年的儿童团

图3-7 奉教院附小"四史"主题实践课程《我们都是儿童团》剧照

员无意中穿越时空,回到了战争时期,遇见了四位当时的儿童团员,一起经历了腥风血雨,被小英雄们勇于牺牲的精神所感动。这场时空之旅,让队员们坚定了理想,下定决心努力奋进,将先辈们的精神和使命继续传唱。

老师们还设计了"重走长征路"的跨学科活动:数学老师讲解长征线路图,计算路程;体育老师设计长征障碍赛,小战士们一个劲儿地冲啊!历时一个学期的主题实践课程,让每个孩子都能在丰富的学习体验中心潮澎湃,意气风发。不仅了解了这一段党史,也激励他们继承和发扬伟大的长征精神,动手动脑,团结协作,探究创造。

我们的跨学科主题实践课程,跨学科之界、跨时间之界、跨教室之界、跨认知之界,提升学生发现问题、解决问题和信息搜索等综合能力,构建学科融合的多元课程体系,鼓励每一位学生多元发展,让他们的梦想都能从这里启航。

(三) 以"包容的心"培育每一朵花儿

宽容是一种美德,"有容乃大",教育的宽容则是一种智慧。我们包容特殊学生,他们总是处于弱势,他们很自卑,但他们同样渴望被肯定,被表扬,被关爱;我们包容孩子有行动和判断的自由,接纳孩子的犯错,引导他们在犯错中成长;我们包容孩子的多样性、差异性、独特性,接受每一朵花都有花期,精心培育,等待每一朵花开。

"这个问题请你来回答一下,好吗?"老师用和蔼的语气,请坐在最后面一排的那个矮个子男孩儿起来回答问题。这是老师第一次在这个班级上课。男孩子慢吞吞地起身,眼神闪烁,嘴唇紧闭,显然他无法回答老师的提问。班里的其他孩子在等待中纷纷转身,他们很了解,他是班级里学习最困难,学习习惯最不好的同学。老师似乎明白了什么,连忙说:"同桌,你能帮助他回答吗?"同桌一下子站起来,流利地回答了问题。老师点点头,又把目光转向他,轻轻地问:"这位同学,你会说了吗?"谁知,他依然沉默,脸涨得通红。或许他已经在等待老师的责骂了。然而这一次,他没有被批评,没有被冷眼相待。老师又转向那位同桌:"小同学,你愿意带着他一起说吗?"同桌毫不犹豫地点了点头,老师对他说:"那你愿意和你的同桌一起说吗?"他仿佛没有拒绝的理由,也乖乖地点了点头。于是,两个孩子在老师鼓励的目光下,一起回答了问题。老师竖起大拇指,对全班同学说:"他们都很棒,一个战胜了自己,另一个帮助了别人,把掌声送给他们。"瞬间,掌声雷动。

每一个孩子都是一朵花儿,只是颜色不同,特性不同,大小不同,尤其对于那些特殊学生,他们也是普通孩子,他们和其他孩子一样,也是学校大家庭中的一员,拥有学习的权力和渴望。同时,我们要理解他们的不同,寻找适合他们的特别的教育方式,让每个孩子都在相互尊重、互相包容的环境中成长,让每颗心灵都种下"真善美"的种子,被温柔以待。

在一年级新生里,老师很快就发现多多和其他小朋友不一样,原来她是个"阳光"宝宝。她有一双水灵灵的大眼睛,却无法表达清楚自己的想法,不会拿笔写字,不能跟着大家朗读课文,也没有规则意识,常常一个人跑来跑去。面对总是哭闹的多多,该怎么办才好呢?班主任杨老师想到了运用学校的"破冰游戏",让她快速消除紧张感,融入班级体。课前两分钟,杨老师让点到名的小朋友起立介绍自己。老师叫了"伊伊",伊伊站起来说:"我叫伊伊,我喜欢唱歌。"然后全班小朋友都挥手跟她打招呼"你好,伊伊!"一声声问好,轻松了课堂氛围。多多看着同学们玩游戏,也乐呵呵地笑了,渐渐地,她也会跟着一起打招呼了。"多多!"老师喊了多多的名字,多多站起来,轻声地介绍自己:"我……我……我叫……多多,我喜……喜欢画……画。"话音刚落,老师和同学们都一起挥手,大声说:"你好,多多!"听到同学们的回应,多多又笑了,笑得特别灿烂。

多多已经进班三个多月,现在的她已经会跟着同学们一起读儿歌,一起背古诗;会跟着同学们一起做计算,一起写笔画。"彩色的太阳是多彩的春天……"虽然她的口齿依然不清晰。但是老师总是会带着全班同学为她鼓掌,多多得到了肯定,变得更自信了,更快乐了,也慢慢成为了更好的自己。

多多只是无数特殊孩子中的一个缩影,当我们倾注爱心和耐心在孩子们身上,因材施教,就能发现每一个孩子,尤其是"特殊学生",他们身上潜在着"宝藏"。而我们要做的,就是让他们在进步的喜悦中,看到希望,看到光明,看到信心,获得努力向上的力量。

三、活力:关注过程

"为了每一个学生的发展"是新课改的最高宗旨和核心理念。"以人为本""以学生发展为本"要求学校教育要尊重每一个学生,相信每一个学生,努力从多方面、多视角、多种方式去发现人、培养人,挖掘每个学生的价值,发挥每个学生的潜能,发展每个学生的个性,让每个学生在成长中发展、生成、创新和发扬,彰显人性的完美和实现人生的真正价值。

"点燃教育"就是关注每一个生命的成长与发展,让每个孩子成为充满温暖、自行闪光、照亮他人的绿色太阳。我们努力培养学生的学科综合素养,实现德智体美劳的全面发展和身心健康成长,让他们的内心丰富而有追求,让他们始终充满活力、充满希望地茁壮成长。

(一) 在快乐学习中求知

还有比快乐更美好的学习吗?孔子曰:"知之者不如好知者,好知者莫如乐知者。"爱因斯坦也说:"兴趣是最好的老师。"当学生对课堂教学产生兴趣,有了快乐的感受时,学习才有了主动性。正是因为这样,我们非常重视学生学习兴趣的培养、引发和利用。

我们为学生创设熟悉的或有趣的情境,在玩中学;让他们动手实践,自主探究,在做中学;以竞赛的方式,树立他们的信心,培养他们的竞争意识,在赛中学。

玩中学——从此爱上学习。"玩"是孩子的天性,哪个孩子不爱玩?如果一进入课堂,孩子们就失去了玩的权利,他们自然而然就会厌学。"玩"对他们来说太重要了,如果丧失了玩的天性,那么就会影响他们的身心健康。为什么我们不能在课堂上玩?为什么我们不能一边学一边玩?如何引导孩子"玩"好呢?喜欢游戏是孩子们的天性,我们就顺应孩子的天性,利用游戏独有的优势,创设有趣的、符合儿童生活的情境,让学习成为孩子认知世界的探知活动,调动积极主动的学习兴趣。

我们尝试过许多像这样的方法:通过信息技术展现情景,通过表演创设情节,通过实物勾连生活体验等,学生在教师模拟的"玩一玩"的情境中,不断点燃着对知识的内在兴趣。当"游戏"与"教学"碰撞,当"情境"与"课堂"巧妙结合,教室充盈着轻松愉快的氛围,学生的注意力高度集中,振奋的精神有助于他们积极转动脑筋。此刻,他们的观察、记忆、思维和想象等能力都能得到很好的锻炼。寓教于乐,妙趣横生。

音乐课上,老师有一个"百宝箱"。"百宝箱"里有什么呢?哇,原来是各种小道具。老师告诉孩子们:这些小道具能发出不一样的声音。孩子们都想知道它们到底会发出怎样的声音呢?老师没有告诉他们答案,而是让他们自己动手玩一玩。孩子们开始敲、摇、吹……用他们能想到的方式,探索着音响的特点。多么有趣的声音啊,孩子们说:"刷刷"声是刷牙时发出的声音;这"哒哒哒"的响声像鞋子踩在地板上的声音;"呼呼"是风吹声……他们还自己尝试用这些声音创编音响小故事。动静结合的教学模式,让一年级的孩子对音乐课充满了浓厚的兴趣和愿望,生动有趣的教学情境启发了学生的思维,培养了学生感知音乐的能力,整堂课都能身心放松且愉快地参与到学习中。

其实,只要稍微改变一下形式,就能让学习变成一件有趣的事。站在孩子的角度,不难发现,他们都怀有新鲜感,带有好奇心,教师积极创设接近生活的直观情境,让学生模仿、体验、感知,以"情"感染学生,以"境"培养学生,就能达到事半功倍的效果。

做中学——知识活学活用。我国著名教育家陶行知先生主张"教学做合一",要在做中学,边做边学。根据孩子的年龄特点,尤其是男孩子,他们怎么会喜欢规规矩矩地坐在椅子上听老师讲35分钟的课呢?他们更喜欢动手操作,亲自实践,来获得对未知事物的探索。

我们不断发现可以在课堂上"做"的事,比如:自然课上制作实验工具,数学课上测量生活物品的长度(见图3-8),语文课上表演课本剧,音乐课上尝试制造不同的声音等等。我们拓宽课堂教学的新途径,引导学生在项目化学习中感受和理解学科知识,丰富学习情感,形成积极主动、合作探究的学习方式。同时,STEM课程整合劳技、信息、自然等学科资源,由学科教学的内容延伸出综合实践活动的主题和内容,开设元智科学、鱼菜共生馆、数字影音室、智能植物园、开心农场等课程,提高学生多元、综合的学习能力。

图3-8 奉教院附小数学课上体验测量物品的长度

谁说真实生活中的情境不能搬入课堂？在上 5B M4U1 Making tea 这节课时，张老师就拿着茶叶走进了教室。为了让学生更好地理解这一课的内容，她在课堂上当场演示了泡茶的过程。学生们都特别感兴趣，连一些平时容易走神的孩子都牢牢盯着老师看，并且踊跃举手，要上讲台试一试，课堂氛围异常活跃。下课后，张老师没有像往常那样布置背诵课文的作业。她知道，孩子们最怕背课文，又枯燥又耗时，可是作为重点内容，又该怎样巩固呢？于是，她想到了把这一课堂情境延伸到课后，她让学生回家后给家人泡茶，并且用课文的结构介绍自己泡茶的准备工作和泡茶的步骤。孩子们一听，这作业也太有趣了吧！一下子围了上来，叽叽喳喳地问："老师，花茶可以吗？""老师，奶茶可以吗？有一个经常作业拖拉的孩子冲过来喊："老师，我家没有茶叶，你给我点吧"……

学习实践让学生想学、乐学、能学、会学，或许真正受益终身的能力不是来自书本，不是来自课堂，而是来自自己亲手做过的、实践过的。教学中，老师们总是尽可能地提供或引入学生能理解，能相信，能掌握的各类实践途径，在"做中学"中提升认知，感悟担当，学会创新，磨炼意志。

赛中学——胜败都是财富。 激动的心，高举的手，两眼一视，便知答案有没有。这热火朝天的景象可不是什么节目表演，而是五年级党史知识竞赛的现场。为了激励学生学习党史知识，五年级自发组织了这场别开生面的比赛。经过"扬帆起航""激流勇进"以及"勇立潮头"三轮比拼，学生们争分夺秒，妙语连珠，对答如流。在竞赛中了解百年峥嵘党史，感受到无数的共产党员们为了中国革命，前仆后继，舍身忘死的精神。竞赛活动总能调动人的积极性和参与性。把人的听觉、视觉等多感官全部调动起来，也能给课堂注入生机和活力。

小学生年龄小，学习压力大，比较容易疲劳，容易对学习失去兴趣，注意力也不能集中。尤其是低年级的学生，他们活泼好动，对自己的行为约束力差，注意力更容易分散。为了使学生始终保持饱满的情绪，又根据他们好奇、爱动、争强、好胜的心理特点，开展一些有趣的竞赛活动，就能激发他们的学习兴趣，帮助他们集中注意力，提高学习的效率。

竞赛的方式有很多种：小组之间、个人之间、男女生之间的竞赛，都是课堂上可操作的竞赛方式。瞧，数学课上，老师设计了"小火车"的竞赛活动，每个小组为一列"小火车"，每列"小火车"都会发放一组口算卡片，小组成员每人做一题，然后传给下一位同学，比赛哪组的速度快，正确率高。孩子们在紧张、激动的氛围中，提高了口算速度，掌握了新的知识。

音乐声响起，体育老师敲起了振奋人心的锣鼓，学生们开始进行武术操练习。只听，老师神采飞扬地说："你们想不想成为骁勇善战的岳家军？快来一起赶赴兵营！"于是，学生们一个个成了将士，开始了比武。老师又说道："刚才第一组的动作特别标准有力到位，本将奖励他们一枚精兵奖章，第二组的动作特别有精气神，也奖励他们一枚精兵奖章，其他小组继续加油。"只见，老师在手中的ipad上进行了快速的操作，一枚枚精致的"精兵奖章"闪现在大屏幕上，令学生欣喜若狂。紧接着，老师让学生以小组为单位，在ipad中选择一组边框颜色一样的组合动作和任意一个新动作，向上拖拽，使其变成一个新的动作组合。学生们为了得到"奖章"，快速行动，每个组几乎都高效地完成了动作的搭配组合。一时间，仿佛千军万马聚焦至关口，谁都不敢拖后腿。

赛中学，比中会，提高了学习效率，培养了团队精神，让课堂"超给力"。课堂就如"战场"，而一个好的"战场"是师生肩并肩地向知识挑战，向未来挑战，向自我挑战。

好玩的游戏，谁都喜欢；动手的操作，谁都想试；激烈的竞赛，谁都不想错过。孩子们在有趣的课堂中，不仅能学到知识，而且能用自己的方式张扬个性，表现自我，激发潜能，实现着一个又一个求知梦。

（二）在项目探究中成长

展望未来，如何让学生具备运用知识创造性解决真实问题的能力和素养，以迎接接踵而来的挑战？为了让学生从传统的简单、机械的学习方式走向在丰富实践中理解知识、应用知识，真正体会学习的意义和价值，我们深入推进项目化学习。作为上海市课程领导力项目化实验校，在跨学科项目的基础上，我们又全面开启"学科项目"和"活动项目"的探索。

各学科以解决学科学习中出现的真实问题为研究项目，学会像专家一样思考和实践。英语课上学生们围绕"如果外国友人来访，如何设计参观线路，并如何介绍学校？"开展研究；体育课上针对"特殊天气如何进行室内运动？"自己设计各种室内游戏，并动手做玩具；自然课上围绕"农庄里的蔬菜上经常能看到很多虫子，但是打农药对身体有害，怎样既能除虫又不对采摘人产生不好的影响呢？"他们用许多方法去实践：用烟灰灭虫、用大蒜驱虫、用烟熏等一系列办法，还发现不同的虫子要用不同的方法。

数学组以教材核心知识为基础，结合校园生活中的问题，组织各年级学生在数学课堂上进行项目化学习，通过实践来培养学生的几何直观、推理能力、应用意识、创新能力等核心素养。看，一年级的驱动性问题是："近期绿太阳超市的销量有所下降,作为经理,你如何举办一次购物节活动,吸引更多的顾客呢?"孩子们摇身一变,成了学校小超市的经理人,"超市的商品应该降价""我觉得我们可以爱心义卖,丰富商品的种类"……为了解决问题,一个个新奇的想法产生了,孩子们头脑风暴,策划购物节活动。为了吸引顾客,提高超市人气,他们设计制作活动宣传海报,真是能干极了!

其他年级组的项目化活动也开展得有声有色。二年级做小小统计师,设计阳光健身的统计调查表;三年级拿起画笔,绘制校园数学文化墙;四年级设计数学节的节徽;五年级变成小小节能师,考虑如何帮助家里节省用水用电的开支。

一个个学科项目百花齐放,孩子们设计方案、制定流程、实地测量、市场调研、绘制图纸、展示交流……小小年纪的他们在解决问题上体现出了惊人的创造力,基于学科大胆发现问题,运用知识勇敢解决问题,学习得以真正发生。

同时,年级组也以活动项目引导学生在日常生活中提出真实问题,探索新的学习方式,促进和挖掘更深度的学习。(见表3-3)

表3-3 奉教院附小各年级项目化学习驱动性问题列表

类型	年级	主题	驱动性问题
活动项目	一	学习准备期	你认识美丽的校园吗?
	二	四季农庄我做主	我们为什么要吃蔬菜呢?
	三	建筑可阅读	作为奉贤学子,你可以怎么宣传家乡呢?
	四	美好生活——我行!我可以!	如何改造学校场所,使其更便捷更美丽?
	五	劳有所乐	怎样才能让劳动更智能,更有趣?

这些问题都不是老师单纯地布置,而是学生在真实的情境中所遇到的真实问题,用真实的问题调动学生参与的积极性,学习并运用知识解决现实中的问题。

"哎呀,这个垃圾桶老是要用手去打开,也太麻烦了吧!"

"对呀,一点也不方便,再说也不卫生!"

"哎,有没有什么好办法设计一款'智能垃圾桶'吗?"

说干就干,于是,他们开始搜集制作材料、制作垃圾桶模型、搭建智能电路、测试与优化产品、最后进行垃圾桶的美化,就这样,一个会自动感应的漂亮垃圾桶诞生了。

瞧,这就是真实的项目化研究,孩子们自己在劳动中发现了问题,就自己想办法进行了解决。一个项目的成功推进了另一个项目的开展,一个梦想的实施促发了另一个梦想的萌发。孩子们的思维一一被打开,一个个奇思妙想得以实现。

(三) 在多元评价中改进

在对学生进行评价时,我们打破教师是唯一评价者的传统模式,将教师、学生、家长共同视为评价的主体,使评价结果更为客观。教师是课堂教学质量的督查,负责每堂课的教学质量评价;学生的任务是通过网络平台、调查问卷等方式评价课程与教师;家长的任务是在定期开放观摩活动中完成评价问卷。在教师评价的基础上,将学生自评、学生互评、家长评价等有机结合,促使学生主体地位得到凸显,又可避免单方面评价的片面性。

在《平行四边形的面积》一课中,老师就出示了这样的评价单(见表3-4)。教学中,融合个人评价与小组评价,自我评价与同伴评价,学生评价与教师评价,建立了开放、宽松的评价氛围,更关注学生的过程性评价,以评促学,激励不同层次的学生共同发展。

表3-4 奉教院附小数学课堂评价单

	评价内容	评价方式	
交流习惯	1. 我能积极参与小组讨论,发言积极。	( )	自评
	2. 我能主动发表意见,提出质疑。	( )	
	3. 我能认真倾听小组成员意见,并主动反思。	( )	
	4. 我会用所学的数学语言进行表达和描述合作成果。	( )	
合作习惯	1. 能参加小组活动。	( )	小组评
	2. 能理解小组成员的意思。	( )	
	3. 能倾听他人的想法。	( )	
	4. 能大胆提出自己的想法。	( )	

通过多主体的评价,让评价更客观、更全面、更有效,学校也可以对整个课程进行全面而动态的诊断,促进课程的优化,促进学生的全面发展。

"真的教育是心心相映的活动,唯独从心里发出来的,才能抵达心的深处。"教育是爱的事业,爱需要点燃。"点燃"一直是附小的成长密码,慧学、温暖、活力成为了"点燃课堂"的三大特质。多彩的学习方式是培养兴趣、启迪思维的"润滑剂";多姿的课程平台是发展个性、发掘潜能的"催化剂";多元的评价策略是全面发展、均衡发展的"稳定剂"。每一个清晨都是希望的开始,每一个孩子的眼睛都是发光的,每一个梦想都值得呵护,每一个生命都可以被点燃。

第二章 创造：在劳动历练中点燃技能与热爱

叮铃铃……铃声一响,"绿太阳小超市"的小当家们,一个个身着绿马甲,熟练地打开超市大门。他们各司其职,有的热情地给"顾客"介绍商品,有的麻利地点数着校币,还有的理货盘货……瞧,他们满脸洋溢着自豪,陶醉在其中,不亦乐乎!

如果你路过,问问他们:"上班累不累啊?"他们会笑着说:"不累,大家一起干活、数校币,让我们觉得好有成就感!"

别看他们今天这么轻松售卖、点币计算熟练,在他们背后的学习、训练可是费了好大劲儿。小超市刚开张,小顾客买的东西一多,"小当家"就会记不住或记错小商品的价格;有的在合计超市营业收入时,不能很快地心算出最后的收银金额等等。为了解决这个问题,负责小超市课程的老师将孩子们分组,引导他们对一周的收入额,进行分类、点数和计算,并按"绿太阳银行"的要求,每2000元校币用橡皮筋一扎,每2000元校币需要三个组点数复查。就这样,一次次的实践训练中,才有现在的熟练准确。

小当家们爱小超市,更爱学校,他们想着法子给学校节约成本。在学校的支持下,春天,他们售卖刚刚孵出的迷你蚕宝宝、兔宝宝;夏天,售卖农庄里母鸡们下的新鲜鸡蛋、鸭蛋;秋天,售卖百果园红彤彤的柿子、橘子;冬天,售卖亲子跨年新春演出票、美食……

这是我们"小当家超市"的一个劳动场景。在"小超市"劳动中,我们的孩子不仅学会收银、理货、记账、迎宾、设计和绘制海报等内容,更重要的是在集体学习、劳动过程中变得自信、快乐,不知不觉中收获了很多生活的本领,体验劳动的快乐。

劳动教育开启了孩子们美好的幸福人生,劳动教育让孩子们生命更有温度,劳动教育是给予孩子们最好的生活教育。自2007年创校到现在,学校一直在努力地探索劳动教育。从开创时期的"圈地开心菜园",点燃孩子们的劳动情愫到现在"指向五育融合的学生劳动课程体系"的构建,学校劳动教育凸显与其他四育的融合发展,成为知行合一的真正劳动实践的上海市课程领导力优秀项目。十五年的历程,让我们真切感受了劳动教育带给孩子们的成长、带给家长和老师们的变化。我们也相信,劳动教育不仅是立德树人的重要路径,更是对实现中华民族伟大复兴的中国梦的回应:建设祖国美好未来,需要从小立志向、修品行、练本领,德智体美劳全面发展。

一、使命:劳动价值的层层点燃

放学了,我想去校园"兜一圈"。刚来到三年级,就听到一个刺耳的声音:"你再不好好作业,回去罚你洗碗!"而后是孩子的哭泣声。我循声过去,发现一位爸爸正在"训斥"自己的孩子。随后,我和爸爸进行了交谈,也平息了孩子的情绪。

这是发生在学校刚开办时一次校园巡视的一个"插曲"。但事后,令我陷入了沉思:因孩子作业的问题,爸爸就把"洗碗"作为对作业不认真的惩罚。"洗碗"本该是一件最为普通的家务劳动,也本该是孩子力所能及的一项家务劳动,怎么成了一种"惩罚"手段呢?

随着城镇化进程的推进,农民进城了,他们改变了以往"面朝黄土背朝天"的农耕生活方式,刚刚过上幸福生活,却也滋长了一种不珍惜劳动成果、不想劳动、厌恶劳动、鄙视劳动的不良习惯,随之也忽视了对孩子的劳动意识培养、劳动技能训练。这样下去,孩子们怎么能够走得远、飞得高? 怎么能够成长为未来国家的栋梁呢?

学校教育就应该把"这副担子"挑起来,把"劳动教育"纳入学校培养目标,站在培养未来全面发展的人的高度,通过学校教育,让孩子们热爱劳动、崇尚劳动、学会劳动、善于劳动,真正成为一个将来能担当祖国建设重任的劳动者。

(一) 劳修于心,崇尚劳动光荣

自古以来,人们就把劳动光荣作为一种美德,也常用"勤劳""勤快""勤奋"等字眼用来赞扬那些热爱劳动、勤于劳动的人们。为了崇尚劳动光荣、劳动伟大,我们国家还设立了"五一劳动节",评选"劳动模范",树立先进典型以让大家追崇、学习。

要培养和造就一代又一代能担当起中华民族复兴的劳动者,必须从"娃娃抓起",把劳动教育纳入学校的必修课程,增强孩子的劳动意识,涵养劳动情怀,培养劳动技能,点燃他们的劳动激情,养成热爱劳动、崇尚劳动的良好习惯,并用正确的劳动观、用众多优秀劳动者模范故事去感染、影响他们,形成健康、正能量的劳动价值追求。

1. 劳模工匠进校园,崇尚劳动光荣

我们说,好的教育,首先是精神的引领,要让孩子感受到精神的力量。"劳模工匠"进校园,就是用真实的榜样、鲜活的故事、奋进的力量激励孩子,引起他们的共情,帮助孩子们涵养劳动精神,崇尚劳动光荣。

学校把劳模请进来,开设劳模讲坛,让孩子们和劳模零距离对话:嫦娥四号研发团队,上海申通地铁设计工程师等劳模英雄,传统木工匠人、当代鲁班顾德先等,走进学校、走上讲坛,他们为孩子们讲述劳动中的一个个感人的故事、一次次成功的精彩,手把手教孩子们学习木工技艺,传承非遗技能……让劳动精神在校园发芽、生长。

学校也充分利用"何哲慧劳模校长"资源,打造劳模工作室,寻访身边劳动模范。如,中医院抗疫先锋周冬花阿姨、全国人大代表杨王村孙跃明书记等,参观劳模工作场所,体验匠心精神,激发了孩子们内心深处的崇拜、敬仰之情!

学校把劳模故事、匠心精神作为劳动教育的活教材:听听劳模的故事、看看劳模的成就、悟悟劳模的匠心,在孩子们的心中潜移默化地播下了一个梦:一个劳动者光荣的梦。

2. 开心菜园进校园,体验劳动快乐

在一次大队部例会工作研讨的间隙,我们发现孩子们正兴趣盎然地在谈论自己的"种菜经"和"偷菜经",那种兴奋神态溢满笑容。原来当时流行一款网络游戏,只要动动鼠标就可以在自己的"菜园子"里播种、浇水、施肥、采摘……

其实,孩子们的内心是喜欢劳动的,他们天生对劳动产生好奇。只是我们大人在有意无意中把劳动与孩子们的生活隔绝。如果学校也真有那么一块地,种上孩子们喜欢的菜就好了。我把目光投向了学校前面三亩多的一块荒田,何不"借"来给孩子们用呢?我带着这个想法和社区沟通,没想到他们欣然同意,且得到大力支持。

于是,破墙、添土,"开心菜园"就这样搬进了校园。孩子们兴奋极了,青菜、蚕豆、胡萝卜、蒜苗……绿油油的一片,他们的梦想即将实现!

今天,学校宣布:小菜园的拍卖会开始了!校币最多的三名同学可以代表班级参加拍卖。

很快,好消息来了——我可以与小海和小宝一起去拍卖现场。翁老师把校币交给我,并给了一支笔和一张小纸条。我们仨来到了开心菜园,选中了18号地。

没想到三(4)班的同学和我们一样看上了18号这块"王牌地"。

竞拍开始!三(4)班率先举起了牌子,获得了800元的起飞价。"900!""1000!""1100!"……价钱越来越高,于是我偷偷对旁边举牌子的小海说:"3000!"小海就举起牌子大喊"3000!"谁知,这个三(4)班还真不甘示弱,竟然喊:"3100!"小海只得把牌子放下了,因为我们再也没有多余的钱了。我们也只好买16号地了。

各班学生为拍得那心仪的一分芳田,九月初就来到菜地调研,他们从光照、面积、土壤、地形等多方面考察,以便在拍卖会中拍得头筹。

"开心菜园"也就成了孩子们的乐园,他们亲近土地、回归自然,激发了劳动的兴趣,培养了多元能力,也促进了生命的成长。有一位家长这样说:"从没想到自己的孩子能参与这样的劳动体验。虽然晒黑了,但是他喜欢上了劳动,还懂得把自己种的菜带回来和爸爸妈妈分享,我很感动。"

3. 劳动节日进校园,分享劳动收获

孩子们最喜欢校园节日,艺术节、体育节、科技节……成了孩子们欢乐的世界,整个校园都欢腾起来。我们何不也设立一个"劳动节",让孩子们也在劳动节里绽放微光,收获快乐。

每年9月,就是孩子们的劳动节。今年的主题是:我是厨神挑战赛!根据不同年级的学生特点,学校设计了5份"挑战任务单":

一年级:用毛豆摆盘并数一数;二年级:去菜场买毛豆、黄瓜,剥豆、刨皮、摆盘;三年级:用毛豆、茄子或黄瓜做一道菜;四年级:采购水果,制作拼盘;五年级:制作一份中式点心,从原料到制作都要亲自完成。

一年一度劳动节,"爱劳动、能自理"劳动技能PK赛如期进行,我们制定五个"三"序列化劳动技能作业,各年级训练各有侧重:一年级比拼整理书包、洗碗筷、擦桌子;二年级比拼快速系鞋带、扫地拖地、洗毛巾……五年级叠衣服、理房间、洗衣晒被。每一个完成任务的孩子,都能得到家长、老师和小伙伴的点赞,还能够获得一本"劳动光荣证"。孩子们在玩中学、学中乐,体会劳动快乐、劳动光荣,体会劳动创造幸福生活。

(二)"育"践于行,培养劳动技能

劳动是人的本能,更是人类赖以生存的最基本的、必备的能力。九层之台,

起于累土。少年儿童正是人生的启蒙阶段,培养孩子劳动技能,养成劳动习惯尤为重要。

因此,在建校之初,学校就把"爱劳动"作为学生"八会"培养目标之一,在校内校外建立劳动实践岗位,将劳动教育融入角色体验之中,获得最基本的生长、生活和生存技能。

1. 班级岗位:一人一岗,人人会劳动

班级是一个"大家庭",大大小小的班级事务管理需要每个人的力量倾注和劳动付出。班级也是培养孩子们常态化劳动意识、劳动技能的重要场所,那就要人人有岗位,人人都是班级自我管理的劳动者,争做班级小当家,养成劳动好习惯。

每学期开始,五(3)中队的干部们可忙开啦!他们要干啥?原来为了设置"一人一岗"劳动岗位他们正在讨论呢。他们真是脑洞大开,设置了:卫生部、环保部、美化部、整理部、用餐部、物资部、防疫部、电教部8个部门,每个部下设相应的岗位。如,防疫部下设:口罩管理员、测温员、消毒员、一米管理员、洗手监督员5个岗位,每个岗位都有具体的工作要求。各个岗位都由同学们自主填写意愿表、竞选演说、技能比拼、民主投票,最终获得一个小岗位。岗位执行一个月,每个月进行轮流执行,并进行考察,考察不合格,继续锤炼。

期间,班主任随时指导各种岗位劳动技巧和方法,帮助孩子们更好地积累劳动和生活经验,形成劳动的本领。"人人有岗,挂牌上岗",让每个孩子都有了自己的岗位,在岗位劳动中实现着自我管理,也增强了孩子们的责任意识和集体主义意识。

2. 校内岗位:竞聘上岗,人人能服务

"最好的劳动教育就是让孩子去劳动"上海市市教委倪闽景这样说道,"培养孩子的劳动技能最好的方法是设置各种各样的真实岗位,让孩子们去承担……把在劳动技术课里学到的技能用到为同学为学校服务的实践当中去。"[1]

每学期开始,学校德育处、大队部会同其他部门一起设计校园劳动"岗位清单",分设"卫生保洁""管理服务""媒体宣传""农业养殖""餐饮服务""模拟社会""疫情防控""校园美化"等八大领域近300个岗位,遍布校园各个角落,让孩子们竞争上岗,服务大家,以责任践行劳动担当。(见图3-9)

在校园公共区域的每一张椅子、每一个垃圾桶都挂着铭牌,上面清清楚楚地

---

[1] 倪闽景.最好的劳动教育就是让孩子去劳动[OB/OL].中国创新教育网.(2021/10/4).

图 3-9 奉教院附小"小黄人"餐饮服务岗位

写着负责人的名字,孩子们非常自豪,因为那是自己努力竞聘来的,因此也格外地珍惜,保质保量完成任务。他们时时刻刻接受着全体同学、老师的监督,万一没有做好,就有另外的同学取代啦。

你瞧,每天中午绿太阳电视台的录制组可忙了,《心灵之约》《朗读者》,又是采访、又是录制、又是主持;每天放学后,动物管理员总要去牧场忙着喂食,更要清扫羊圈、兔子棚;强强速递站的小邮递员,抽空就忙着给各个班级送报纸;美美迎宾团的同学们只要学校一有来宾,他们就会热情地介绍学校的十大景点,学校的历史文化……

孩子们乐此不疲地在自己的服务岗位上劳动着,既学会了服务岗位的劳动技能,又在服务大家的过程中收获着劳动的乐趣。一位同学感慨道:校园的劳动服务岗位让我学到了很多很多的东西,也体验到了如何待人接物、为人处世的道理。

3. 家庭岗位:力所能及,人人乐参与

古人云:"一屋不扫,何以扫天下。"家是孩子们生活的地方,生活就是最好的劳动资源。因此,我们家校联合,构建了"小当家"岗位劳动课程。在家庭岗位中设置 30 多类课程(见图 3-10),根据学生的年段特点,布置了力所能及的劳动作业。

最美"小当家"评选活动开始啦!我们都乐开了怀。启动仪式在"云班会"上隆重召开,班主任指导我们如何规划岗位目标,邀请代表介绍岗位策划的方法,

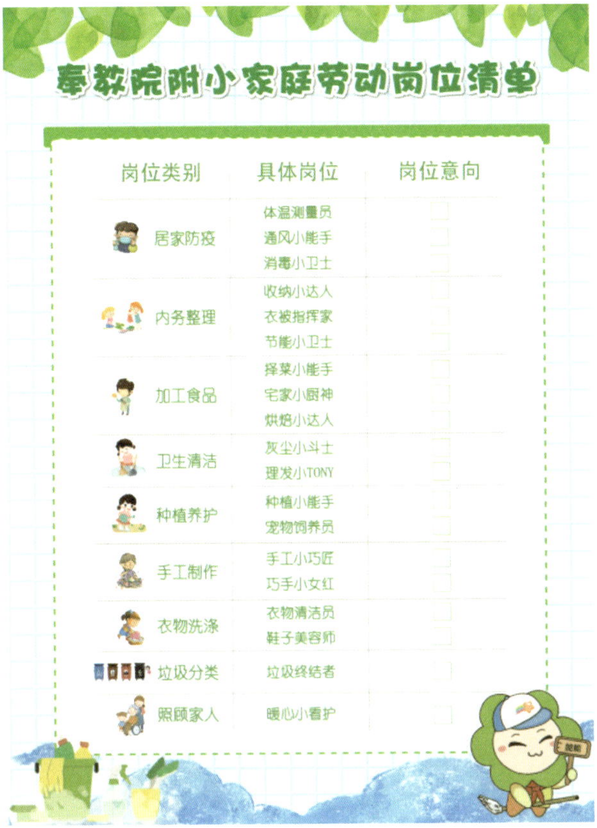

奉教院附小家庭劳动岗位清单

岗位类别	具体岗位	岗位意向
居家防疫	体温测量员	
	通风小能手	
	消毒小卫士	
内务整理	收纳小达人	
	衣被指挥家	
	节能小卫士	
加工食品	择菜小能手	
	宅家小厨神	
	烘焙小达人	
卫生清洁	灰尘小斗士	
	理发小TONY	
种植养护	种植小能手	
	宠物饲养员	
手工制作	手工小巧匠	
	巧手小女红	
衣物洗涤	衣物清洁员	
	鞋子美容师	
垃圾分类	垃圾终结者	
照顾家人	暖心小看护	

图 3-10　奉教院附小家庭劳动岗位图谱

仪式感满满，大家干劲十足！我认领的是“节能小卫士”岗位，因为我发现家人们浪费严重。在“云”学习单指引下，我记录好自己岗位的名称、技能、需要的工具，制定打卡周期。我用淘米水洗菜、浇花；沾了油的锅子和盘子我先用纸擦干净再去清洗，减少水污染；洗脸、洗手用小脸盆接住，可以冲马桶；我还将长时间不使用的电器插头及时拔掉，在家里的开关处，绘制了“随手关灯”的提示；用废卡纸给奶奶和妹妹折一个简易置物架。我把这些都用拍照片、录视频的方法做了记录。收获满满的劳动成果后，我们又在“云端交流”，大家一起分享劳动中的小智慧、感悟劳动中的小美好，收获劳动中的小成就。我也就捧回了最美“小当家”荣誉杯。

家务劳动，学生的小手变得灵巧起来，动手能力变得越来越强；孩子们变得更聪明了，收获许许多多的劳动创意和快乐；孩子们的主人翁意识也不断增强，为家着想、为家奉献。

（三）情尚于美，厚植劳动素养

我们说，劳动教育不是一种独立的教育形式，劳动教育里面同样包含着：树德、增智、强体、育美的综合育人价值。

培养学生的劳动意识，不仅让孩子们学会一项简单的岗位技能、生活动技能，还应该将劳动价值、劳动理念融入于日常的生活之中、渗透到学校教育教学活动之中、拓展到社会实践之中，让劳动创造美好的生活。

1. "动手+动脑"校园主题活动，让生命更有活力

学校把劳动教育渗透于教育教学领域之中、各个教学环节之中，让学生在手脑并用、知行合一的过程中激活思维、健体育美、创造成果，收获幸福！

一起过农历，体验农耕乐。 新的学期又开始了，附小的"节气课程"——春、夏、秋、冬四个篇章也徐徐展开：春摘春菜、种小麦，夏收枇杷、煮绿豆汤，秋割稻子、摘南瓜，冬买农庄蔬菜。劳动教育课开到食堂里、校园里、教室里、课堂上，在校园里的劳动场景处处可见：泡茶、做塌饼、摘果、熬汤；一盘月饼、一碟重阳糕、一份春卷、一碗腊八粥，孩子们体验这劳动乐趣，感悟劳动创造美好生活的真情实感。

一起来运动，致敬劳动者。 今年的运动会好新奇——《劳动最光荣》。"运动"怎么和"劳动"交集在一起？先来看看再说吧：（见图 3-11）

图 3-11 奉教院附小《劳动最光荣》运动会开幕式

一群身穿迷彩服的特种兵上场啦！擒拿、格斗，一点儿都不含糊啊！"腾空、翻转"，不必说男同学有多酷，连女同学也是英姿飒爽！

一群白衣天使上场了，他们脖子上挂着听诊器，背着急救箱，在表演"逆行天使"的小品，大家聚精会神看着，不禁潸然泪下；

一支航天员队伍，托举着"天宫一号"宇宙飞船模型，英姿勃发向主席台迈过来了，"立正！敬礼！"全场好像有谁在指挥一下，"刷"地都站起来了……

一个班级一种职业，展示不同职业特点，展现共同的劳动情怀。孩子们用这样的方式向各行各业的劳动者们表达最诚挚的敬意。

学校以校园主题活动为载体，把劳动教育融于校内与校外、跨学科活动、科技节活动，孩子们不仅习得劳动技能，更是体验到劳动的乐趣，收获劳动的创意成果，从而产生了积极的劳动情怀，尊重劳动者，珍惜劳动成果，厚植劳动素养。

2. "校内+校外"职业启蒙教育，让自己遇见未来

孩子们非常好奇爸爸妈妈的工作。"爸爸，你是干什么工作呢？妈妈做什么的呢？"在孩子的大脑里有无数的问号想要去探个究竟？长大一些，各种各样的职业令他们新奇。学校"校内+校外"职业启蒙教育也就拉开了序幕。

学校以"跟爸妈认职业""跟爸妈上班去""跟辅导员走基地"三个模块专题，明确学工、学农、学军、学商等连接社会的劳动教育实施方式，确定40个分主题，构建"蟹状"课程体系。我们还充分挖掘家长职业资源，校内每月一次"爸妈职业课堂"微课和职业岗位模拟，校外每双周一期"跟着爸妈去上班"，每学期一天基地实践任务，让孩子在"360"行不同家长岗位中学习与实践，感悟劳动光荣、劳动创造财富的价值意义，尊崇劳动者，珍惜劳动成果，培植劳动志趣遇见未来的自己。（见图3-12）

今天下午，张老师带我们去小元国进行基地体验。一进大厅，我就被各种生猛海鲜深深吸引。我们先参观了小元国的厨房，大厨们的本领让我大开眼界，三下五除二，不一会儿，一盘盘香气扑面的美食就来到了我们的面前。光看还不够，还要"亲手体验"！于是，在服务员阿姨的帮助下，我们学习了酒店餐巾的折叠方法，一条条简单的餐巾变成了一个个美丽的造型，给整个席面和碗碟增添了不少色彩。

回到家，我也走进厨房，学着服务员的样子为家人做了几件力所能及的事情，爸爸妈妈夸我长大了，爷爷奶奶也夸我懂事了。

教育，就是梦想的制造者；教育的核心目的是让学生学会生存。"小元国"之旅，让孩子们学会用餐礼仪学会服务他人、自我管理。"走进瑞派""营房探秘"

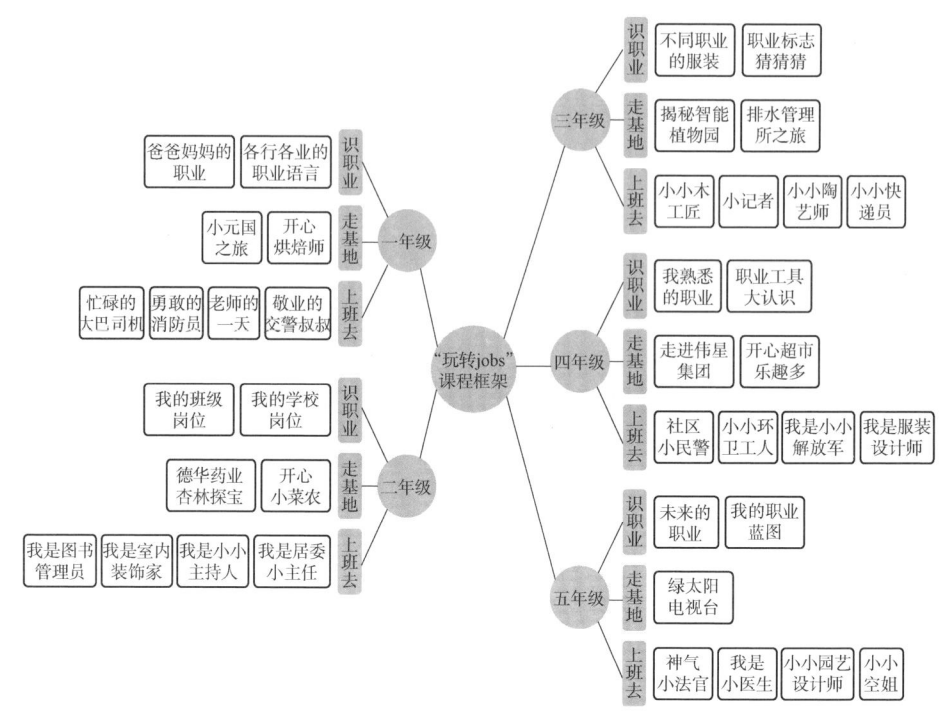

图 3-12 奉教院附小《玩转 Jobs—职业启蒙》校本课程内容框架

"炮兵营训练""神力科技"……孩子们走进不同的职业岗位,在一次次职业启蒙生涯中,了解了更多奇妙新型的职业,厚实了成长的经历,让自己遇见未来。

3. "传承+创新"研学项目行走,让劳动精神代代传

读万卷书,行万里路。告知我们学习不仅在于读书,还要在于行走。行路多者见识多。开展劳动教育也不能局限于校内、家庭及社区资源基地,而要拓宽思路,让孩子们带着项目、带着主题开展研学行走,让孩子们感受行走的力量。

由此,学校启动了"传承+创新"项目研学实践,注重优秀传统职业劳动和现代劳动产业的融合体验,让劳动精神代代传。

"行走研学 寻访工匠"是 2019 年项目研学实践主题,我们引导学生以劳模、科学家、航天人员、奥运冠军等各行各业的模范人物作为心中的偶像,在各类行走的研学实践中开展劳动教育,每个年级都有一个主题,分别是:"非遗之星""工匠之星""长征之星""医学之星""科学之星"。期间,孩子们自己动手将每间教室都装扮成体现主题研学的微型劳动场馆,合作寻找素材,展开头脑风暴,开展相关的劳动实践。有资源再利用的"超级变变变"、有自制运动器材的"冬奥梦想",有体现餐桌米事的"禾下乘凉梦",也有冠军姐姐进校园的偶像联欢……

学校以校园"六大"校本节庆为教育契机,以培养劳动意识、涵养劳动情怀、训练劳动技能、提升综合素养为目的,每学期设计不同劳动研学主题,引导学生在家乡的"大课堂中"行走成长。(见图3-13)

图3-13 奉教院附小项目"行走研学"课程内容安排

每学年,学校都要契合时事热点,设计不同主题的项目研学:如2020学年以"乘风破浪绿太阳,穿越四史新成长"主题为例,通过搓草绳、吃苦菜,说不完的艰难困苦,道不尽的危难险阻,激励孩子在新时代以史为鉴,不忘初心、牢记使命。数不尽的劳动教育内容和活动,不断延展学生成长的平台,拓宽学生成长的路径。

二、建构:资源系统的开发整合

劳动教育的有效开展需要一定的支持系统,劳动资源、劳动场所等是支持孩子们开展劳动教育的重要资源系统。学校从儿童出发,立足培养德智体美劳全面发展的学生,在劳动教育的目标和内容、资源和场所、评价和激励上,进行整体构建,突破传统的劳动教育局限,让学生回归生活、让实践真实发生、让劳动走向多元。

(一)劳动课程群,满足孩子们发展需求

劳动教育课程群横向以"个人自理""家庭劳动""班级岗位""学校岗位""社区服务"五个分年级内容板块,重在培养劳动情感、技能学习、担当责任、服务社会的劳动意识和劳动技能;纵向有"技能学习""岗位体验""创意劳动""研学实践"四大课程模块,重在岗位角色体验,培养劳动观念。

以"技能学习"为例,分设有"卫生清洁""收纳整理""食品加工""能工巧匠""种植养护""媒体宣传""管理服务""科技创造""城市治理"9大门类,主要在课后服务时段开展,教师既有外聘教师也有专用教师。每个年级有不同的技能学习内容,如"能工巧匠"课程中,一年级穿针引线,二年级钉纽扣,三年级缝制香包,四年级织围巾,五年级给布偶娃娃设计时装。每种技能覆盖的年级也是不同的,如城市治理有高年级参与的社区劳动等。

9月,激动人心的消息传来:第一批社区岗位向我们的孩子全面发出邀请!三年级的孩子可以化身为"文明创建小喇叭",清洁自己的社区家园;四年级的孩子可以成为"美谷奉贤小代言",拍摄录制视频,为家乡奉贤做代言,还可以成为"小小质量官",检测化妆品质量;五年级的孩子则可以化身为"出谋划策小议员",就社区各类问题开展讨论,探讨解决办法,作出行动方案⋯⋯在孩子们眼中,走出校园、走向社区,体验与众不同的社会劳动,是那样的酷劲十足、充满考验、意义非凡!

过程中,孩子们首先要接受学校与社区的考验,PK劳动技能,接受培训后才能上岗!学校的陈果小朋友第一个竞聘成功,他竞聘的岗位是"小小质量官"。小果同学走进了"东方美谷"化妆品企业——科丝美诗,来到生产线,学习生产工艺,检测产品质量。最让他高兴的是,在辅导员的指导下,他俨然成了一名像模像样的质量官,熟练地利用电子设备检测化妆品中微生物的含量是否达标。"干净的制作车间、高效的自动化流水线、全副武装的工作人员、一系列高科技和现代化的设备让我的工作变得十分简便,真的一点儿也不累!但这样的劳动是充满智慧的,我们奉贤可是越来越厉害啦!长大后,我也想到东方美谷工作,让我们的奉贤,也让大家变得越来越美!"

一批又一批的孩子在社会岗位上习得技能,他们用勤劳的双手、智慧的大脑,努力去服务、去感受、去收获。因此我们认为,劳动课程群的打造必须打破"只是体验"的僵局,在构建的时候既要符合儿童的年龄特征,也应考虑其地区发展、时代特性,强调身心参与,让劳动成为儿童美好生活的一部分。

(二) 劳动教育资源系统,提供丰富多彩劳动场所

充分挖掘城镇化进程中社区、企业、家庭等资源内容,建立了以家庭为基础、学校为主导、社会为依托的12类课程资源系统,充分发挥"家校社"三方劳动教育功能,构建出有助于学生劳动素养形成的劳动教育资源库。(见表3-5)

表 3-5：奉教院附小劳动教育资源库

劳动目标：以劳增智，以劳树德，以劳健体；以劳鉴美，以劳创新

	资源系统			劳动方式			
	双向融合	三位一体	资源分类	技能学习	岗位体验	创意劳动	研学实践
劳动目标↑劳动素养↑劳动方式	线上+线下	家庭（基础）	家庭资源	卫生清洁 整理归纳 厨艺展示	消毒小卫士 衣被指挥家 洗发小 Tony	快乐创意 种植 废物利用 大改造 家庭装饰	爱在金秋：感恩父母……
			信息资源	"晓黑板"APP 劳动打卡、劳动微视频制作、"足行天下"研学微报告、网络劳动课程学习……			
			家长资源	家庭理财师、家庭采办员、"跟着爸妈去上班"职业体验、"玩转 Jobs——职业启蒙"课程设计……			
	当下+未来	学校主导	学科知识资源	班级垃圾分类 传统点心制作 绿植养护 菜园种植 小探究 农庄维护 大探秘……	校园双语小导游 超市盘货员	种子发芽实验 雨水收集系统 果园科学管理	"穿越四史、畅想未来" "弘扬匠心精神" "追寻那颗最闪耀的星"
			学校资源		黑板美容师 座椅小管家 空气清新师	农庄饲养员 蔬菜种植员……	
			科技资源	DDS 电子科技、DI、3D 打印、未来工程师、机器人编程……			
	校内+校外	社会（依托）	在地资源 弘扬贤文化	美妆：口红制作 驱蚊香包制作 庄行土布制作 大白兔奶糖包装……	东方美谷小讲解 东方美谷小代言 东方美谷小导游 奉贤新环境美容师 贤文化宣传员		寻找身边贤人 非遗匠人 学习身边榜样 采访感动奉贤十大人物……
			社区资源	女红制作 陶艺、纸质制作 点心制作	社区小议员 社区小记者 社区志愿者	社区文化宣传大使 "重阳节"爱心展演 孤寡爱心陪伴	
			企业资源	小小金融理财师 "德华"医药药剂师 "科丝美诗"药妆小代理 基地体验		乐高机器人创编 无人机……	"足行天下" 爱在金秋： 慰问基地……
			社会服务资源	地铁站环境治理、共享单车维护、交通秩序维护、夏送清凉慰问外卖员			

续表

劳动目标：以劳增智，以劳树德，以劳健体；以劳鉴美，以劳创新		
共有资源	人力资源	教师资源：特长教师、教师劳动课程分配、劳动教育TCG工作室、区域三研工作室、专业技能校工……
		学生资源：艺术特长学生、体育特长学生、学生社团活动、学校大队部、绿太阳学生志愿服务队、各年龄段学生……
		家长资源：特长家长、特色职业家长、"爸妈进课堂"、学校三级家委会、祖辈工作坊、爸爸俱乐部……
	物力资源	建筑资源：学校绿太阳农庄、DDS科创室、鱼乐湾、农科院、九棵树艺术中心、奉贤博物馆、奉贤档案馆……
		物种资源：学校绿植、教师物品摆设、农庄绿蔬、农庄动物……
		设备资源：创新实验室设备、智能植物园设备……

"家庭资源"作为启蒙资源，是家务劳动中至关重要的一部分。学校分年级分阶段引导学生开展各类家务劳动。如，卫生清洁、整理归纳、厨艺展示等；学生结合自身兴趣和性格特点，发展优势，体验各类家务岗位。

"学校资源"是实现劳动教育目标，促进学生德智体美劳全面发展的主要资源。主要包括：学科知识资源、学校文化资源、科技资源、人力资源等。学校结合办学特色，利用多种学科知识开展各类劳动教育实践。学校中，人人都能在超市、电视台等300多个劳动岗位当家做主。学校还充分利用科技资源与物力资源，开设各类创造性劳动课程，在课程体验过程中实现"以劳树德、以劳增智、以劳健体、以劳鉴美"的目的。

"社区资源"，是"在地资源""社区资源""企业资源""社会服务资源"的统称，是拓展学生劳动教育的校外资源系统。学校充分利用以"贤美"文化为特色的"在地资源"，让孩子进入东方美谷，体验口红制作、香包制作、大白兔奶糖包装等各类劳动技能；认领"美谷小讲解""美谷小代言""美谷小导游""贤文化宣传员"等特色劳动岗位；寻找身边贤人、非遗匠人，学习身边榜样。"企业资源"开展基地实践，"社区资源"结对十大劳动场所，企业参观、职业劳动体验、社区岗位认领,小记者采访,地铁环境治理、共享单车维护等。多元的社会资源提升了学生对劳动价值和意义的认识,德智体美劳五育融合,丰富了学生的学习经历。

(三)劳动教育评价激励体系,赋能学生全面发展。

围绕"技能训练""岗位锻炼""职业启蒙""项目服务"等内容,学校从儿童的视角出发,采用云手环过程打卡、校币积分兑换、班牌点赞、榜样评选、汇报展示等多元评价方式,赋能学生成长,纳入学生综合育人评价系统。(见图3-14)

图3-14 奉教院附小基于数据的劳动过程评价

劳动教育评价体系,呈现以下几个特点:

细化分年级评价指标和内容。 着眼于培养学生良好劳动习惯和创新能力的培养,以卫生清洁、收纳整理、手工制作、种植养护、食品加工、媒体宣传、管理服务、城市治理、科技创造九大领域的劳动教育内容为基础,从家庭、学校、社会三个维度进一步细化劳动教育评价指标,纵向衔接、横向贯通,各年级各有侧重,关注附小学子劳动过程的量化评价,助力他们劳动技能螺旋上升。

采集数据体现过程性评价。 首先,评价主体观察学生的劳动表现,记录每个学生的每一点进步,运用评价手机对学生的劳动表现进行记录,通过"云手环"将过程性评价数据化,评价结果也会自动同步到电子化班牌;其次,将结果性评价周期化,每周一次"基础工资+绩效工资"校币评价、每月一次"最美小当家"评选评价、每学期一次汇报展示评价,将学生的劳动任务单、基地实践单、劳动打卡记录、劳动成果等收入《学生成长档案袋》。[1] 期间,以表现性写实评价为主,记录学生成长的全过程。期间,我们也注重数据的隐私安全,遵守道德伦理;最后,让

---

[1] 余安勤.实践导向的新时代小学劳动教育课程开发与实施[J].上海课程教学研究,2021.

数据化的过程性评价和结果性的周期评价融为一体,全方位考量学生的劳动素养。

开展多维度综合性评价。学校设计的"劳动表现综合评价表",结合自评与他评,从劳动"积极性、多样性、熟练性及坚持性"等方面,引导师生对劳动全过程进行清单式评价。以学校的劳动试验田为例,在"综合评价"基础上,以科技种植和实践成效作为评价导向,让教师、学生、家长等多元主体参与各班"责任地"的评价,确定"5A级"试验田 8 块、"4A级"试验田 28 块、"3A级"试验田 9 块,让劳动教育在综合评价的实施过程中落实、落细,形成了学校良好的劳动教育生态。

彰显增值评价的正向激励。学校通过"竞聘选拔+定期考核"的评价机制充分发挥劳动教育的育人导向。如岗位体验以学生自主选择、岗位演说的方式竞聘上岗。经过每月的多元评价后,对表现优异的学生进行续聘,并推荐其参与高一层级的岗位。同时,采用末位淘汰法,让学生在最适合的岗位上发光发热,鼓舞学生持续的劳动干劲。自 2007 年办学起,十五年间学校联结 240 余名教师、近万名家长,发挥了 300 多家企业的力量,开发出 150 多门劳动课程,教育资源从校园拓展至家庭及社区,家校社形成育人合力,培养了近 7 万名"爱劳动,会劳动"的学生。

三、创意:劳动教育玩出新花样

劳动耕耘幸福,劳动创造财富,劳动成就梦想。人类社会发展至今,硕果累累,离不开人类的辛勤劳作和创造劳动。教育的目的就是培养未来有创造性的劳动者,要求从基础抓起,将创新教育融入劳动教育,促进学生全面而有个性的健康成长。

因此,学校重视创意劳动课程的研发与建设,以"劳育"带动"五育融合"。学校聘请专业教师组建项目化团队,融合劳技课、科学课、班队课、课后延时服务,引导学生参与劳动,出力流汗、动手动脑、创造发明,在劳动中发展个性、收获成长。

(一)"菜地承包制":我的农庄我做主

雨过天晴,孩子们跑到"开心菜园"想去看看自己心爱的青菜、萝卜……可一到菜园孩子们却傻了眼,发现菜园里长了好多草,心爱的蔬菜却在枯萎。那一颗颗充满期待的心霎时被浇灭了。

原来,刚开始开辟"开心农庄"时,学校召集了班级的家长志愿者带着孩子们一起管理,一周一次让孩子们触摸、了解农耕文化,体验劳动艰辛与乐趣。同时,学校也招聘了一位老爷爷专门管理菜地。前几天爷爷生病了,我们的"菜地"也随之"生病了"。

因为有着对这片菜园的情结,孩子们决定自己的事情自己做,自己的菜园自己管。于是,大队部号召:菜园实行:"拍卖"+"承包",每班承包一块"菜园"。孩子们举手称赞,纷纷响应。

农庄里,每一个班级在自己拍卖得来的芳草地上插上自己的班级标牌;每一个班级都聘请家长志愿者作为顾问;每一个班级都设置一名小园主,带领大家协助"菜园"顾问管理班级的菜地。每班自己制定适合自己的活动时间,以小组为单位,在菜园顾问的带领下,定时在"责任田"里拔草、给菜宝宝浇水……

瞧这"一家子",用下水管创意 DIY 设计成可爱的"全家总动员",守护海棠中队的菜园子,二维码扫一扫,就能知道这蔬菜的全方位信息;

智慧的小鹿、憨厚的大鹅、灵巧的皮卡丘、机智的叮当猫……可爱的动物们在这"一家子"里嬉戏游玩;

这"一家子"把自然研究室搬到菜园,实验箱里不起眼的小本本,却是孩子们每天用心观察,努力思考,认真记录的观察日志哦……

一个班级一个创意,孩子们还为自己承包的"菜地"取上了好听的名字,如"自然研究室""动物游戏园"等,从"菜地拍卖"到"承包到人",孩子们的主人翁精神和责任意识大大激发,真正体验到播种、浇水、除草、捉虫和丰收的乐趣,也体验到种植、管理、研究的价值,他们的科学素养与探究素养,甚至是团队协作的能力大大提升。

菜地承包劳作中,孩子们会不断地遇到新问题,而这些新问题自然也衍生出新的课程资源:如何把自己在酿酒工坊酿制的美酒销售出去,他们会学习产品商标与包装的课程设计;面临施肥,他们自己会思考肥料从何而来?怎样制作环保又清爽的肥料?于是,"胶囊工坊"课程随之而来,孩子们收割废料秸秆,通过秸秆堆肥、压缩技能和废渣再利用能力,将"农场废料"变成"自然肥料"。还有,他们会开展"虫虫大作战"活动,开动脑筋自制环保杀虫剂。孩子们在菜园劳动中不仅培养了热爱劳动的情感,而且培养了劳动的技能,更是收获了劳动的快乐。(见图 3-15)

"菜园承包制"发挥了菜地作为校内劳动基地的职能,既点燃了家长和孩子参与学校活动的热情,又真正让孩子参与到菜地的管理、劳动与售卖中去,体验

图 3-15　奉教院附小班级菜园劳动

到农民、科研人员、销售员等各类职业劳动的价值以及由此带来的成就与自豪。

(三) 项目化学习：我是小小农艺师

科创节那天，学校的大厅里可谓是百花齐放：古法花草纸、变色蔬果杯、无土栽培循环灌溉、自助浇灌来助力、清洗去污一体拖把、林鸟客栈……一个个夺人眼球的"小实验"，一套套孩子们自主研发的劳动实验装置、一本本详细的科学劳动报告，一个个智慧可爱的小小科学家，展示着一个个生动的劳动创造成果。

这是学校科创节项目活动的展示成果，孩子们在以项目学习的方式，确定驱动性问题，设计阶梯式任务，以团队创意劳动的方式，获得了劳动创造的幸福。

一(2)班确定了"古法制花草纸"实验研究项目。孩子们首先确定驱动问题：如何制造花草纸？展望研究成果：制作花草纸艺术品让校园花香四季。（见图3-16)

他们到海湾森林公园以及四季生态园认识、品鉴了多种多样的花朵，最终挑选樱花、二月兰、一年蓬、蒲公英、泥胡菜、向日葵等花朵制造花草纸。与此同时，班级深入挖掘家长资源，来到上海应用技术大学生态花吧"造花纸草"，围绕制造"造纸的工序是什么？""怎么运用花瓣染色？""怎么利用枝叶控制纸的软硬度？""花草纸可以创意制作成什么？"等问题，见证花草和白纸的亲密融合。过程中，孩子们充分运用"实验创造微笔记"、视频、照片、微报告等记录方式，积极参与古法制作花草纸的实验创作，并创意制作花草纸手帐本、日记簿、书签、花草纸灯、

图 3-16　奉教院附小"古法制花草纸"实验研究项目

花草纸信签等手工制品。在行走、观察、研究、实验、创造的过程中,学生们真真切切地对劳动创造有了新的认识。

教育家苏霍姆林斯基说过:"劳动是有神奇力量的民间教育学,给我们开辟了教育智慧的新源泉,这种源泉是书本教育理论所不知道的……"孩子们在老师的带领下,还把"社团课程",也搬进了"菜园":

结合农耕文化,助力社团课程学习:"菜园微笔记"课程学习,孩子们来到菜园进行"无工具"丈量菜园总面积和班级菜地面积,收获不一样的学习方法;自然课,孩子们进入菜园每周坚持观察并记录,直到蔬菜结束这一轮的生长周期;探究课程有话题,孩子们每周都会在群里交流种植什么蔬菜?什么时候去浇水?什么时候施肥? 开展了如何制作没有危害的杀虫剂等研究……

一支笔,一本笔记,一颗热爱自然、善于观察的心,让每个孩子与土地亲近、与自然对话,用所学的学科知识解决生活中的问题,看着种子发芽、生长、开花、结果的过程,身历田间劳作的辛劳与快乐,探知田间自然生物的秘密,他们感受着生命的存在与力量,感受着劳动创造的美。

(三) 校园新鲜事:畅想美好生活

"大家快去看呀,我们的校园里来了新主人!"一阵呼喊,孩子们新奇地来到校园的"自然区"中,哇! 太有趣了! 孔雀、黑天鹅、山羊、兔子等都入住校园,给孩子们的校园生活增添了乐趣。

学校从2007年1.0版本的开心菜园建立,到2018年我们引进动物饲养、屋顶智能植物园、百果园、鱼菜共生场,建成3.0版的绿太阳农庄。孔雀、黑天鹅、山羊、兔子等家养动物的资质,都要经过相关部门的严格审批,学校还派专门的工作人员对动物农舍定期清洁、消毒,定期给动物做防疫工作。费那么多人力、物力和精力,背后的良苦用心在于用多样化的实践课程,寓教于乐,呵护孩子们的童心,让孩子们在劳动中"学"得更深,学得更活,学得更入味。

1. 小天鹅别害怕,我们来帮助你

一天小凡同学来给蔬菜浇水,发现了池塘里奄奄一息的小天鹅。小凡急忙找到了高爷爷:"高爷爷,快跟我来,有只小天鹅受伤了!快!"他们急匆匆来到池塘边,高爷爷抱起天鹅,但小天鹅很害怕,不但用力挣扎,还用鸟喙不停地啄高爷爷的手,仿佛在说:快放开我!高爷爷没有放开白天鹅,一边抱着它,一边走进小木屋,轻轻地将它放在柔软的布上,拿出手电筒,仔细地检查它的伤口。小凡在一旁,给小天鹅准备了水和食物。

小天鹅受了伤,又离开了爸爸妈妈,所以它又害怕又惊慌。而且,这只小天鹅还很烈性,尽管很饿,但它就是一口都没吃喂给它的食物。小凡每天上完课,都来高爷爷的小木屋探望小天鹅,看它受了伤还不吃不喝,怪心疼的。于是他就尝试喂给天鹅不同的食物,把胡萝卜削成丝,拌上小麦麸子,耐心地给小天鹅喂食。

渐渐地,小天鹅感觉到了高爷爷和小凡的关爱,也愿意吃东西了。相处了二十多天,小天鹅由开始的警惕到满满的信任。终于有一天,受伤的小天鹅尝试在小木屋中起飞,小凡和同学们在一旁给小天鹅加油打气,它好像听到了大家的鼓励,再次振翅飞翔,终于成功了!小天鹅飞回池塘,来到爸爸妈妈的身边,仿佛在向他们报平安。但它舍不得离开高爷爷和孩子们,起飞之后又会回到小木屋附近,这里成为了它的第二个家。

在农庄,孩子们既能面朝黄土脚踏实地,也能仰望星空研究未来。"开心菜园、开心果园、开心动物园"的农庄故事和"新鲜事"经常会在师生间、家长间口耳相传,甚至一次受惊吓"南飞"的孔雀丢失后,一个个"呼唤孔雀""寻找孔雀"的动人故事情牵众人,一度成为美谈。

教育的本质是点燃人的心灵,教育应该是有温度的,受伤的天鹅宝宝感受到了高爷爷和附小太阳宝贝们给予的温暖,在农庄快乐成长。而对我们的孩子来说,无论是"动物饲养"还是现代养殖,也让他们突破自我成长的喜悦,学到更多,懂得更多。他们在与动物、与自然的和谐相处中,懂得了对生命的呵护,伸出援手给予帮助的大爱精神,价值观得到升华。

2. "灵芝小博士",带你探秘未知世界

陈桥路校区的百草园内生机盎然,孩子们在这儿学习中草药的知识,了解中草药的生长特性。此刻,"百草"不再是书本上安静的文字,它和校本课程《经络探秘》一起,为孩子打开了中医药的世界,解密中草药的药用价值。

为了预防流感、提高孩子免疫力,我准备了一些中药香囊和这灵芝盆栽。不曾想,拿进教室的一瞬间,孩子们一脸嫌弃,中药味太难闻了! 香囊出师未捷,只留下了这个从未见过的灵芝。

第一天,孩子们问:"周老师,这个灵芝是不是很贵?""它是真的吗?"我惜字如金:"不贵,是真的。"孩子们将信将疑。

第二天,孩子们问:"周老师,这个灵芝真的不贵吗?""它真的是活的吗?""真的不贵,它就是活的灵芝?"孩子们紧锁眉头,不停地追问着。

"四(8)班有千年灵芝"的"传说"也不胫而走。校园里的孩子们都觉得新奇:这么贵的灵芝怎么放在教室里? 连接娃的奶奶们也问:"班级里真的有灵芝? 价钱贵吗? 不贵的话我们也想买一盆。"

我知道,万事俱备只欠东风了。

班会课上,我出示了灵芝的购买截图。哇,真的不贵,只花了几十元! 他们大吃一惊,极力"教育"我:"不是这样的! 我们在书上读到过灵芝,很稀有也很贵!"更有甚者告诉我说"老师,你买到假货了!"

随即,我打开准备已久的灵芝科普视频。当灵芝种植人员说出在地头一公斤灵芝只需要三十多元,一公斤灵芝孢子粉的收购价是130元,而"千年灵芝"也并不存在时,一时间鸦雀无声,这样的认知冲击太剧烈了! 好一会儿,才有小朋友举起手表示自己回家后好好再查阅一下资料。一语惊醒梦中人,他的话瞬间点燃了其他同学,纷纷表示他们要用事实说话。

孩子要奔跑是因为前面有蝴蝶在飞,而不是后面有老虎在追。接下来的一段时间,他们自发地搜集资料,利用课余时间探讨灵芝、研究灵芝的热情在熊熊燃烧。每当其他班级同学关心这盆"千年灵芝"时,他们还觉得自己有义务把正确的知识科普给那些曾经和自己一样"无知"的人,自觉当起了"灵芝"小博士。

如何让这样的知识性学习落地? 这位老师选择"添柴加薪",引导孩子们自己去探究"未知"的世界。星星之火可以燎原,同学们在家长的大力支持下,纷纷网购了灵芝种植包尝试在校园的百草园种植,短短两个月就有不错的收成。这位老师又联系到学校的校外实践基地开展了一次灵芝中药饮片的小队活动,孩子们参观了灵芝中药饮片的全过程,并带回家为家人们泡上了一杯灵芝茶。

什么是好的教育?卢梭说:"孩子们看不到教育发生,却实实在在地影响着他们的心灵,帮助他们发挥潜能,这才是世界上最好的教育。"从"小天鹅"生病了,到"灵芝"小博士,校园里的"新鲜事"点燃了孩子们一颗温暖的爱心,萌发了孩子们探究的欲望,也告诉我们只有站在儿童立场,从孩子真实的问题出发,点燃孩子的内驱力,他们才能真正获得知识性学习和社会性成长,才能成为一个发光发热的太阳宝贝。

生活即教育,社会即课堂。学校以"劳育"撬动"五育融合",融合校内校外资源,从岗位劳动到劳动研学行走;拓宽劳动场域,从"开心菜园"到"绿太阳农庄";打破学科间的壁垒,从单一劳动到跨学科项目学习……劳动,让孩子们成熟起来;劳动,让孩子们自信起来;劳动,让孩子们聪慧起来。劳动教育,是学校为孩子们定制的一场美好的童年回忆,一段有意义的生命旅程,一片闪亮的未来蓝图。

现在,附小的劳动教育课程已推广辐射至国内多个省市。"绿太阳银行评价机制""小小劳动岗位""开心农庄"等劳动教育经验在《文汇报》《上海教育》、"上海新闻综合台"、"上海教育电视台"等媒体报道,劳动教育实践研究项目被列为第三轮上海市课程领导力项目,也形成了教、研、训一体的教师专业发展体系。

第三章 绽放:社团活动中点燃个性与梦想

2015年12月27日,教院附小"绿太阳"管乐团赴香港伊莉莎伯体育馆,参加香港步操及鼓号乐团协会主办的2015香港步操乐团公开赛。在众多来自香港、台湾、北京等多地的22支队伍中,奉教院附小"绿太阳"管乐团以整齐划一的步伐、自信有力的演奏、创新大胆的编排,在赴港首战中旗开得胜,勇摘小学组金奖,成为了赛场上的一匹黑马。

2016上海之春国际音乐节管乐艺术节开幕了。教院附小"绿太阳"管乐团站上了全国优秀管乐团队展演的舞台,并荣获2016中华杯中国第十届优秀(交响、行进)管乐团队展演"优秀乐团"称号。

2017年12月24日上午,教院附小"绿太阳"管乐团参加上海第十一届学生(交响·行进)管乐团队展演,以90.96分的好成绩问鼎摘金。(见图3-17)

图 3-17　奉教院附小"绿太阳"管乐团参加上海第十一届学生(交响·行进)管乐团队展演

连续三年参赛,连续三年问鼎摘金。这不仅仅是学校的荣光,更是让我们看到了孩子们的变化,身姿挺拔、眼神坚毅、气度不凡……这些在他们的身上散发的与众不同的气质,是他们终身受益的素养,往往要比争金夺银更可贵。

"绿太阳"管乐团只是我们学校百多门社团之一。在附小,多彩缤纷的社团满足了孩子们的兴趣爱好,给予了孩子们张扬个性的绚丽舞台,也在他们小小的心灵上埋下了一颗颗梦想的种子,一旦"点燃",就会闪闪发光。

新课改关注人的全面而有个性的发展。"点燃教育"学生社团就是回应了新课改的要求,站在培养未来人才的高度,基于儿童发展立场,围绕学校"八会"培养目标,整体构建了"五育融合"的学生社团课程体系,发展学生兴趣,培养一技之长,促进个性特长,让每一位孩子在自己独特的生命成长过程中因梦想而闪光。

一、活力社团:让每个生命都闪光

我们相信每一个生命都可以闪光,我们信奉和顺应每一个孩子的天赋,肯定和尊重每一个孩子的生命价值。"点燃教育"就要关注差异,让每个不同兴趣和个性的孩子都拥有梦想。每一个孩子身上都蕴藏着某些尚未萌发的潜能,它们就像星星之火,需要被发现、被唤醒、被点燃……而课程就是火把,可以点燃每个孩子潜在的天赋和才能，使得每一个孩子的内心世界丰富而有追求，我们相信教育可以点亮孩子的未来。

学校开发校内外一切可利用的资源，开设各类兴趣、特长及活动课程，尊重孩子的主体意识，以"我的兴趣，我做主；我的课程，我来选"出发，满足学生个性发展需求，凸显课程建设的丰富性、开放性、选择性、自主性。

"**丰富性**"：学校为促进学生"德智体美劳"全面发展，指向学生兴趣特长培养，构建了100多门社团活动，涵盖了：语言类、思维类、艺术类、体育类、科技类、信息类、生活类、健康类八大领域。（见表3-6）

表3-6 奉教院附小"活力社团"科目

板块	科目名称
语言	童声朗朗、美文吧、绘本故事、童声朗朗、Little Writer、ENGLISH STORY、趣味英语、儿童诗、小小主持人、朗诵与演讲、侃侃三十六计、i阅读文学社、学做小名人、三国小学堂、少儿口语交际……
思维	趣味数学、奇趣奥数园、数学真好玩、神奇火柴棒、智慧数学……
艺术	少儿古筝、小脚丫少儿舞蹈、少儿芭蕾、天使合唱团、街舞、新丝路模特、形童模特、小手风之韵、活力精灵、葫芦丝、绿太阳管乐团、彩铅画吧、丙烯创意、走进数字油画、超轻粘土、素描几何体、3D钻石画、魅力衍纸画、绘画日记、七彩水色、素描创想、水墨飘香、七彩小画、少儿硬笔书法、软笔书法、快乐书法、神奇手指画、浓墨出彩、创意手绳编编、拼拼豆豆、多彩泥世界、巧手布艺手工坊、十字绣、丝丝缕缕绣、神奇钩针、玩转纸杯、串珠、玩转纽扣、艺趣3D拼图、数字油画、BlingBling钻石画、魅之网花、和扇堂、数学剪纸、String Art钉字画、有趣的麻绳、七彩皮筋、纸藤花园、折纸、趣味刻纸、不织布？绝！、牛皮袋创意秀、神奇羊毛毡……
体育	功夫少年、马术、灌篮高手、谁"羽"争锋、武术棍棒、空手道、围棋、跆拳道、足球、泳池精灵、儿童瑜伽、弹跳小能手……
科技	乐高、机器人、建乐思、Passcal程序制作、DDS电子科技、小牛顿科学社团、小废物大利用、智能植物园……
信息	photoshop入门、FIASH制作、音乐软件制作……
生活	自然水景、绿太阳小超市、生活小达人、小小烘焙师、小小茶艺师、绿太阳小导游、我是开心小菜农、太阳花园艺……
健康	经络探秘、心心相印……

"**开放性**"：100多门社团活动的安排呈现结构化、全方位开放，快乐星期五半日活动、课后服务活动、每月节庆活动、各种小舞台展演，给予了孩子丰富的课程学习菜单。

"选择性"：我们把选择权交给孩子，无论是课程时间还是内容都让孩子们自主选择。一是"活力60分"，即每周五下午13:00—14:00（环城东路校区）、14:35—15:35（陈桥路校区），采用全校走班制，孩子们可以根据兴趣爱好选择一门喜欢的课程参加；二是"活力430"，每天下午16:30—17:30（或18:00），开设不一样的社团活动供孩子们选择。前者，保证人人有一门社团课程；后者，确保每个孩子每天有选择，让有兴趣有潜质的孩子进一步得到发展和提升。

"自主性"：在课程设置之前课程发展处进行大量的问卷调查，了解孩子们的兴趣、特长、需求。如"活力60分"八大领域内容就是基于孩子们的课程需求，老师们结合自身特长开设了相对应的科目，共开发百多项课程供孩子们网上自主选择。同时，在课程学习的过程中，让孩子们阶段性跟进评价，选出心目中最喜欢的社团，从而能基于"儿童立场"，让课程走向孩子，让课程发现孩子，让课程成全孩子，让课程点燃孩子！

二、趣味体育：像运动员一样强健

体育运动是强身健体、促进智力、塑造阳光个性的良方。"每一个闪光的生命"首先应该是充满阳光、健康向上的。回应上海市教委推出的"小学体育兴趣化"课程与教学改革举措，学校聚焦"体育习惯养成、热爱体育运动"主题，组织体育教研组展开研究，探索教学方法趣味化、社团活动多样化的体育社团建设。

学校利用一切资源，积极开设丰富有趣的体育社团科目，激发学生体育运动兴趣，培养体育特长；举办多层次多形式的体育运动会，让每年的体育竞技赛有主题有特色；设计丰富有趣的阳光健身大活动，力求实现"人人有体育特长""班班有体育项目"。

学校从全校普及、年级普及和学生个人自主选择三个层面组织开展各种类型的体育运动项目（见表3-7）。

表3-7 奉教院附小体育项目普及情况表

	周一	周二	周三	周四	周五	实施途径
全校普及（两校区）	动感舞	武术操	绳操	功夫扇	集体舞	每天上午阳光健身活动和下午大课间活动各30分钟

续表

年级普及	一年级	二年级	三年级	四年级	五年级	实施途径
环城东路	足球	空手道	游泳	体心游戏	跆拳道	进班体活课（体育课）
陈桥路	跆拳道	足球	游泳	体心游戏	武术	
自主选择（两校区）	每周五					实施途径
	功夫少年、马术、灌篮高手、谁"羽"争锋、武术棍棒、空手道、围棋、跆拳道、足球、泳池精灵、儿童瑜伽、弹跳小能手等					每周五下午"活力60分"或"活力430"课程活动

全校普及：上下午各半小时的大体锻活动中，开设武术操、绳操、功夫扇及集体舞等活动项目；

年级普及：即环城东路和陈桥路两个校区交错利用好资源，在"进班体活课"上把足球、跆拳道、空手道、游泳、体心游戏、武术六大活动课程排进课表，从一年级到五年级，完整一轮下来，附小每个孩子都能学到这些课程中的基本技能；

自主选择：学校开设体育类社团课程，有功夫少年、马术、灌篮高手、谁"羽"争锋、武术棍棒、空手道、围棋、跆拳道、足球、泳池精灵、儿童瑜伽、弹跳小能手等十多个科目。学生自主选择，找到适合自己的体育健身课程，锤炼体魄，发展特长。

（一）阳光健身一小时，让孩子们生龙活虎

健身首先必须保证时间充裕。即在体育课之外，每天开展阳光健身一小时活动，分别设立每天早上30分钟阳光健身活动，每天下午30分钟大课间活动。其次，内容一定是丰富多彩的，才能让孩子们在游戏中快乐提质。让每天常态化的健身活动变成不常态，用充满趣味化的健身活动吸引孩子，让锻炼起到实效。

每天做同一套广播操显然孩子们会觉得乏味、无趣。为此，体育组与音乐组联合编排了"五套操"：武术操、绳操、功夫扇操、集体舞、动感武术。每天早上，孩子们除了必做一套广播操，还会轮流选择五套操中的一套操做一做、跳一跳。孩子们时而衣袂飘飘打着陈氏太极；时而热情激扬挥舞着五彩绸鞭；时而英姿飒爽，摇曳红扇，整齐开合；时而在轻快的节奏中舞步飞扬。孩子们每天的锻炼都不重样，享受着活泼而有趣的运动带来的健康与快乐。

中午，孩子们在操场、跑道、各层大厅、走道、体育馆等，以游戏为主，在神奇

坦克兵、铺铁轨、造房子、跳跳球、滑滑梯等游戏项目中,笑声朗朗。

下午,大课间以各年级规定项目为主,由体育组负责划分活动场地,安排人员,进行针对性的体育游戏创编,确定"跑、跳、投掷、民体、体心"五大游戏主题,围绕每个大主题开发10个游戏项目。如一年级跳跳球、二年级往返接力、三年级移形换影、四年级趣味跳房子、五年级趣味篮球等,旨在促进学生体能发展的同时,确保每天活动不重样,激发学生参与的热情。

在具体推进过程中,我们也会遇到问题。如,孩子们的活动器材太少了,怎么办?这问题难不倒学校的老师们,后勤组老师与综合组老师一起,设计制作了各种活动玩具:用废纸板做的神奇坦克车、用木头打造的高跷棍……语文组老师设计的"识字跳格子",最适合低年级小朋友,孩子开心跳格子,还认识了许多生字……还有我们的家长们也和孩子一起设计玩具,集育德、健身、益智、审美为一体的自制体育游戏器材,让孩子们充分锻炼的同时,享受运动的乐趣。

学校的每一门学科、每一个条线、每一位教职员工乃至家长都是孩子的健康使者,一起为孩子们量身定制活动项目、活动器具等,使阳光健身活动实现"规定与自选游戏"相结合。孩子们玩得兴趣盎然,玩得生龙活虎。皮肤变黑了,小胖墩"不见了;好习惯养成了,坐如钟、站如松、走如风;特长培养了,会跑、会跳、会踢、会投掷……

(二) 花样特色项目,让孩子拥有体育特长

"少年强则国强",每个孩子都应该从小掌握一门最适合最擅长的体育项目,从而成为尽其终身的热爱。

水中精灵,驰骋泳池。游泳不仅可改善学生的身体机能,提高学生的身体素质,对学生自我保护的意识,同伴间的相互关爱,以及对生命价值观的理解都有着巨大的意义。学校从2007年创办开始,就提出"人人会游泳"的培养目标,让学生掌握游泳技能,学会自救本领,在三年级普及游泳校本课程。通过挖掘社区周边资源,两个校区分别与附近的沈坚强游泳馆和帕丁顿游泳馆积极协商,聘请优秀的专职游泳教练;以两位游泳教练配上一位体育老师的模式带班执教。同时,对有怕水心理的学生,配备了专职心理教师进行心理辅导,帮助孩子克服恐惧心理。除了特殊体质学生不能参与外,学校游泳课参与率达100%。

在此基础上,学校在"活力430"课程时段,面向游泳特长生,开设"泳池精灵"课程。通过强化训练和梯队式培养,小健将们已在市级的各种比赛中争金夺银,崭露头角,激发了一批批游泳小将们养成了永不言败、积极阳光的心态。正

如学校第一届游泳队的队员,如今正在纽约大学读研的校友唐妍杰回忆起在小学学习生活时,说到:

2007年附小创办,我正好读三年级。学校成立了游泳队,老师和妈妈鼓励胆怯的我去报名。从此,每周一到周五放学后雷打不动地训练2小时后才能回家,遇到比赛,周六周日还会有额外的训练,每天要泡在游泳池里达到2小时以上,练得精疲力竭,浑身无力,就想着放弃……朱老师和游泳教练一起找我谈心。在老师和教练的鼓励下,我坚持了下来,最终拿到了市游泳比赛的金牌。

在这之后,无论在学习还是生活中,碰到各种各样问题,我不会再有退缩和畏惧,都会迎刃而上。这种精神已经深深根植于我的血液,正如冬奥冠军谷爱凌所说:"没有什么天才,只有专注、热爱、坚持"。三年游泳队的经历,将贯穿我的整个人生。感谢我的母校!

每天放学后,从普及性校本课程再到自主选择的"430"社团学习中,孩子们在老师的指导下刻苦训练,这段艰苦而又快乐的健身经历,是孩子成长中的取之不竭的宝藏,让他们一生受益。

功夫少年,彰显武魂。武术是中华民族传统体育项目,习武能强身健体,培养坚强的意志力,武礼也是品德的习得。学校特意引进两位全国武术教练,依据小学生运动水平,将武术基本手型、步型,手法、步法加以组合,穿插简单的太极拳招式,配以节奏感强,气势宏大的音乐,编成了动作易学易练,且能够调动学生兴趣的武术操和功夫扇操,在全校加以普及。一声声有力的呐喊,一个个刚柔并济的招式,让孩子们在每一个阳光灿烂的清晨,吐故纳新,强身健体,陶冶性情。

学校还组建了武术队,开展武术"活力六十分"和"430"社团活动,从一年级至五年级进行梯队式培养。为增强学生的习武兴趣,学校带领队员们参观了全国大学生武术基地——上海中医药大学武术队,把武术高手请进校园打擂台,让孩子们感受武术的神奇魅力,激发他们积极习武的热情。经过十五年的积淀,一批批武术队员在全国各地参赛,摘金夺银,武术操每年在全市比赛中摘冠。"功夫少年"武术特色课程在附小成为孩子们必选的体育校本品牌课程,习武的热情之花在孩子们心中绽放。一位教师感言到:

记得三年前,一对父母和舅舅一起带着一个男孩子来找我,孩子怯怯的,佝偻着瘦小的身材,妈妈拉着我的手说:"老师,我们家孩子非常喜欢武术,我们家也很支持他练习武术,虽然,我们知道他条件不好"。看着家长这样的诚恳,我们收下了这位学生。

入队之后,我非常关心他的一举一动,特别是在身姿和眼神方面对他严格要求,到二年级时他已经有很大的进步。在一次区级大型文艺晚会上,我也带着他一起参加表演,那天表演完毕后,他妈妈对我说:"老师,太感谢您了,我从来没有见到过孩子的眼中这样有光芒,他真的自信了。"

从此之后,他越练越好,愈战愈勇。三年级的时候,获得了上海市武术锦标赛前六名,今年还将参加市运会,而他的妹妹也在他的影响下,爱上了武术,现在已经是武术队的一名新队员了。(见图 3‑18)

图 3‑18 奉教院附小"绿太阳"武术队

武术队自建队以来涌现出了一大批优秀的武术运动员,武术带给他们的收获不只是一时的技术掌握,更多的是追随一身的坚强、自信、勇敢、谦逊。

除此之外,"绿太阳马术队""炫动足球""泳池精灵""谁羽争锋"一个个品牌项目不断做大做强。花样体育,让孩子尽显其能,奠定其今后一生的精神底色。

(三) 主题体育盛会,让孩子激情燃烧

伴随着一曲活泼欢乐的《口哨与小狗》,教院附小召开了第八届以"奔跑吧,绿太阳"为主题的动物大狂欢运动盛会。

早上 7 点半,教院附小国旗队、校旗队方阵引领着全校 30 个朝气蓬勃的"动物方阵"一一入场,拉开了本次运动会的序幕。看,一个班级一种动物形象,以"cosplay"的形式入场啦! 顿时,美洲豹方阵、大公鸡方阵、小龙人方阵、鲨鱼方阵、小老虎方阵、长颈鹿方阵、小黄狗方阵、小海燕方阵……各种各样的"动物"方

阵在操场这片"大森林"中依次亮相。

"羊儿羊儿,率当先""无所畏惧,牛气冲天"……伴随着精彩的道具表演和嘹亮的参赛口号,"小动物"们身姿矫健,精神饱满,风采飒爽,无不彰显了附小学子的阳光与自信。

动物狂欢运动盛会中,激烈的田径项目变成了有趣可爱的动物运动会,如鲤鱼跳龙门(跳高)、龟兔赛跑(接力跑)等,现场围满了呐喊助力的观众,孩子们、家长们、老师们尽情感受着运动的活力、拼搏的激情、失败的眼泪和成功的喜悦。此刻的附小,涌动的是汗水,沸腾的是热血,喷薄的是斗志。

这是2016年4月学校"动物大狂欢"体育节,这也是附小孩子们都翘首以盼的一年一度的体育盛会。我们的体育节每年会有不一样的主题(见表3-8)。根据主题内容和要求,孩子们事先会在班里进行各种研究与探索,并在开幕式上展示研究成果。新奇好玩的开幕盛典,不同于一般运动会的比赛项目,让孩子们热情高涨,激情燃烧,尽情角逐,整个校园喝彩一波高过一波,笑声一浪高过一浪。

表3-8 奉教院附小历年体育节主题项目

时间	主题	内容
2016年	动物大狂欢	每个班级选择研究一种动物。开幕式上,孩子们根据喜欢的动物特征,扮演动物角色,载歌载舞展示班级风采。各类竞技比赛项目,啦啦队皆是动物形象,整个运动节成了"动物"们的大狂欢。
2017年	炫彩民族风	每个班级选择一个感兴趣的民族,研究该民族的风俗习惯、风土人情。主题开幕式上,各班身穿该民族服装,或是跳着优美孔雀舞步的傣族、或是手捧白色哈达的藏族、或是身穿绣花衣的维吾尔族……犹如全运会,各民族集聚一堂,开展激烈角逐。
2018年	足行天下	每个班级选择一个国家足球队进行研究,如巴西、阿根廷、日本、韩国等。研究各国历史和礼仪文化,学唱各国歌曲,学跳当地舞蹈,品尝当地特色美食等。开幕式上,各班方阵还身穿各国特色服装载歌载舞。运动项目还增加了全校足球比赛,设计一、二年级运球绕杆和射门,三至五年级五人制小循环足球。(见图3-21)
2019年	玩转JOBS	每个班级选择一个职业去研究,并在开幕式上扮演该职业人员出席方阵。增添很多带有职业元素的游戏项目,如穿针引线、珠行万里、车轮滚滚等项目,让学生在研究中接受职业启蒙,又在运动中为班级争光。

续表

时间	主题	内　　容
2020年	抗疫小健将	借助网络平台开设"云上"运动会,以考验体能、技能、趣味亲子和创意等要素,设置简便操作的1分钟跳短绳、居家创意短视频评比项目。整个"云上"运动会一个项目为一个周期,激发了孩子们积极参与居家体育锻炼的兴趣。
2021年	劳动最光荣	以庆祝建党一百周年为契机,并依据新时代劳动教育要求,一个班级选择一个劳动者形象。升幕式上,小厨帅、面点师、邮递员、小警察、外卖员、建筑工人、空姐空少、航天员等一一展示风采。各项劳动项目竞赛,让孩子们用入情入境的方式向各行各业的劳动者们致敬!
……	……	……

人群中的照相机、摄像机频频闪动,记录了每一个精彩瞬间。每一次运动会在欢声笑语中落下帷幕,也为孩子们的童年生活注入了一道亮丽的色彩,更为增进家校之间、亲子之间的联系和沟通架起了一座快乐的桥梁。别具一格的主题体育盛会点燃了附小学子的健身热情,彰显了"阳光健身一小时、快乐学习一整天、幸福生活一辈子"的教育理念。(见图3-19)

图3-19　奉教院附小体育节主题项目——足行天下

三、七彩校园：像艺术殿堂般美丽

学校是孩子们的学园、家园和乐园，并且美丽而有个性，富有艺术气息。校园里的每一个人都应该是美的创造者，发现美、感受美、表达美，把"美"植根于校园的每一个角落。如孩子们上的每一节课，参加的每一项活动等，使生活在校园里的每一位师生都能在"很艺术"的氛围中熏陶、浸润和感化。

用绘画或摄影可以描绘一处美景；用文章可以去叙说、讲解一个动人故事；用舞蹈可以去展现优美的肢体语言；用音乐去传达美妙的旋律等，用艺术浸染完善课程内容和形式，促使他们在艺术态度、艺术欣赏、艺术特长、艺术实践等方面得到锻炼和培养，提升他们对美的感悟，激发他们对美的热爱。

（一）多彩艺术项目，让孩子陶冶情操

每个孩子都藏有一颗艺术的心，他们或爱唱歌，或喜欢画画，或钟情于舞蹈，艺术教育日益受到人们的推崇，也已成为学校推进素质教育的重要内容。点燃孩子们的艺术梦想，学校责无旁贷。

问需于童。 通过班主任上门家访、问卷调查等形式，了解全体学生对各种类型课程的选择需求，对于一些本校教师专业上短板项目，如管乐、芭蕾、街舞、拉丁等项目，学校聘请社会机构的相关专业技术人员，以公益课的形式，走进学校，开设音乐、舞蹈、美术、语言文学、手工制作等五十多个艺术类校本课程。其中"小脚丫少儿舞蹈""绿太阳管乐团"获奉贤区品牌计划优秀项目及区二星级社团称号；"水墨飘香""彩色画吧""水色斑斓"获区一星级社团称号。

问计于师。 在了解孩子们课程需求的同时，鼓励教师发挥自己的艺术特长或业余爱好，承担一些艺术类拓展课程。比如，会舞蹈的英语老师、会弹吉他的数学老师、会手工编织的自然老师等等，开设各种孩子喜爱的艺术课程。还排摸并邀请有一技之长的家长志愿者，来学校当老师，让丰富的课程满足学生日益增长的兴趣需要。还如，会吹葫芦丝的奶奶，会扎花灯的妈妈，会陶艺的叔叔等。丰富有趣的艺术课程，让孩子们在丰富多元的艺术熏陶下，提升了手工、绘画、表现与欣赏能力。丰富的艺术课程让每个孩子都能发掘自己的优势潜能，并加以训练，既拥有了至少一门的才艺特长，也陶冶了艺术情操。

我是马佳良，2018 年 7 月 24 日晚上六点，我在爸爸妈妈的陪同下，一同前往宝龙广场，我们附小"绿太阳"管乐团，要在宝龙广场举行"快闪"公演活动。听

说，今晚所有曾经的附小管乐团的哥哥姐姐们也都会回归，一起参加"快闪"。我和小伙伴们陆续来到宝龙广场，有序候场，感觉特别兴奋。

首先是已经毕业多年的萨克斯手崔家俊、陈路遥的《碟中谍》为快闪暖场，他们俩可是乐团曾经的元老，是我崇拜的偶像。

在附小打击乐手马骁腾平稳有力的鼓点节奏声中，长笛、单簧管、萨克斯、小号、长号、圆号、抱号、打击乐等各声部陆续进场，我们都准备就绪。

能和乐团金牌指挥杜嘉成老师一起表演，我别提有多荣幸了。杜老师曾师从南京歌剧院指挥家刘福生、上海音乐学院小号演奏家周巍，曾担任过中国人民解放军南京炮兵战神艺术团的副团长。他用丰富的肢体语言，和我们一起演绎了《歌剧魅影》《自新大陆》《加勒比海盗套曲》《中国军魂》等乐曲。乐团萨克斯老师商刘洋也来友情参演，惹得场内无数粉丝，为其恋红了眼。围观群众啧啧称赞，全场掌声不断，纷纷拿起手机拍照、摄像。恍惚中，我感觉自己也是个明星了。

管乐团"快闪"活动在欢乐的气氛中圆满结束。我刚刚晋级到附小乐团高级班，第一次参加乐团校外大型表演。为了参加今天的"快闪"，晚饭都没心思吃。这会儿表演完了，我终于舒了口气，直接蹲在橱窗边，吃得狼吞虎咽却是津津有味。回想"快闪"活动中大家的合作分工，我们每一个人都配合有序，发挥得那么淋漓尽致，这更让我明白了自由发挥的同时要自律合拍。7月底，我还要跟随管乐团一起远赴欧洲，登上维也纳金色大厅的舞台，参加2018年世界中小学生艺术节管乐比赛，心里别提有多激动了，预祝我们赛出好成绩，凯旋而归吧！

一次小小的"快闪"活动，让我们的孩子经历了种种难忘，得到了更多人生启示。在2018年世界中小学生艺术节管乐比赛中，孩子们再一次得到了"A"的好成绩。一次次比赛，一次次活动，学校搭建的艺术舞台展示着附小孩子们的才华和与众不同的艺术魅力。

（二）炫彩星光舞台，让孩子自信闪亮

说起艺术舞台，给人的第一印象就是十分高雅，那是平民百姓遥不可及的神圣殿堂。孩子都是天生的梦想家，即便是极其普通的孩子，他们也有着一个舞台梦，渴望得到上台表演的机会、渴望得到大家的认可。如何开展圆梦行动，点亮孩子缤纷的成长梦想呢？学校搭建了一个特别的小舞台，叫做"星光小舞台"，就放在校门口。每周五清晨，孩子们早早地来到了现场，期盼着"星光小舞台"的精

彩节目。短短的半小时,就有七八个甚至十几个孩子闪亮登场。有个人独唱,有小组表演唱,有器乐独奏,有集体诗朗诵……无论是谁,活泼的、可爱的、调皮的、拘谨的……只要有勇气,都可以登台演出,展现自我。

"储老师,我想上台表演。"身为导师的我收到了小安的心愿卡。他是班里比较调皮的孩子,能静下来、潜心习艺吗?

"储老师,我家小安很羡慕能上台表演的同学,现在每天在家里练习英文歌,能给他一次上台的机会吗?""这是今天练习英文歌的视频,能指导一下吗?""最近进步不小,您在唱游课上的表扬,他回来都跟我们说了。"……哦,原来他在暗暗使劲了啊!我也感受到了他正慢慢进步。

那一天,他终于成为站上了"星光小舞台"的表演者,非常投入地演唱了一首英文童谣。这一刻他就是可爱的小精灵,在舞台上闪闪发光!之后,他变得更加自信了,学习也更加主动了。看到这些变化,我为他高兴的同时,也深受感动。

"很久以前,我就想在舞台上展示自己的才艺,现在我只要写下这个心愿,梦想就真的实现啦!"

"我还期待着下一次能继续在小舞台上表演!"

"我也要像艺术辅导员储老师一样练就一身才艺!"

"星光小舞台"点燃了每一个孩子的梦想,如今,越来越多的孩子有了成长的梦想。

作为平民舞台,它成就了一个个街舞小酷星、芭蕾小皇后、合唱小天使、古筝小仙女、书法小达人……孩子们还带着才艺,走出校园,走进社区"快闪"现场,登上九棵树艺术中心,站上市区级乃至全国赛场。"星光小舞台",圆梦小舞台,它是学校"圆梦行动"的一个小小缩影,它让我们的孩子站在梦想的舞台上,像艺术家一样极富个性地展示着自己的才艺,像小太阳一样光芒四射。

(三) 风采艺术年会,让孩子光芒四射

每年五月是附小的艺术节,以"让每一个孩子都闪光"为理念,学校鼓励每一位学生挖掘自身潜力,展现自身艺术特长,开展"寻找校园艺术达人赛"。书法、绘画、演奏、舞蹈、摄影、主持等二十几个比赛项目,让我们的孩子焕发出独有的艺术光彩。同时,也让我们发现校园中"藏龙卧虎",潜藏了那么多艺术小天才。特别震撼的当属每年艺术节的《一班一史剧》,50个班级 50 部剧,全班人人上台,个个有戏份。(见图 3-20)

图 3-20　奉教院附小戏剧展演《我的自白书》

在"悦读'四史'知史励行"活动中,太阳宝贝们一个个化身为小编剧、小导演、小演员,做道具师、选服装也都自己完成,人人参与,彰显每个班级的魅力!从阅读"四史"到每周研学,从课题研究到戏剧展演。

一封鸡毛信将我们的记忆带回那个战争年代,机灵的海娃克服重重困难,最终把信安全送达;张嘎初生牛犊不怕虎,宁愿不要性命也要救革命;不怕艰苦,不怕牺牲,小英雄雨来让附小学子们感慨万千;江姐豪迈的英雄气概深深地打动了附小学子的心,这就是"红岩魂"精神;阅读陈然《我的自白书》,宁愿面对死亡,也不愿受耻辱,战士们的勇敢顽强给予了附小学子力量!一篇篇,一幕幕都在诉说着"传承中华文化,做好中华少年"的决心和毅力!

一个班级一部史剧,孩子们穿越时光,与烈士在课本剧中相遇;跨越历史,与英魂在课本剧中重逢。这场艺术的时空之旅,让孩子们坚定理想,下定决心,努力奋进,将与先辈们的共同使命传唱!在艺术盛会中,一起学"四史",演"四史",感"四史"。以史为鉴,不忘初心,牢记使命。

艺术节的展示活动时间,不仅有学校的大型展示会,还会在孩子们的午间乐园和放学后,以相对集中与分散相结合的办法举行各种小型艺术展示会。孩子们选择各种方式表现自我,前后历时一个半月时间。学校不仅在校园展出孩子们书法、剪纸、折纸、绘画作品以及陶艺作品等,还会推荐优秀作品展示在贤园,吸引了大批的游客和周边居民前来欣赏。

学校还举办各种工匠大师的巡展,让孩子们参观学习。如学习中国工匠顾德先的木工艺术,传承非遗文化;倾听纸艺大师欧迅进校园课程巡讲,感受造纸技艺等。艺术节开阔了孩子的眼界,让孩子看得更广更高;开拓了孩子的思维,让孩子展露创造的天性;展现了孩子的风采和个性,让每一个孩子都自信闪光。

(四) 校园角落美化,让孩子个性飞扬

让冰冷的建筑有生命的温度,将空间之美在校园的方寸之间发挥到极致,让艺术的美在校园生活中无处不在,潜移默化地影响我们的孩子,这是学校环境文化设计与布置的一个基本理念。每年学校有一项"窨井盖作画"工程。在老师的指导下,学校的美术社团开始"出马",展现他们的个性和才艺特长:一只摇曳的风筝、一条巨大的鲸鱼、一轮喷薄的红日……每年都会有不一样的惊喜。孩子们自己设计,自己绘画,令人不得不感叹他们的奇思妙想。社团的孩子们习得了美术鉴赏能力,在班级和校园文化建设中一展身手,如学校的"绿太阳农庄"设计(见图3-21),就是孩子们的艺术杰作:

图3-21 奉教院附小农场的美化

孩子们开辟了挂满小农具的围栏,小小的铲子、铁锹,他们可以在晨间、午间拿着小工具挥汗如雨,干得热火朝天。

孩子们在菜地周围贴满音符,还改装了一把旧吉他,菜地与菜地间的田埂摆放了一辆改装开满鲜花儿的自行车,骑在乡间小路,鸟语花香。

孩子们在菜地边用废旧木头搭建了一个小木屋,美其名曰"植物研究室"。孩子们可以在这里用放大镜观看植物的静态,可以记录、记载植物的动态成长;可以去考究百草集的秘密,可以去探索花期的规律……

这里是二(2)班的音乐农场,是大自然小小的缩影,是孩子们快乐的园地。

在社团成员的感召下,"绿太阳农庄"不再是传统意义上的条块式农田,有了弯弯的小桥,有了潺潺的流水……各班把每一块责任田打扮成不同主题的艺术苑。正如林婷婷老师所描绘的:"孩子们喜欢这里,就像女孩子要打扮自己的洋娃娃;就像男孩子想'巩固'自己的'军事基地',他们也想装扮这种绿。"

艺术可以传达思想和哲理,传达情感和美好,让人与人之间珍贵的心灵交流不再受时间和距离的限制。校园的角角落落,彰显着孩子们的美术才艺。展示角、阅读角、植物角都可以个性化打造,每一楼梯的转角处、每一条楼道、每一堵墙壁的美化都让孩子们大胆参与,大胆表达。而孩子们的热情也极大激发了老师们对美的追寻与热爱。老师们还自己设计办公区、功能室,一个个"最美办公室""最美办公桌"的美丽分享,更是极大地激发了老师们对"美"的创造热情。沉浸在艺术殿堂般的"七彩校园"环境中,附小师生感受到无比满足和自豪。

四、慧智科创:像科学家一样探索

创新是一个民族进步的灵魂,是一个国家兴旺发达的不竭源泉,也是中华民族最深沉的民族禀赋。创新是多方面的,作为学校,如何通过社团课程,激发孩子成长的第一动力,让科创意识在孩子心中生根发芽呢?各科创社团积极培育和激发孩子的好奇心和创新精神,让他们在实践中学习,在学习中体验,并能通过自主探究、合作交流等方式获取知识,学会学习,创新思维,感受科技的神奇魅力,增强动手动脑能力。

(一)炫彩科技小社团,走向未来立大志

越来越多的孩子爱上科技,学校也就不断增设各类科技社团,如 DDS 电子科技、乐高 EV3 机器人、能力风暴、Knex 建乐思、智能植物园等,培养孩子面向未来的科技素养。

附小有一个小小的智能植物园,社团吸引了很多喜欢种植的孩子。他们在

观察探究中学习科学种植,每次植物园活动,惊喜的小插曲接连不断。

有一天,孩子们突然发现了一个大问题,刚扦插长根的薄荷上面,有了小虫子,刚发芽的南瓜被什么虫子啃了一个个洞洞,室外的蚕豆上也满是密密麻麻的虫子,翻地拨草时,地里的虫子也冒出头来了。原本看到虫子的惊喜,顿时变成了孩子们的声声尖叫。这么多虫子,植物生长肯定受到严重影响,该怎么去除虫害呢?于是,孩子们跟虫虫展开了一次"大作战"。

"大家快来看呀,菜地里有这么多虫子啊,好吓人啊!"

"老师,这都是些什么虫?怎么才能干掉它们?"

"老师也第一次见到这么多虫子。"夏老师摇了摇头,又问道,"你们想想,该怎么办呢?"

大家坐了下来,一起讨论了解虫子方式,寻找杀虫的方法。

"可以拍虫子照片,再对比图片,找到这是什么虫子。"

"可以直接上网搜索信息。"

"我叫奶奶来看看,她认识很多虫子。"

我们开始寻找虫子的资料,对比图片找到虫子,知道虫子的名字,了解它们的特点习性,关键是必须找到杀虫的方法。

可是,所有的虫子都要除掉吗?使用农药会不会给植物园生态带来后遗症呢?有没有自然除虫和生态除虫的方法?怎样的杀虫才能不破坏生态平衡?我们又一次陷入了思考……

最后,在一次又一次的讨论研究下,我们决定选择不同的杀虫材料,尝试杀虫。有的选用洋葱大蒜的汁液喷洒杀虫,有的找出妈妈的艾灸条用艾烟熏烤杀虫,有的说用蚊香杀虫……虽然操作起来没有想象的那么容易,但在我们齐心协力下,终于完成了杀虫大业。

"智能植物园"社团活动贴近学生的生活,趣味性很强,激发了学生的参与热情,给予了孩子充分的持续探究机会,使他们掌握并灵活运用一些科学种植知识,活动中认真观察,积极思考,大胆创新。

2019 的夏天,"乐高机器人"社团的主持人裴老师召集 7 位小伙伴,组成"绿太阳城"队,指导孩子们建造了一座"未来 100 年之后的城市模型",获得了沪苏小学组一等奖,成功晋级并前往北京参加全国总展评。经历"未来之城"整个比赛过程,施译涵感慨万千:

这次的比赛主题是"清洁水源,流向未来",不仅要展示城市设计,更要解决水危机。一开始,我以为只是玩玩机器人而已,后来才知道我有多天真:以为是比想象力,结果是比知识面;以为是比知识面,结果是比做模型;以为是比做模型,结果是比演讲技巧、比团队合作、比谁的脸皮厚,比答辩时谁能巧舌如簧……

暑期集训远远不够,每周二、四放学后固定的社团时间,我们更是一头扎进项目设计研究里。除了收集利用各种可回收物料来制作城市部分区域的物理模型,周末还要挤出时间不断完善我们的项目计划书、城市描述论文和城市物理模型。

比赛让我们的整体技能升级了,还顺带开发了好多周边"小外挂"。比如,怎么调配 AB 胶,怎么使用锯子,怎么查资料,怎么写论文……这些都是大家在平时学习中几乎从来没有接触过的。

我多么庆幸自己参加了裴老师的社团,这样的经历永远都不会忘记,我更是庆幸遇见了"未来之城",让我找到了今后的努力方向,去完成真正的未来之城设计。

我们的科创社团也经常用真实的任务调动孩子学习的积极性,鼓励孩子运用习得的知识去创造性解决问题,让学生充分感受科技的力量与乐趣。

(二) 缤纷创意科技节,走向生活小实验

我们一旦在大脑中储藏足够的、多种学科的知识,思维结构和方式就会发生变化,原因在于知识与知识存在着必然的联系,在脑海里慢慢发酵,像"益生菌"一样渐渐滋生,让思维在不同学科间纵横捭阖,将知识融会贯通。每年的科技节就要让孩子们"脑洞大开,为所欲为""永不干渴的班级小菜园"告诉我们,小思维往往会成就大智慧,让孩子尝试着运用知识创造、创新。

我是班级菜园的小当家,如何在无人浇水的情况下帮助小菜园有水喝呢?

锁定这个问题,我们一起展开了一场激烈的小组讨论,最终举手表决通过制作一套远程遥控装置实现"无土培植,循环灌溉"。

在装置制作过程中,水车多次出现不能转动的情况,还弄坏了好几次。在尝试各种办法之后,最终发现是因为水流太小,没有给水车足够的动力,把蓄水池换大后,看着水车终于转动起来,我们高兴地欢呼起来!在解决水车动力的问题后,总感觉缺少了点色彩和活力,有些单调无趣。大家就给 PVC 管子涂了漂亮的颜色,打了小孔种上小葱和生菜,还在蓄水池里放了水草和小金鱼,经过无数次的改良和修缮,终于制作出让我们都很满意的作品——无土栽培循环灌溉系统。

这次活动让我这个菜园小当家的苦恼终于解决了,也给我带来了很大的触

动,感受到了科学的奥妙,我们不仅成功救活了班级小菜园,还增强了动手能力,提高了团队协作的效率,更让我懂得遇到困难不要退缩,找到问题,解决问题就是创新探索知识奥秘的过程。

孩子们基于学科又走出学科,大胆发现问题,通过由真实问题引导的项目探索和创新,学习得以真正发生。

(三) 脑洞大开小课题,走向社区小达人

学习中有一种"平行借智"的思维模式,悄悄在孩子们心中生根发芽。孩子们能利用科创活动中总结出来的经验、规律、智慧,平移应用到身边发现的问题上去,通过全新的新视角发现问题,尝试走出教室,走出校园,走向社会。

"为什么一到下雨天就会容易出车祸"? 通过数据支撑,我发现只考虑晴天、雨天两种天气情况,比较日平均事故数,雨天交通事故数量明显提升(见表3-9)。于是,我大胆猜测雨天视线差是导致事故高发的重要原因之一。

表3-9 某区县2021年1月至4月中旬交通事故统计

	天气数	事故数	日平均事故数
晴天(含转阴、多云)	36	2169	60.25
雨天(含转中雨、大雨)	42	2748	65.43

那有什么办法可以让交通标志线在雨夜也清晰明了呢? 脚上的荧光跑鞋给了我灵感。我想:如果雨夜,地面采用易于排水的路面,并且地上的标志标线会变色发光,那不就大大增加了行车的安全系数吗? 于是,我将设想告诉了小伙伴们,商定两种解决方案:一个是从物理结构角度,解决排水问题,减少路面积水,或者易于排水;第二个是从化学角度、工艺角度、材料角度,采用发光、变色的方法让地面交通标志线保持清晰,解决雨天和夜间看不清标志线的问题。

为了验证方案的可行性,我们做了三次实验。第一次,准备了易排水材料、透水材料、面层原材料(沙漠中的沙子)进行透水材料测试实验,我发现当水流到面层透水砖上时,水瞬间沿着表面的孔隙流下去,面层表面没有积水;第二次,用荧光涂料涂成交通标识的样子,然后风干观察。我发现荧光涂料在昏暗的环境下能发出荧光,比白色的标识更容易看清;第三次,借助荧光材料进行实验,发现荧光材料的荧光效果比荧光涂料更加好,但荧光材料形状比较固定,有着灵活性不高的缺点。

根据初步的研究成果,我们模拟交通路段制作了沙盘模型。经过几次试验,我发现交通标志线通过透水材料和荧光涂料的加成,即使在黑暗和湿润的情况下,也是十分清晰。

模拟实验的成功,让上述案例中的钱易之小朋友体验到了科学的奥妙,收获了成功实验带来的喜悦感,以及和伙伴们协同合作的满满成就感。科学的种子也已经在孩子的心中生根发芽,科学探索的精神将永远伴随着孩子的成长。

体育、艺术、科学相互交融,散发出互为一体的力量和美丽:从管乐行进的整齐划一中,找到步调与节奏之间的和谐与美感;从游泳竞技中,体会各种泳姿的速度与激情;从武林对决的紧张刺激中,领悟传统文化蕴含的哲学;从一次次的失败抑或成功的实验中,带来的固有思维不断地被打破……每一个孩子的奇思妙想得以绽放,每一个孩子的天性得以释放,每一个孩子的梦想得以飞扬。

第四章　担当:在志愿服务中点燃责任与理想

"阿姨,您辛苦了!这么冷的天,快喝口姜汤吧!"
"新年快乐,万事如意!这是我们亲手做的汤圆,您快趁热喝吧!"
……

还记得 2014 的大年初一吗?天特别冷,冷到连家里的下水管道都冻裂了。据说,那个冬天是近十多年来气温最低的一次。温暖的太阳宝贝们看到天气预报中连日的报道后,坐不住了。各个班级开启了"送温暖"行动,"太阳宝宝"们行走在不同的小区,为街道内的环卫工人送上一碗姜汤、一碗酒酿、一碗汤圆……随后,孩子们也快乐地加入了清扫街区的行动。

天冷心却暖,一条条鲜艳的红领巾犹如那一团团燃烧的"小火苗",不断向上窜动,"噌噌"地点亮了生活中那抹明亮的附小绿,温暖了那个冬天在户外劳作的城市美容师,也感动了身边经过的路人!

红领巾社区志愿者活动,从刚开始的五个中队,逐渐扩大,成为附小每一个中队寒暑假的"保留节目";从"送温暖"的一次行动演变为"冬送温暖,夏送清凉"的红领巾特色活动。

一碗姜汤、一碗酒酿、一碗汤圆;一个眼神、一句问候、一次行动,这不仅仅是一次单纯的志愿活动,更展现了当代少年儿童对底层劳动人民的敬仰和尊重,并在他们幼小的心里种下了尊重劳动、热心公益的种子。这颗"种子"将孕育着少先队员的情感、责任、理想与担当,在肥沃的土地上让它们努力地出土、发芽、生长,从一颗到许多颗,甚至是一团团、一簇簇,发出最耀眼的光芒。这耀眼的光芒,不仅自行闪光,也照亮了身边需要帮助的人,更是把这光芒铺洒在社区,乃至更远的地方……

这不就是我们附小"绿太阳"所折射的光芒吗?"自行闪光、充满温暖、照亮他人"就是引导孩子们做一个温暖明亮、乐于奉献、勇于担当的新时代少年儿童。

一、担当是绿太阳的亮丽光芒

少年儿童是祖国的未来,民族的希望,肩负着中华民族伟大复兴的重任。习近平总书记指出:实现我们的梦想,靠我们这一代,更靠下一代。

心灵是田地,美德是种子。我们紧紧围绕"立德树人"这一教育的根本任务,提出"点燃教育"学生"八会"培养目标,其中"会感恩、会担当、会创造"直接指向涵养美德,为心灵田地播种,在学生的心灵田地中播种爱心、播种真善美、播种理想、播种责任、播种担当,成为"绿太阳"最亮丽的光芒。

(一)感恩幸福生活:培养责任意识

2008年的汶川大地震,带走了许多生命,也留下了许多感动。其中,有这样一个场景至今都令我感动,难以抹去:救援人员在废墟中发现了一位母亲,她的姿势有些怪异:双膝跪地,整个身体向前匍匐着,双手扶地,支撑着身体。当救援人员搬开她时,发现她的身体下面有一个婴儿,正在襁褓里酣睡着。当医务人员解开孩子的小被子时,发现了一部手机,上面还有一条写好的短信:"亲爱的宝贝,如果你还活着,请你一定记住,我永远爱你!"

父母给了我们生命,乃至为了我们的生命献出自己宝贵的生命。"滴水之恩当涌泉相报",懂得感恩,知恩图报,是我们中华民族的优良传统,也是培养孩子们责任意识的起跑点。

感恩节活动——感恩有你,感谢陪伴。现在的孩子是泡在蜜罐中长大的,他们衣来伸手、饭来张口,却不知父母抚养与教育的艰辛。为了培养孩子们的感恩之心,学校自建校初期就设立"感恩节"主题活动,一年一个主题,在校园内开展"感恩"系列活动,感谢父母、感恩师恩、感谢生命、感恩陪伴。

2017年,是学校第十一届"**Love 在行动感恩节**"主题教育活动,学校少先队大队部策划"感恩五部曲"活动：

一节主题班队会： 说说身边的感恩之情，讲讲令你难以忘怀的温情故事。

一张感恩卡、一封感恩信： 画一画、写一写，用爱填满校园。

道一句感谢，诵一首小诗，献给你最爱的她/他： 爱要大声说出来。

一次"手牵手"爱心义卖活动： 手牵手，爱心救助。

感恩在心，感恩在行，用行动表达你的爱。

图 3-22　奉教院附小一年级感恩"护蛋活动"感恩卡

整个活动为期四个多星期，全校学生热情参与，那一张张感恩卡、一句句感恩心语、一首首感恩小诗、一次次流淌在校园的"感恩之心"，让孩子们的心灵接受了一次洗礼。尤其是把义卖活动筹得的近 6 万善款，捐助给五(1)中队身患重病的小赟同学时的场景，把感恩活动推向了高潮。

感恩在行动——感恩在心，责任在肩。 我们认为，只有懂得感恩的人，才会时刻把责任扛在肩上。因此，学校除了引导孩子从感恩师长开始，主动做好自己的事情，学会独立；感恩伙伴，懂得尊重别人，学会礼仪。我们还注重教育孩子懂得感恩党、感恩祖国、感恩社会、感恩自然，在感恩活动中把爱心传递，把责任担当。因为只有懂得感恩，才会懂得去付出，才能担起责任。

在一次少代会中，少先队员代表的提议有关于加强流浪猫管理的建议、落实社区垃圾分类的建议等，于是就建立"流浪猫爱心救助站"公众号，征集爱心领养人；开展社区垃圾分类行动……学校少先队大队部增强角色意识，主动参与各种社会志愿服务活动，引导队员们多方位实践，全方位感受，担起环境保护的责任。

在一次"沪滇"连线课堂中，参与活动的孩子们在课后讨论着有关云南小朋友的问题：他们的教室怎么是水泥砌的呀？他们的课本为什么都是皱巴巴的啊！……一连串的问题，在他们心中泛起了不小的涟漪。反观自己的生活，尽管自己还有这样或那样的不满，而在云南少年的眼中那就是可望不可及的"云端生活"啊！

"能不能让身边闲置的书籍流动起来，送去云南发挥更大的作用呢？"学校少先队大队部向全校师生发出了倡议。

当队员们挥汗如雨，把打包好的1800余本书送上邮车时，想象着书本给远方的小伙伴传递知识力量的时候，心中满满的是幸福与温暖。

一次次感恩教育活动、一次次志愿服务活动，让孩子们明白了要珍惜、感恩自己现在拥有的美好生活，要帮助更多的人拥有幸福，要学会担起责任，为社会、为身边的人送去温暖、带去关怀。

"我们在享受他人和社会给予的'幸福'的时候，就应该心存感恩，去主动承担、主动作为！"这道出了我们附小每一位少先队员们最真切的心声。

（二）战胜挫折困难：激发坚毅力量

人生漫漫，总有一些磕磕绊绊，困难和挫折是人生成长的必经之路。它们尽管会给人们带来不同寻常的痛苦，但是它们能磨炼我们的意志，激发我们的斗志，让我们更有韧性，更有毅力，更具战胜困难的勇气，更能敢于担当、善于担当。

每个孩子都是爸爸妈妈心中的宝贝，不论是独生子女，还是二孩、三孩，都是全家的"掌中宝"，可以说是"含在嘴里怕化了，捧在手里怕碎了"。在成长过程中，孩子们得到的是家长过度的溺爱、刻意的保护，"他还是孩子，不能吃这样的苦。""我是一路苦过来的，我不希望我的孩子和我一样吃苦。"家长们不允许孩子受苦、不希望看到孩子遭受挫折，父母精心打造一个"无菌"的环境，最后怎么能让孩子健康长大？怎么能让孩子坚毅地跨入社会？又怎么能让孩子们担起中华民族伟大复兴的重任？

在逆境中学会成长。在漫长的人生路上，每个人都会面对种种不如意的逆境。逆境，是我们前行路上的险碍，成长路上的磨砺，逆境也是人生常态，是人生路上的一个重大课题。可在"蜜罐"中长大的孩子怎能经历起这一人生的风雨呢？因父母的一句责备而离家出走，因考试不理想或一次失意而轻生。在让人痛心之时，我们也在反思我们的教育，要不要让孩子适当"吃点苦"，以锻炼其体魄，磨练其意志，帮助孩子战胜挫折，在逆境中学会成长。于是，就有了下面的"远足"故事。

四月，附小又要开启一场"基地远足"行动。那天一大早，孩子们准备就绪：带上面包、水杯，穿上跑鞋，背上行囊出发了。不同的年级去不同的基地考察，一年级的孩子要步行去三公里外的消防队，见识消防员叔叔的工作生活；五年级则要去六公里远的神力科技有限公司，考察新能源汽车制造。家长们对这样的校外拓展非常赞成，但是有很多家长对此次考察活动持有不同意见，意见的焦点是"步行去考察"：

"孩子们平时都是车里来车里去，哪能走这么远的路啊？这不是要累坏他们啊！"；

"如果学校没有经费用车，我们家长集资好了。"；

"我赞成，一定要让孩子们吃吃苦！"；

……

尽管家长们有不同的意见，但我们还是下定了决心：步行去考察，这段路虽然有点长，但孩子们还是应该能承受的。家长们也只好作罢。到了考察地点，我们却发现还是有一部分家长偷偷把自驾车开到考察地点的门口，说怕孩子吃不消，想偷偷接走。家长的好意，却没有得到孩子们的赞同。整个远足活动，没有一个孩子愿意跟着爸爸、妈妈的车回家。家长们也只好悻悻然空车回家。

十多年来，远足活动还在"远足"，我们一届又一届的孩子们都"挺"过来了，并且在这个过程中，收获了不一样的体验。瞧，一位平时最害怕写作文的小胖子，在活动之后也道出了自己在远足活动中最真切的感受。（见图3-23）

远 足

今天下午，我们排着队伍要去神力科技基地活动。老师说这还是一次"远足"活动，那就是自己走过去。我听了可高兴了，带上水杯兴冲冲地出发了。

一路上，我们叽叽喳喳地说个不停，路上的银杏树啊、小鸟啊，都是那么可爱。走了一会，我觉得基地的路有点长，怎么走都走不完啊！

一小时后，我们终于到达了神力科技，参观了一圈后，我们就要回去了。一想到，还要走那么多路，我们瞬间没声音了。

路上，我发现自己水杯里的最后一滴水喝完了。可太阳却还是那样火辣辣地照着我。同学们个个都冒出了汗，开始脱下校服外套了，一个个都摇摇晃晃地走着。唉，哪里还有什么队伍啊！

> 我想喊累,可是嗓子冒烟一样,脚底也是火烧火燎的痛,两条腿简直是重得像是灌了铅一般。几个调皮的男生实在走不动了,就路旁席地而坐了。我也是坐坐走走,一路跌跌撞撞才回到学校。
>
> 远足,真没我想的那样有趣,但是走过那段路后,我也感觉挺好的:只要坚持,我是可以的。我也深深体会到:当年革命战士他们长途跋涉、行军打仗,真太不容易了!

图3-23 奉教院附小学生"远足"感悟

多么真实的一段心路历程。在远足活动中,孩子们既有新奇,又有无奈,却有收获和感悟。在远足的过程中,孩子们遇到困难,但坚持下来还是能够走完。由"远足"而起,学校联手家长共同关注、教育、引导孩子们参加各类的社会实践活动、志愿服务活动、劳动体验等,在实践、服务、劳动中,正视所面临的挫折与困难,出力流汗、磨砺意志,不屈不挠、勇往直前。

在坚持中闪闪发光。"一个人做一件好事不难,难的是一辈子做好事。"这是伟大领袖毛主席用来表扬雷锋同志的一句名言。确实,坚持,是一个人的优秀品质,是成功者不可或缺的毅力。让孩子们学会坚持,懂得坚持的品质和行为,在成就他人的过程中成就自己。

在我们附小的校门口有这样一条长长的街沿,街沿上有遮雨挡风的雨篷、有休闲栖息的长椅、还有绿草鲜花,那是我们为了让前来接送孩子的家长有一个温馨的环境,学校特意向政府争取的一项便民工程。这本该是一件美好的事情,可最近我们的少先队值周队员们发现这条长长的便民之路,总是散落着一些纸屑、烟蒂等垃圾,特别是接送孩子的等待区垃圾更是不断,这与一墙之隔的美丽校园极不和谐。于是,他们每周抽出两三个放学时段,在班主任的带领下,穿上绿马甲,戴上手套,拿好垃圾袋,把这条街沿打扫得干干净净。

可到了双休日,这条街又是回到原来垃圾满地的状态。孩子们可没有泄气,他们说:"环境卫生节假日也不可放任啊。"于是,双休日、寒暑假,不管是严寒还是酷暑,每一天都有绿马甲们在行动,形成了一道美丽的风景线。而后,绿马甲志愿者队伍的人数越来越多,从10多位队员到80多位队员,从一个中队变成了几个中队,有和兄弟姐妹一起上阵的,有把父母一起拉进来的,从原来一条路的清洁变成了整个学校所在的绿地老街的维护,一干就是5年,第一批志愿者毕业了,但他们又把这面旗帜传给了弟弟、妹妹们,一个又一个中队在接力,艳丽的绿马甲在社区、居委、街道不断闪亮。

学校坚持把志愿服务活动作为一项培养学生责任意识、担当精神的常态活动,引导和带领附小的孩子们走进社区、走近困难家庭、走向社会,寒暑更替、年复一年,总能看见我们"绿马甲"志愿者在社区为环保工人递上一碗绿豆汤、一碗热汤圆,和环保工人一起清洁家园的身影;在敬老院听孤老们讲述他们从前的故事的镜头……而今,我们的志愿服务已成为校园活动的一种风尚,成为孩子们锤炼毅力的一种习惯,也成为孩子们传递幸福和温暖的一道驿站。

(三) 追寻时代榜样:树立理想信念

"队员们,你们听说了吗?姜冉馨姐姐回家啦!"

"听说啦,为此学校与社区特地组织了一次'15分钟幸福活动圈'的活动呢!"

"是的,我们受奉浦街道的邀请,可以和冉馨姐姐进行零距离采访哦!"

"真的吗?这可真是太荣幸了!"

"快去,和冉馨姐姐合个影、让冉馨姐姐签个字。"

"如果能有幸一观奥运金牌,就更完美了!"

……

图3-24 奉教院附小少先队员争先触摸姜冉馨的奥运金牌

当今的孩子们喜欢明星,追逐明星,明星是他们心中的榜样,是追随的"偶像"。追星是孩子们的心理需求和情感需要,追星也是孩子们释放压力的需要。孩子们到底可不可以"追星"? 追星要追怎样的"星"? 我们学校不仅不压制孩子们"追星",而且积极"造势""造星",带着孩子们一起去"追星"。

造势"追星",汲取榜样的力量。每个人都有自己心目中的"星",这颗"星"会激励自己往更好的方向努力前行。我们借以孩子们喜欢"追星"的情感需求,在校园里掀起一股"追星"热。追什么"星"？我们不追"网红"明星,不追"偶像"明星,不追"演艺"明星,我们追随的是"共和国之星"、科技之星、体育之星、医学之星……引导孩子们追随时代榜样,汲取榜样的力量:

新中国成立70周年之际,在国庆前夕,9月29日当天,中共中央总书记、中华人民共和国主席、中央军委主席习近平同志,在人民大会堂为8位共和国勋章获得者和28位国家荣誉称号获得者进行颁奖。

"共和国之星"就成为在校园里孩子们追寻的一道亮丽的风景:屠呦呦、于漪、黄旭华、申纪兰……在"追星"的路上,孩子们明白了我们的"明星":在实验室里攻克难关、在三尺讲台上呕心沥血、在普通岗位的奉献中、在危难时刻的救援中……

2020年初,一场史无前例的新冠疫情让我们与病毒展开了一场没有硝烟的战争。这场与病毒的战斗,凝聚了华夏儿女众志成城抗击疫情的力量。

追随"抗疫之星"就在校园里掀起了热潮:钟南山、李兰娟、白衣天使、人民警察,乃至社区志愿者,都成为孩子们心中的英雄,行动的榜样:致敬逆行者,与病毒抗争,拯救生命;赞美白衣天使和人民警察,他们发扬先国家后个人的家国情怀;学习志愿者,他们舍小家为大家的志愿精神从中感悟民族的力量,中国的力量。

追随"时代之星",成为校园的一种时尚:水稻之父"袁隆平"、航天英雄"杨利伟"、白玉兰获得者"钟天"……让追星成为校园的一种风尚,寻找榜样的楷模,找到向上、向善发展的精神支柱。

2020年的那次抗疫行动,三(6)中队陈筱果的妈妈加入"援鄂医疗队",爸爸也在担任志愿者,只有她和奶奶在家里,当所有人都在为筱果担忧的时候,殊不知这个懵懂女孩瞬间似乎长大了,给妈妈写了一封长长的书信。在写给妈妈的这份信中,筱果不仅表达着对妈妈深深的思念,更是用她自己的方式宽慰妈妈,让妈妈安心工作。

妈妈榜样的力量、同伴守护的力量,瞬间点燃了她内心的正能量:录制防疫宣传视频、绘制防疫宣传画、为社区送温暖等,做着小小年纪的她力所能及的事。是啊,成长的路上,孩子们一定会遇见各种各样的困难,但让孩子们学会迎难而上,困难会让他们学会长大,会给予他们无所畏惧的勇气和力量。

校园"造星",激发奋进的力量。 "追星"追的是理想是信仰,追的是精神支柱和学习榜样,用"明星"、英雄的优秀品质激励自己,努力让自己成为一个担使命、有能力、有担当、讲奉献、有作为的新时代少年儿童。

其实,在我们的校园里也有好多"星星":好学之星、百灵鸟之星、小孔雀之星、运动员之星、小创造之星、奉献之星……他们是校园中的"明星",每一个"太阳宝贝"都希望成为那一颗最闪亮的星星。我们何不给他们"造星"呢?何不在校园展开"追星"活动呢?于是,就有了"绿太阳最闪亮之星"的评比。

每月的月底那是孩子们最紧张、最高兴的日子,因为学校会定期举行校园"明星"推荐、投票、表彰,学校中的每一位老师、学生、家长,乃至是员工都可以推荐身边的"小明星",孩子们期待着成为校园"明星"。

他是在爸爸妈妈都参加抗疫志愿者后,一个人留守家庭完全自理且坚强的"抗疫之星";

她是每周去给小区孤寡李奶奶送温暖的"孝顺之星";

他是一头钻在实验室,设计、研究"未来城市"的"创造之星";

她是不厌其烦,每天帮助学习困难的同学,担当小老师的"互助之星";

她是一有空就去图书馆,给同学借书、自己也特别喜欢看书的"阅读之星";

……

走进附小大厅,最靓丽夺眼的就是"明星墙"了,这里张贴着一位位小明星的照片和他们的先进事迹,也吸引着一批批的"小粉丝们"驻足欣赏。

学校还会举行隆重的颁奖典礼:每一位"星星"的事迹,都会在鲜艳的国旗下,由校长深情讲述;也会在微信"星星榜"上定期推送,大力宣传和弘扬"小明星"的先进事迹和感人故事,引导大家一起"追星";这些"明星"们,还会被请到舞台中央,由学校特邀嘉宾给他们佩上奖章、颁发证书。

"我的儿子这么顽皮,竟然也轮到明星啦!"一位妈妈兴奋得给我打来电话。"祝贺你!你儿子是一个认真负责的好孩子,天天第一个到校,为班级开窗通风、打扫卫生,是班级同学推荐的'岗位之星'啊!"

"他只是把负责开门的'班级掌门人'的工作做好了,学校给他那么大的荣誉,他别提有多激动了,他说自己是明星了,以后样样都要好,学习要更认真、还要帮助更多的人!"看得出这位妈妈也是非常激动。

和这位妈妈一样成为"明星妈妈"的还有很多很多,和这位孩子一样拥有着"明星梦"、实现梦想的孩子还有好多好多。我们期待,每一位孩子都能成为自己心中的"明星",在每一时刻、在每一地方都会熠熠闪光、温暖他人,照亮未来前行的路。

二、担当在自主自治中熠熠生辉

以我所能为祖国、为家乡尽责任！

随时准备帮助别人！

决不向困难低头！

"责任""互助""勇敢"是少先队的铭言精神，也是少先队员自强自律精神品质的警言。今日的学生，明天的社会公民。将来所需要的社会公民，就是今天应当培养的队员的样子。少先队组织是孩子们自己的群团组织，也是培养少先队员自治与担当精神的重要阵地。学校重视、发挥少先队组织作用，建设"三级自治"——校园自治、家园自治、贤园自治，从自己做起、从身边做起、从小事做起，把实现伟大理想的价值观转化为少先队员的小行动，学会自我管理、自我教育，担当在自主自治中熠熠生辉。

怎样点燃队员们的担当精神呢？校园生活、家园生活、社会生活无疑是最佳的历练途径。附小的队员们在"会担当"的启蒙中结伴而行，在各类志愿服务中收获着成功的体验，在输送和传递温暖的道路上，成为绿太阳中一轮耀眼的光芒，成为乐于奉献、勇于担当的英雄少年。

（一）校园自治："金字塔"队组织的建设

学校一贯主张"儿童立场、学生主体"，在少先队工作领域也是坚持"自己的组织自己建、自己的队伍自己管"，形成"金字塔型"的少先队管理体系（见图3-27)，让队员们在主体的体验中学会"担当"，让自身的潜能和管理能力在校园自治中点燃和提升。

"金字塔型"的少先队管理体系以"人人有岗、人人有责"为基础，以"我的校园我当家"为原则，建立"学生干部轮岗"制度、"绿马甲值周中队"制度，凸显少先队干部的校园自治，形成"人人有岗、人人有责"的自动化管理体系，助力队员们树立"自主管理"意识，实现从"他律"走向"自律"。

自己的会议自己开。大队部以"三个例会"为抓手，培养少先队干部的自治自理能力：一周一次队干部例会，集中讨论本周工作；一月一次集中反馈，提出问题并共同讨论解决方法；一学期一次年终汇报，为下学期工作提前设想方案。少先队"例会"有明确的"四个一"制度：开会一定有点名、请假一定有规范、会议

图 3-25　奉教院附小大队部"金字塔型"管理体系

一定有记录、每周一定有总结。小干部们,在其位谋其政,任其职尽其责。

自己的工作自己管。大人当干部有一套管理流程,小朋友当干部也有一套完整的管理流程,让他们意识到:佩上标志,不仅仅是光荣,还有那沉甸甸的一份责任。因此,要求少先队干部在推进管理工作中做到"六个"落实:培训落实、指导落实、反馈落实、改进落实、评价落实、监督落实,确保各项工作的顺利推进。

"绿马甲"中队值周是学校少先队自治管理的一个主要"部门"。每周都有一个中队承担整个校园的学生生活、学习、纪律、卫生、活动等管理。每周轮值、人员不固定,为了保证评价和监督、指导和改进等要求及流程的公平性,每周一中午都会由大队长对本周值周人员进行培训与指导,包括:评价指标、反馈项目、加分扣分情况等详细内容,确保每日反馈有成效、改进有方向。同样,在校园卫生、校园安全、绿太阳电视台使用、升旗仪式等各项管理中,同样保证了每个队员自主培训、自主监督的权利。

在这一过程中,队员们不仅增强了自我管理的严肃性、规范性,还能做到事事处处作表率,以身作则起模范的榜样作用,提升了自管、自律的能力,用自己的微光去温暖更多的伙伴。

自己的活动自己评。评价是导向、评价促发展。少先队员们在自治管理、在责任担当、在合作互助等方面做得怎样？评价就是"一杆秤"。这杆秤也由我们的队员来把握："每月一互评"是指大队部成员从"行规评价""组织能力""管理能力"三方面对大队委员进行阶段性互评，认定星级；"每学期一综评"评选出年度优秀大队委员，通过微信公众平台进行风采展示。两次评价客观公正地评价队员们的自主管理能力、自治管理水平。

"金字塔型"的学生自主管理模式培养了一批拥有自动化管理意识、自治化管理能力的少先队干部。每一位大队委员、中队干部、值周队员等都充分发挥着自己当家做主的能力，为校园环境建设和岗位管理贡献着自己的力量。而校园就像是一块磁铁，正用有趣的、令人振奋的生活方式吸引着队员们自主发展，感受着各自岗位的光荣感与幸福感。

（二）家园自治："领巾 IN 社区"的创新

社区是我们生活的家园，也是少先队员们学习、实践、服务、成长的"校园"，社区也是附小学子追求梦想、培养责任、实现理想的美好"花园"。融合少先队组织教育、自主教育和实践教育为一体，聚焦队员们的政治启蒙和价值观塑造，家校社三位一体，彼此间的"互通互答、有求必应"燃起了附小学子志愿服务活动、创造"15分钟生活幸福圈"的渴望。

八年前，一年级的钟睿思小朋友在回家路上看到了这样的一个场景：社区里的小树枝上挂满了各色各样的棉被，小树枝压弯了"腰"，不堪重负。一股心疼、辛酸的情愫迅速冒上头来。回家后，她便写了一篇关注环保的文章：《为什么大人们什么都看不到？》。文章被载在《少年日报》上后，再一次激活了她的思绪：一个人进步不算进步，带动所有人一起进步才有意义！于是她和班主任张老师商议，将班级有兴趣的十几个孩子们组织起来，成立了一支校外志愿服务，让红色的领巾在社区"闪耀"。

从服务岗位到"15分钟幸福圈"。校园的每一次历练、每一次担责让每一个孩子的生命在属于自己的天地中发光发热，但更鼓励他们走出校园、走进家园、走向生活，打造"15分钟幸福活动圈"，将志愿服务活动从校园内延伸到校园外，让队员们试着承担起更重的责任感，让这份光与热能传递给更多的人。由此，"领巾 IN 社区"项目成了学校少先队员们"家园自治"的一大品牌。

自制环保袋，是我们附小一年一度的劳动节中的一个保留项目。劳动节里，孩子们会从家里拿出闲置的衣物，与同伴们一起进行旧物改造，制作成可回收利用的环保袋,并将这些袋子发放至社区的每家每户。

"奶奶您好,我们是教院附小的队员,这是我们亲手制作的环保购物袋,赠送给您,希望您能喜欢!"

"阿姨,这个购物袋是我用牛仔裤制作的,不仅美观,还牢固实用。"

"希望您在使用这个购物袋的时候,也能和我们一起宣传环保理念哦!"

孩子们的这一举措得到了社区居民的一致好评,有一位奶奶这样说:"这个袋子太实用了,我每次出门买菜都会带着它,这个理念特别好,学校从小就教育孩子要懂环保、不浪费、再利用,真得老赞额啦!"

社区居民的赞美就是孩子们积极成长的巨大动力,他们体会到了付出的幸福,感悟到了个人幸福是建立在创造社会幸福的基础上的,当家作主的责任感在奉献中点燃!

从服务岗位到"15分钟幸福圈":"小蓝单车整理员""东方美谷小代言""贤美小讲解""城市美化师""社区小设计""孤老小棉袄"等服务岗,引导学生走向社区、融入社会,共同打造美丽生活艺术街区,以责任和担当厚植劳动精神。

从提案到"明日委员"。一条领巾一份担当,一条杠杠一份责任。今日学先锋,长大当先锋。少先队自治担当还应体现在发扬民主作风中,体现在民主参与、民主管理的精神中,让红领巾在社区积极献言献策,才能更好地去履行组织所赋予的职责和任务。

在一次少代会上,有一位队员的提案,引起了我们的注意:

缘由:2018年,习爷爷在全国教育大会上明确提出将劳动教育纳入社会主义建设者和接班人的总体要求,而现实生活中,我们很少参与家务劳动,更别说为社会做贡献。

内容:针对少先队员缺乏社会劳动的现象,我们展开充分的调查:不是队员不喜欢在社会劳动,而是他们没时间、没机会。38%的受访队员表示他们在双休日时会在社区中做志愿服务,但往往是通过雏鹰假日小队活动的形式参加,活动时间不固定。48%的受访队员表示非常想参与社会劳动,但不知道可以通过什么方式报名,希望社会各界可以给他们提供机会。剩余14%的受访队员表示"双休日忙于在各类培训机构学习,没有时间去参与社会劳动"。

这是一份来自一位少先队员"呼吁社会各界为'社会小当家'提供劳动岗位及相关培训"的提案(节选),他们非常想要参加社会劳动,却苦于缺少劳动的岗位、报名的途径,希望社会各界可以给他们提供机会。

我们把这份"提案"交给有关部门,很快得到了回应。奉浦街道、东方美谷产业园区都纷纷与学校结对,并提供了丰富的资源,让我们每位队员都有固定的"领巾社会小当家"岗位以及相应的点位指导。周边社区为我们提供了"社区健身房小当家""垃圾分类当家""社区小导游"等劳动岗位,美谷产业园区为我们提供了:"美谷小讲解""美谷小代言"等宣传岗位,队员们在各自的岗位上宣传奉贤、美化奉贤,附小红领巾的风采染红了社区的每一角落。

如今,学校"15分钟幸福生活圈"联合社区启动了"明日委员"培养计划。带着这份责任感,队员们更加积极地投入,向社区发出了一份份有质量的提案:如在"双减"背景下,希望社区能为孩子们提供更多的体育场馆资源,实行灵活的预约制度,随时满足中小学生的运动需求。再如,在社区改造更多的一米菜地供不同的家庭认领等等。从校内走向社区,每一位队员都踏上了志愿服务的道路,从不愿意劳动到积极参与服务,每一位队员学会了承担公民应有的义务。

(三)贤园自治:"贤美文化"的颂扬传播

贤园,是"贤文化"融入社会主义核心价值观的主题公园。高大肃穆的言子塑像、历代名人贤达的介绍和雕塑、忆贤壁态犹如一张竹简,让游览者了解奉贤历史,感悟奉贤发展;贤园,也是一座融生态科普、主题风情体验为主题的公园。随着新时期人民日益增长的对美好生活的追求,奉贤正在升级打造"贤美"文化。"贤园"就坐落在学校所在的社区,少先队员没有理由"缺席",扛起这份责任,"绿马甲"少先队员志愿服务队又出发了。

为"贤园"添彩。突出的"贤文化"主题、美丽的生态环境,"贤园"成为了人们休闲放松的好去处。不论是双休日,还是在平常日,人们去"贤园"坐一坐、走一走、拍上几张异域风情的大片……我们能否为"贤园"再添一道色彩呢?让鲜艳的队旗飘起来……

六一,是孩子们尽情欢乐的节日,也是孩子们难以忘怀的节日。尤其对于我们二年级小朋友来说,更是成为了他们心中永远的记忆,因为那天在神圣的言子像前,他们的胸前第一次飘起了那一抹"红"。

每年的六一,我们的庆祝仪式和入队仪式,就在"贤园"举行。

仪式非常庄严。学校会邀请奉贤的"贤人"代表:全国关心下一代先进工作者余静萍奶奶、全国孝亲敬老之星周丽娟、感动奉贤的上海凯宝药业研发团队、孩子们的偶像学姐——少年作家钟睿莹……为孩子们戴上鲜艳的红领巾、为孩子们讲述他们的故事,在神圣的仪式教育中,感悟少先队的责任和担当。

仪式非常隆重。那一天,大队部的哥哥姐姐们会带领"准队员们"参与丰富、有趣的队知识小小擂台赛,一起唱队歌、复习队名、回顾少先队悠久的历史,开展丰富多彩的才艺表演,祝贺二年级的孩子们加入光荣的少先队组织。

仪式见证光荣。那一天,学校会把孩子们的长辈也请来,让他们见证这光荣的成长瞬间,分享长辈小时候戴"红领巾"的那份感动,激励孩子们珍爱红领巾,不断努力,为红领巾增添新的荣誉!

仪式非常热闹。神圣、隆重的入队仪式吸引了一批批游客的驻足观看、拍手喝彩,并拿起手机纷纷和我们的队员合影留念,记录这美好的时刻。

图3-26 奉浦贤园:奉教院附小庆"六一"暨二年级入队仪式

一次特别的"六一"庆祝活动、一次光荣的入队仪式,不仅给孩子们烙上了红色的基因,也给美丽的"贤园"增添了那一抹领巾红,成了一批又一批孩子们终身难忘的回忆,成了他们源源不断的成长动力……少先队员们,穿上绿马甲,又让这一抹"红"在青草绿树间闪耀,担起清洁"贤园"、服务游客的使命,蓝天白云、"红绿"相映,为"贤园"添彩增光。

为"贤文化"代言。"贤园"是奉贤人民了解历史文化变迁,触摸奉贤的历史文化脉搏,感悟奉贤"贤文化"精神的好去处,也是我们附小少先队员展现风采的好去处。我们主动担责,为"贤文化"代言。于是,就诞生了一位位"崇贤尚美小讲解员"。

欢迎你来到美丽的"贤园"。

贤园以时间主线为轴,展示出"贤文化"在历史长河中逐步演变发展的过程。

从思贤印到忆贤壁、言子像,再到文化长廊和讲贤堂……

"贤文化"与园内景色有机融合,队员们在移步换景中不仅能欣赏自然景观,还能了解"贤文化",感受传统文化的魅力。

黄泽平队员流利地介绍着"贤园"的文化故事,讲述"贤美"文化的源远流长,让更多的人了解奉贤、走进奉贤、爱上奉贤。

围绕"四史"红色路线,学校专门为少先队员开设了"崇贤尚美小讲解"实践岗位,而我很有幸成为了其中的一员。为了把讲解工作做好,我们一起收集资料、多次实地考察、制定参观路线、编写讲解稿。准备工作就绪,我戴上"小蜜蜂",带领着游客参观公园并向他们讲解每一处景点,从法治雕塑、法治石刻、宣誓墙到贤韵亭、五治红桥。春风化雨,润物无声,用法治文化塑造社会文明,不仅是参观者的称赞,还有一次次内心的幸福和成长。

我们的队员体验了"做讲解"的幸福,为自己代言,为学校代言,为东方美谷代言,更为贤美家乡代言。"贤园"自治中,"向上、向善、向美、创造"的良好品德逐渐形成,也阐释了少先队员传承文化、乐于奉献的责任与担当。

我们又走进奉贤区博物馆、九棵树未来艺术中心等"贤美"文化地标,在传承传统的地域性非遗文化、物质文化和"敬奉贤人见贤思齐"精神内核的同时,在红色精神教育、劳动教育、思政一体化教育以及家庭教育中,学校进一步融入新时代新的德育元素,使每一位队员都能在文化底蕴深厚的家乡和社区环境中徜徉,时时处处感受"贤美"的文化气息,实现"小鬼当家"奉献社会的共燃自治。

三、担当之火在社会奉献中燎原

附小少先队的社会化实践助力队员们激发出浓烈的家乡情感,他们立志成为担当民族复兴大任的时代新人,犹如一个个闪光体,温暖、引领、感染着周围更多的人!附小孩子的身上都自带着一种特别的感染力,这种感染力在服务奉献中熊熊燃烧!

(一)中队绿马甲:星星火苗逐渐燃烧

二(1)中队的"小蜜蜂"小队,了解到学校边上的天鹅湾社区有一位独居老人王奶奶,一个人居住很孤独,队员们就带上了水果、糕点去探望。大家围坐在一起,给王奶奶背古诗、讲笑话,你一言我一语,欢乐声充满了整个房间。

"小蜜蜂"们还主动帮王奶奶打扫卫生,有的浇花,有的擦玻璃,有的拖地,有的整理房间……奶奶高兴地说:"家中好久没有这么热闹了,看到你们一张张活泼可爱的笑脸,我从来没有这样开心过。"

"小蜜蜂""小叮当""小锦鲤",每个中队的"敬老志愿者"走向福利院、走进社区,将温暖、关爱、快乐带给社区的独居老人。

附小的"绿马甲"志愿者队伍越来越庞大,有了统一的服装、有了飘扬的旗帜,有了共同的目标,这一支支"绿马甲"队伍穿梭在小区居委,活跃在志愿服务中,绽放光彩。

特殊的爱给特别的你

"关爱天使志愿者"来到特殊学校,带去了自己做的小卡片、小手工、小点心,还不厌其烦地一遍一遍地教他们学打武术操,想不到,这些特殊的同学开心得手舞足蹈……

过闸检票样样行

"奶奶这里走,交通卡放这里。"

"不要拥挤,一个个按顺序过闸机。"

二(8)中队的小锦鲤们正在地铁站学做"小雷锋",帮助乘客有序地进入闸机口,还主动拾捡着地铁内乘客不经意间扔下的卫生纸等垃圾。

交通指挥123

"吁……"一声轻脆的哨声,是五(5)中队的队员们正在道路指挥呢!短暂的15分钟体验,看似简单机械的动作重复,却让队员们连喊"这也太热了吧!腰酸背痛啊。"随后他们向交通队的叔叔们行队礼致敬,由衷地说道"警察叔叔,您辛苦了!"

越来越多的"小雷锋"活跃于社区的各个角落,他们在体验中感受各职业岗位的不易,明白了各职业的责任与担当,收获了奉献的快乐与幸福,树立了正确的价值观与崇高理想。

(二) 大队集结号: 众人拾柴火焰高

学校大队部是引领全体队员向上、向阳的领头雁,要在思想上引导、在行动上带领,让全体队员努力成为有担当意识、有奉献精神的爱国好少年。

每年三至五月学校大队部都会启动"队长学校",为新一批的少先队员开展"队前教育"。大队部委派大队委员,利用队课的时间,面向一二年级的预备队员开设"如何成为'队'的人"的系列队长课程(见图3-27),帮助他们快速了解队章、队知识、队历史等，为成为光荣的少先队员做好充足的准备工作。

【队长课堂】　　　　　　"队前教育"云课程表

日期	授课者	中队	课程名称
3月20日	阮吴越	五（5）	你知道，我们的队名是什么吗？
3月27日	胡浩宇	四（8）	和我一起学"队的性质与目的"
4月3日	陈妤萌	四（6）	画队旗，戴队徽
4月10日	钱陆艺	三（9）	《我们是共产主义接班人》
4月17日	赵星泽	四（2）	红领巾这样带
4月24日	沈琬馨	四（2）	敬礼，请接受少先队员最崇高的敬意！
5月1日	蔡家心悦	三（7）	让我们一起呼号
5月8日	张晨萱	五（1）	入队誓词要牢记
5月15日	杜迦南	三（10）	队员大闯关，就等你来赛！

图3-27　奉教院附小"队前教育"云课程表

学校大队部作为党史思想践行的带头团队，成立了"绿太阳领巾宣讲团"，向全校学生发出志愿者招募令，一个队长一名宣讲员：讲演党史故事、宣传红色教育实践基地等方式。

"欢迎走近中共奉贤县委旧址，在这里成立了第一个中共党支部，是奉贤地区革命火种的萌发地，在这楼记录着奉贤的革命历史，记录着无数抛头颅洒热血的革命前辈……"

"今天我们来到了曙光中学，在这里有这样一座纪念碑，刻着：死得其所，这是为纪念和发扬李主一烈士的革命遗志而矗立的，也是奉贤的爱国主义教育基地。"

……

队员们还走出奉贤前往了上海市多个爱国教育基地，有"中国人民志愿军纪念馆""中共一大会址""上海淞沪抗战纪念馆"等，每一次的义务宣讲都不断地告诉队员们：铭记红色传统，赓续红色基因，需要一代代人用行动去传承。

宣讲团成员用自己的方式向身边的小伙伴讲述先烈的英雄事迹、颂扬先烈无畏的奉献精神，宣讲内容刚上云平台展示就得到了良好的反响，越来越多的队员纷纷投稿，截止至今已有近百余位学生加入了宣讲团，成为了学校"思政教育"的特色品牌。当然学校大队部在实际行动上更是当为表率：每年"八一"建军节去奉贤消防支队、奉贤海防所、驻奉预备役部队开展专题慰问活动；在"感恩节"的时候前往街道各居委开展暖心礼包赠送活动；每年的"六一"圆梦大队部总会号召广大的队员认领梦想、完成梦想结对，帮助那些有梦想的孩子实现梦想……

学校大队部吹响集结号，通过"宣讲团""队长课堂""手拉手""微心愿圆梦"等多种方式，越来越多的孩子们自发组队行动了起来，把全心全意为人民服务的精神作为自己的追求，志愿服务队伍不断壮大，"能担当、会担当、要担当"的能量波也在不停地辐射传播。

（三）全家共志愿：担当之火可以燎原

星星之火可以燎原。孩子们的志愿服务精神感染了他们的爸爸妈妈，从"小自治、小担当"到全家"大自治""大担当"，全家齐乐乐。

植树节里，亲子公益共种植；重阳节里，社区爱心同陪护；中秋节里，"家人"暖心乐关怀……每一个节日似乎都成了队员们与父母、与同伴、与志愿者共同的行为——为社会做贡献。一到周末，孩子们就会牵着爸爸妈妈的手共同深入社区参加各类公益活动。现在的他们，已经将自己融入于社会的一个细胞，心中多了一份责任与担当，多了一份为国家为社会为他人奉献的理想，而这理想之光必将照亮他们前行的道路。

情人节的那天，喧嚣的街头随处是成双成对的情侣。

"叔叔，请您买一枝玫瑰花吧！"

一场热火朝天的义卖活动正在进行，街头到处活跃着附小的孩子和他们的爸爸妈妈们。

忙碌了一个晚上，2000支玫瑰全部售出了，所得的一万元都作为善款捐赠给学校一位患有白血病的小伙伴。

这群孩子想用自己的力量帮助他们的小伙伴早日战胜病魔，回归课堂。义卖活动让孩子们参与到爱的奉献中，这段难忘的经历定会在他们未来成长的道路上起到方向标的作用，为他们将来成长为一个怎样的人做出最好的引导！

我们的孩子及其家长的大爱精神也感染了在场的每一位路人，这些可爱的"路人"也就成为了义务捐献队伍中的一员。已经毕业的附小学子、已经调任的附小老师,他们的亲朋好友、同学同事一起加入了这支捐赠的队伍,让这位身患白血病的孩子在人生的拐角处,感受到一份浓浓的情意,温暖陪伴了他生命中的最后一段。

"精神生活是否充实,取决于人们用什么来充实自己的空余时间,也许是不断丰富的活动,也许是生活带来的责任与蜕变。"附小的家长们,就这样在孩子们的感染下,演绎着一个又一个感人的故事,演绎着为人父母的责任和担当精神,并和孩子们的微光共同闪烁,成为一盏盏明亮的灯。

说到这,不由得让我们想到了这样一对父女——罗爸和罗玥轩。在罗爸看来"我能给予孩子的便是教会她如何更好地融入生活,如何在生活中成为一个有责任担当的人"。因此,他们之间最丰富的经历便是:参加社区各类志愿服务活动。渐渐地,小玥轩对周围的事物开始有自己的想法,总希望自己能为建设更美好的家园奉献些什么。

"我们小区总有居民将垃圾随意丢弃到垃圾桶内,垃圾的臭味让住在一楼的居民纷纷'闭门关窗''避而远之',而负责管理的老奶奶只能忍着恶臭,用手翻垃圾桶,进行分类。"我们真为老奶奶感到难过,怎么去解决这个问题呢?

我们在大人的指导帮助下,追根溯源,一起"分析现状—采访调查—信息收集",最终拿出了一套操作性较强的垃圾堆放区的改造方案,经过后期的记录总结和策略实施,不断完善,获得了"上海市水天一色'金点子奖'"。

在"金点子"的设计过程中,罗爸的守护与陪伴、引导与放手,让玥轩有了独立思考的能力、具备了成长需要的责任与担当,这都源于他们将自己融入了家园的建设之中,用实际行动践行着对社会的关心与责任。在附小,还有很多爸爸妈妈,和罗爸一样给孩子们的生命成长给予了最珍贵的礼物,那就是用自己的责任和担当潜移默化地影响着下一代。

"会担当"这把火在孩子们的心中越烧越旺,在众人齐心协力的"添柴"下,在志愿服务的满足感、成就感、归属感与幸福感的助燃下,"燎原"到绿太阳下幸福成长的每一个孩子,越来越多的孩子在担当中"添柴取暖",越来越多的孩子加入到志愿服务的行列,越来越多的孩子在践行责任的过程中点燃了"强国有我"的理想与信念。

第四篇

"点燃"师生的家庭幸福

本篇导语

家是最小国,国是千万家。习近平总书记历来重视家庭建设。他指出:"家庭是社会的细胞。家庭和睦则社会安定,家庭幸福则社会祥和,家庭文明则社会文明。"

学校响应习近平总书记提出的有关家庭文明建设的三个"注重",以"点燃教育"为理念,党政工合力、家校社共育,注重家庭、注重家教、注重家风,多渠道点燃师生的家庭幸福,促进全体家长和教师营造积极向上的良好社会氛围,让学生好好成长,教师和家长再成长。

亲子互爱"激燃",让家庭和睦,父母和孩子共同进步;家人互励"护燃",让长辈及家属为师生的生命成长喝彩;家校互动"合燃",让孩子因为我们的存在而感到幸福温暖。师生的家庭幸福在哪里?它存在于附小"家人"精心培育的过程中,存在于附小"家人"的相互成长和感动中,存在于附小"家人"点燃后氤氲升腾的温暖之中……

每个人的人生路上都在追求幸福,那幸福是什么呢? 若让 1000 个人来回答,就会有 1000 种答案。中国著名画家蔡高说:"幸福是一种感觉,只要有爱就很幸福。"那么教育的幸福又是指什么呢? 当然是让孩子充满快乐!这么看来,教育的幸福很简单,它存在于孩子成长中的过程,是安全、理解和支持,也是温暖、和睦和关怀。真正的教育幸福,更多的是在尊重的基础上让孩子有一种陪伴感。家校社共育,如何让师生在校园中幸福成长是我们管理层一直在思考的问题。

周国平在《人文精神的哲学思考》中谈到"现代人的幸福观和财富观",他指出:一个人是否幸福,外部指标有很多,可能更多的人比较看重财富和事业的成功,但往往忽略了家庭的幸福①。教育从来不是也不应该是个孤岛,教育学首先是一门关系学。幸福美好的教育需要和谐的亲子关系、家校关系、师生关系乃至婚姻关系,需要我们去创造充满真诚、关爱、尊重、互助、信赖的家校关系、亲子关系。学校作为教育的一个主要场所,是一个动态发展的、与社会环境不断进行物质和能量交换的开放系统。良好的家庭环境与教育能够让孩子更自信、更健康地成长,这个道理也同样适合已成年的学校教师。"人睦千秋福,家和万事兴",民族复兴,落脚在千千万万个家庭的幸福美满上。作为学校,能否协调好师生的家庭、社区、伙伴等多元因素,把"校园"这个"大家"和每一个师生的"小家"融合在一起,形成一个别样的生态圈,让我们的师生在"家庭"中更好地体验各自在工作和学习中成长的幸福呢?

谈幸福问题,价值观是绕不过去的,要"点燃"师生的家庭幸福,离不开"点燃"教育的价值目标:即"点燃"每一个人的生命活力,"点燃"每一个人的生命价值,在成就他人中成就自己。正如费尔巴哈所说:"你的第一责任是你自己幸福。你自己幸福了,你也就能使别人幸福,因为幸福的人愿意在自己周围只看到幸福

---

① 周国平.人文精神的哲学思考[M].长江文艺出版社,2014:171.

的人。"由此，我们想到了创建新型工会工作体系，拓宽家校合作路径，党政工协作，通过亲子互爱"激燃"、家人互励"护燃"、家校互动"合燃"，尽可能挖掘教育共同体内的所有资源、开掘每一个人的潜能，施以更多的人文关怀，助燃教师家属、学生家长参与学校教育的热情，助力教育生态圈各方人员的价值实现，从而提升师生成长的幸福指数。

第一章　和睦：亲子互爱"激燃"

2019年4月13日下午，学校操场变成了美食烹饪场，50多个家庭齐聚一起，50多个爸爸带着自家的孩子，头戴厨师帽、腰系白围裙，正紧张地切菜、洗菜、炒菜、装盘……这是怎么一回事儿？就在几个月前，学校对孩子们的家庭教育情况进行调查问卷，从问卷中发现一种现象：大部分的家庭都由妈妈或者奶奶承担着烧饭做菜的任务，爸爸们就像孩子一样吃现成饭，给人造成这么一种错觉"爸爸能够按时回家吃饭就已经不错了"。为此，学校"爸爸俱乐部"特意策划了第六季活动——"我为妈妈（老婆）做道菜"！

"妈妈最爱的菜"要考验家庭成员之间的默契度。比赛现场兵分两路：妈妈将最喜欢的菜品名字写在纸上交给主持人，爸爸则带着孩子在规定的半小时内到学校隔壁菜场购买好原材料。最关键的还是要看"加工烹饪"环节，一定要做一道合妈妈口味的菜。爸爸们卯足了劲，把火锅、蒸汽锅都搬到现场！一会儿功夫，一道道新鲜别致的菜品完成了：红烧小排、油爆大虾、清炒螺丝……接着是最感人的一幕：爸爸要把自己亲手烧的菜品喂给妈妈吃，这对于平常内敛的爸爸来说非常不容易。

妈妈们眼眶湿润了，嘴角却上扬着，感动地说："附小这样的活动太有意义了，'做菜活动'点燃的不仅仅是烹饪之火，更是点燃了照亮全家人心门的亲情之火！"（见图4-1）

"世界上最遥远的距离不是生与死的距离，不是天各一方，而是我就站在你面前，你却不知道我爱你"，这原本是一段深情演绎的动人情话，却也同样适用于当下越来越显紧张的亲子关系。当前，家庭教育的突出问题不是教育而是关系，父母的误区往往在于过于关注孩子的文化学习和考试成绩，而忽略了良好亲子关系的培养。教育规律告诉我们，亲其师才能信其道，家庭教育同样道理，亲子

图 4-1 奉教院附小"我为妈妈(老婆)做道菜"亲子活动

关系好,家庭教育才能成功。于是,就有了让爸爸带着孩子一起去挑选食物原材料,去给妈妈用心做一道美食的创意活动,烹饪中点燃的是母子、父子、夫妻之间一家子暖暖的爱意,点燃的是亲子陪伴的驱动力。其实,像这样的亲子活动,在附小数不胜数。

我们认为孩子对家长的依恋感情是双方一生中拥有的最大精神财富,好的亲子关系胜过许多的教育,而好的教育往往都是父母与孩子一起成长。回顾办学以来学校的种种做法,我们在学校家庭教育工作中强调家长和学生的亲子互动,在工会工作中重视教师与子女的亲子互动,搭建了多种"互爱激燃"平台,亲子共享成长的幸福。

一、亲子互动,共同成长

家庭教育的影响因素中,除了夫妻关系、父母素质以外,亲子关系同样重要。良好的亲子关系是儿童认知能力发展的前提,是儿童个性和社会性发展的基石,是儿童身心健康的保证。[①] 亲子关系作为父母与子女间的一种人际互动,其互动的方式与内容以及互动的途径,可以直接影响到家庭教育的效果,对孩子的正

---

① 黄河清.家庭教育学[M].华东师范大学出版社,2014:95.

常发展具有极为重要的意义。对孩子来说,父母的爱都是他成长路上不可缺失的营养,夫妻同心,营造良好的家庭成长环境,通过亲子陪伴言传身教,为孩子做好人生的榜样,这对孩子养成良好习惯、立德树人、突破"小我"、构建做人的大格局,都是非常重要的。

(一) 全家总动员,幸福生活"嗨"起来

我们的 80、90 后的家长们也是第一次做爸妈,他们不知道陪伴孩子的意义,更不知道该如何陪伴。学校就定期邀请市区级家庭教育专家作系列讲座:怎么和"00 后的孩子"说话?你知道各个年龄段孩子的需求吗?也会邀请一些有良好育儿经验的"好家长"现身说法,挑选出具有代表性的家长上台讲演"亲子教育故事"。更重要的是在活动参与中,引领家长高质量陪伴孩子,积极践行"亲子互动五项修炼",促进孩子德智体美劳全面发展。

1. "亲子共阅读",敲开智慧的大门

阅读不能改变人生的长度,但可以改变人生的宽度,提升人的生命质量。① 让孩子养成良好的阅读习惯,这是做家长的从小就应该给予孩子的最好的"礼物",而亲子阅读是最简单、最方便的亲子陪伴方式。比如说,现在的家长更多的是"读屏",怎么引导孩子享受纸质阅读的乐趣呢?于是,学校的图书馆创设了一种"亲子借书卡",每周都让家长带着孩子选择一本书一起阅读。我们还开展亲子阅读分享会,妈妈读一句,儿子读一句,爸爸谈体会,女儿说感受,那场面非常之温馨。更有趣的是一年一度的"课本剧展演",爸爸妈妈与孩子们一起做道具、布场景、扮角色,不知不觉中激发了孩子与家长浓厚的阅读兴趣。

我们还联合奉贤 959 阳光电台,在《午后原味时光》栏目直播亲子诵读。一位父亲感慨地说道:"原先我总是忙于做生意而忽略了孩子的感受,亲子关系甚是紧张。这次亲子诵读回家后,女儿搂着我的脖子说'爸爸,我爱您',那滋味真的是用再多的钱也买不到啊!"阅读,犹如拯救灵魂的必修课,让孩子学会阅读,等于在他的心里装了一台敲开智慧大门的发动机。

2. "亲子共运动",锻炼健康的体魄

体育是强体之育,是关系到一个人幸福生活一辈子的事情。国家也出台了纲领性文件和措施,保障孩子们的在校运动。运动带来多巴胺,会产生内啡肽使人快乐,而家庭亲子运动所带来的幸福感则更加强烈。学校开展亲子运动计划,

---

① 孙云晓.五元家教法——好父母的必修课[M].浙江文艺出版社,2016:195.

核心目标就是"增进健康,愉悦身心"。于是,每年学校的体育节增添了亲子游戏项目,如:抬轿子、抢种抢收、运球接力、趣味投掷等,需要家长和孩子默契配合才能出色完成,家长们为了能够取得胜利即使摔伤也乐此不疲。我们还建立假期健身机制,由体育老师设计分年级、分种类的趣味项目,并拍摄运动指导视频,提供给家长进行模仿练习。近几年我们还开展"云"上运动会,专门设立需要亲子合作才能完成的趣味短视频制作和体育器材制作等比赛项目,以亲子运动打卡或手册记录等方式开展体育运动,避免假期"小胖子"产生。

各项亲子运动项目的开展,需要家长为孩子和自己制定合适的运动计划,这期间他们的参与和陪伴让孩子增加了被关注的喜悦,进一步促进了亲子关系的和谐发展。

3. "亲子共赏艺",提高审美的能力

美育是审美教育,也是情操教育和心灵教育,不仅能提升人的审美素养,还能潜移默化地影响人的情感、趣味、气质、胸襟。① 曾经发生过这样一件事情,有家长向教育局反映:"学校为什么一定要孩子穿白色的运动鞋?"这位家长可能觉得"孩子么,不用那么讲究,随便穿穿就可以了呀"。确实,我发现有很多孩子在绿色校服里面穿着红色毛衣,头戴黄色蝴蝶结,一身花花绿绿的行头,让人看后很不是滋味。在家访中我们也发现,有的家庭环境布置脏乱差,没有一点美感。其实,这些都会在一定程度上影响孩子们的审美情操。

看来,现代社会不缺"文盲"而缺"美盲",我们认为审美能力的提升首先就要从家庭熏陶开始。我们组织"书画、手工"作品展示,让孩子把自己的书画作品、创意手工作品拿到社区文化中心,鼓励孩子全家一起去欣赏品鉴;我们还鼓励家长带着孩子在双休日、节假日打卡周边美育修身基地;我们还发放部分展演门票,让家长带孩子走近博物馆、走近九棵树艺术中心、走进艺术书店参加文化活动。亲子共同欣赏、共同追寻艺术的魅力,激发了相互间向上向善向美的精神。

4. "亲子共劳动",培养生活的技能

在日本,有一位名叫安武千惠的年轻妈妈身患绝症后教孩子做饭的经历被写成了一本书《会做饭的孩子走到哪里都能活下去》。在这本书里,我非常认同"劳动实际上是把生存的技能传递给孩子,这是父母最重要的养育职责"。对孩子来说,终身受益的教育一定是生活教育,作为明智的家长,就要积极引

---

① 国办发[2015]71号.国务院办公厅关于全面加强和改进学校美育工作的意见.中央政府网,2015-09-28.

导孩子参加各种劳动，在劳动实践中培养孩子的自理能力、独立意识和责任感。

学校鼓励亲子家务劳动，开展"最美清洁员""最佳小厨神"等评比活动；也鼓励开展亲子"社区志愿"活动，关爱孤老、承包街区花园卫生等，并在微信公众号定期推送劳动视频集锦对各家庭给予表彰。其中"百椅创意"活动，家长和孩子一起共同打造艺术街区，让社区成为家庭开展劳动教育的延伸点；"跟着爸妈去上班"的职业体验活动，让孩子对自己的未来人生作出畅想。"亲子共劳动"，培养了孩子"自食其力，劳动最光荣"价值观和初步的生活技能。

5. "亲子共研学"，涵养爱国的情怀

孩子是在体验中学习和长大的，最好的学习在路上。每年，我们都会组织孩子们以"不同家庭手拉手"的形式外出研学。如在建党100周年之际，我们开展亲子完成一次"红色印记"的寻访活动，去聆听建党百年先锋代表人物的故事，去寻访身边的优秀中共党员，去打卡家乡的红色文化景点，用微视频和寻访记录卡留下"亲子研学"印记，感受家乡百年变化，领略祖国伟大变迁。

还有十几个家庭在学校的倡导下，自发抱团开启了重走长征路的行程，家长们放手让孩子们规划研学方案、设计来回线路。儿童教育的使命就是发现儿童、解放儿童和发展儿童，看着孩子们从方案商讨到付诸实践，从购买机票到住宿安排，看着孩子们来到大千世界接触到社会的方方面面，并从内心生发出对祖国大好河山的热爱，家长们也从内心体验着孩子成长的幸福。

（二）"爸爸"俱乐部，父亲缺位补起来

如果说家庭教育是由父爱和母爱共同组成的一棵亲情树，那么父爱就好比这棵大树的主要枝干，强健有力。[①] 父亲是一种独特的存在，对培养孩子有一种特别的力量。英国著名文学家哈伯特也说过"一个好父亲胜过100个校长"。然而，我们发现参与孩子成长过程的爸爸并不多。要是能发挥学校家委会中优秀爸爸的作用，点燃更多爸爸自我成长的需要，那学校岂不更"省心"更"省力"？我们趁热打铁，在原有"家委会坐班办公"品牌基础上，成立了"爸爸俱乐部"。这个俱乐部让一群被称为"甩手掌柜"的父亲们有了巨大的思想转变，也让学校有了新的使命和举措，点燃了更多"爸爸"参与孩子教育的热情，而且对增强孩子父母夫妻之间的恩爱，营造和谐家庭关系也起着巨大的作用。

---

① 秦秋霞. 让爸爸回归家庭教育[J].《教育导刊（下半月）》，2014-06-15.

1. 爸爸"学习坊",指导爸爸的教育行为

相信大多数爸爸们初为人父的一刹那,不由得会产生"要保护好孩子"的天然冲动。可是,当发现妻子带孩子比自己更耐心时,不少父亲渐渐地放弃了自己的责任,与孩子日趋疏远。我们开设"学习坊"《父亲的力量》等系列讲座,是希望有这么一个课堂,让爸爸们意识到自己在家庭教育中的作用不可替代;我们把《20个父亲的教育智慧》等诸多家庭教育书籍作为参与"爸爸俱乐部"的礼物赠送给他们,并组织爸爸们撰写阅读体会,分年级开展读书分享会;我们还组织爸爸们外出学习,参加上海市家庭教育研究与指导中心组织的"发现父亲"论坛。回来的路上,乘坐的大巴士突然抛锚,原以为爸爸们会发牢骚,没想到一位爸爸说:"这次的活动真好,以前真是没尽到责任啊,回去要好好反思一下",也有爸爸说:"是啊,平时孩子妈妈操心的多,我们对孩子的关心太少了",更有爸爸说:"作为附小的家长,真的特别光荣和幸运,我们要和孩子一起成长,用心做一个好爸爸"。(见图4-2)

图4-2 奉教院附小"爸爸学习坊"专场

一个好父亲应该是认真负责,勇于担当的。爸爸"学习坊"引导"各位爸爸"意识到父爱对孩子的发展具有独特的价值。一个负责任的父亲不一定能挣很多的钱,更多地应该体现在关心孩子的生活和行为,宁可少赚钱,也要多陪陪孩子,并给予他们良好的生活指导。[①]

[①] 姜燕燕."爸爸俱乐部"让爸爸陪伴孩子成长[J].少先队研究,2019(01):63.

2. 爸爸"才艺坊"，展示爸爸的良好风貌

小学生的爸爸们还很年轻，充满了活力和朝气，需要我们搭建富有时代特征的舞台，引导他们展示自己更健康更有才情的一面，为孩子树立榜样。学校就每学期发布"爸爸才艺秀"报名表，邀请有才艺的爸爸们加入学校的"才艺坊"。于是，"爸爸合唱团""爸爸戏剧社""爸爸科创组""爸爸足球队"等小社团在校园中成为一道风景，让孩子们欣赏到了爸爸们的才能。

每周一的升旗仪式上，就有了许多爸爸的踊跃参与，或者高歌一曲，或者角色扮演。曾记得，在一次以纪念抗战胜利为主题的升旗仪式上，爸爸们踊跃上台，有的扮演八路军，有的扮演日本鬼子，和孩子一起演绎革命故事，栩栩如生，令大家难以忘怀。

爸爸"才艺坊"，让爸爸们相互间抱团成长，也为孩子展示了良好的精神风貌，成为孩子成长的特殊催化剂。他们纷纷走进学校，成为家校互动的策划者、服务者、授课者、宣传员，潜移默化中他们以身作则，自律自制，大度包容，提升素养，既改变了自己，又帮助孩子形成积极的个性品质。

3. 爸爸"游乐坊"，丰富亲子互动内容

爸爸俱乐部不仅仅是让爸爸们理论上懂得亲子陪伴的重要性，更着眼创设各类积极有意义的亲子互动平台。我们让爸爸们自己策划、研讨、筹备，甚至是颁奖，于是，就有了"爸爸俱乐部"每季度举行一次的亲子活动：三月份"我和小树一起长大"植树活动开启了；世界杯时"小小世界杯，老爸带我飞"活动热火朝天；收割季节，"稻花飘香"参与者达几百人……从 2017 年 11 月第一次举办"渔村寻宝"活动以来，"爸爸游乐坊"开展了十多季精彩纷呈的主题活动。

游戏带有一定体力，也占据了爸爸们的时间和精力。但是，没有游戏，就没有童年，小游戏里有大乐趣，小节日里显大格局。父亲意味着规则和监督，也意味着权威与可信赖。"爸爸游乐坊"中，好爸爸们的勇敢独立、不怕风险，让孩子们的意志更加坚定，社会交往能力越来越强。如今，"爸爸俱乐部"开展的活动越来越受欢迎，一旦有活动预告就秒抢一空。多种多样的活动，发挥了爸爸在家庭教育中的教育活力，让伟大的父爱成为陪伴孩子成长的精神力量，让刚柔并济的父爱成为孩子勇于求索的动能，让越来越多的父亲不再是孩子遥不可及的"背影"。

"爸爸"俱乐部，展现了一个个"全能老爸"的新形象，记录了爸爸和孩子"共成长"的精彩瞬间，虽然有点累，但大家普遍感觉和孩子一起活动，为孩子作表率，以积极进取的精神风貌引导孩子，既有利于孩子的品格培养，也促使自己不

断学习,父子(女)二人情感升华,共同进步,实在是获益匪浅。作为全国家庭教育创新实践基地,我们进一步发挥"爸爸俱乐部"的辐射引领作用,在区域中小学和幼儿园掀起了重视"父亲教育"的热潮,相继在集团内外与其他学校互动交流,开展"父愁者联盟"等活动,相关研究成果《浅谈"爸爸俱乐部"在家校合作中的功能发挥》获得2018年家庭教育研究成果评选二等奖,并在全市得到交流和展示。

(三) 特需可挂号,"把脉会诊"约起来

随着人民生活水平的提高以及社会阶层的进一步分化,一部分人的思想观念发生了变化,现代家庭的结构显得更多样和复杂,也让学校遇到形形色色的特殊家长和特殊孩子。除了个别先天有缺失的孩子,少数"特殊"孩子背后的根源大多数是家庭出了问题。以亲子关系为例,早先是独生子女的亲子问题,随着二孩乃至三孩政策的实施,有些家长在平衡大孩与二孩或者男孩与女孩的关系时也会有所偏颇,给孩子成长带来不利影响。与这些特殊孩子和家长沟通交流时,需要我们花费更多的"仁爱之心",具备更扎实的学识。

1. "书记有约"的缘起

在一次党支部召开的班子民主生活会上,有支部成员提了一个建议:成立一个书记工作坊。[①] 这是一个金点子! 作为基层党组织,需要学校思考:如何进一步做好服务群众的工作。成立工作坊可以把平时零敲碎打的工作整合起来,还可以把育人工作进行得更深入。书记在培养女儿方面非常优秀,对建立良好的亲子关系有非常独到的经验和见解。学校当即决定,重点围绕个别孩子的亲子关系改善,建立"书记有约"谈心坊,并做到"三定一公开":定时间——每周一下午;定地点——附小书记室;定人员——书记或副书记;公开——向全体教师、家长公布手机号。

"书记,我来看您啦!"放学后还在办公室里办公的汪莲华书记抬头一看,原来是已经毕业的小郭同学。"我今天好不容易挤出时间来看您的哦!我现在的表现很好的哦!"他越说越激动,看着他兴奋的样子,汪书记打心眼里高兴。

回想三年前,小郭父亲唉声叹气,向汪书记诉说"儿子成绩不好,还不愿跟我说话"。为了儿子,他可是连生意都准备放弃了;儿子则垂头丧气,因为父母都在外地做生意,独自一人生活,缺少父母的关爱,他感到很孤独。

"孩子是你一生的财富,钱赚得再多,没有把孩子教育好,也是白费一场。"汪

---

① 何哲慧.点燃教育的五十五个个故事[M].辽宁教育出版社,2017:5—7.

书记对小郭的父亲说。随后,她又对小郭同学说:"父亲为了你,准备放弃生意了,那你一家今后的生活怎么办?"

近两个小时的促膝谈心后,父子俩都流泪了!心结打开,父亲表示"生意要做,孩子不能放弃"。儿子也说:"爸爸做生意很辛苦的,我也要懂事点,让父母放心。"(见图4-3)

图4-3 奉教院附小"书记有约"

这样的故事还有很多很多……随着"书记有约"工作的深入,时空上都有了进一步的拓展,谈心的内容也不局限于部分家庭亲子关系的调和,还包括对教师及其子女的关心,也包括全校师生员工精神层面的激励和指导。

教育是一种穿透灵魂的工作,是走进心灵、感化心灵的工作。"书记有约"谈心坊通过和风细雨的思想工作,让我们党政领导找到了有效做好教师、学生和家长思想工作的一个载体,也让我们感受到了激励师生和家长完善自我不断进步的职业幸福感,激发了学校群体的活力。随着社会的发展,人们的思想和心理也越来越多元和复杂,需求也更个性化。亲子关系的调和已不再像传统的思想教育工作那么简单,于是从"书记有约",我们进一步拓展思路,创设了心理学博士和学校家教指导队伍主导的"月月有约"。

2. "月月有约"的创新

我班有一位"奇怪"的女孩,头发总是遮住眼睛,不让人看见,也不爱和老师交流。刚开始,我以为她只是一个害羞的女孩。但是,渐渐地我发现,这个孩子比较偏激,老师不能对她的作业有任何不好的评论。一旦有,她就扔本子,或撕作业。作为班主任,我了解了她的生活状况:平常都是爸爸和妈妈带弟弟,而她则由奶奶带,父母缺乏对她的关爱。慢慢地,孩子的性格越来越孤僻,做事也比较极端。有一次,她居然"失踪"了。通过监控,才知道她就躲在讲台边上的柜子里。即便她听到柜子外大家的寻找声,从头到尾,她都一声不吭,我意识到这个孩子的心理出问题了。

这个孩子的与众不同始终困扰着班主任沈未迪老师,缺爱的家庭以及父亲的打骂是重要原因。解铃还须系铃人,怎样通过专业的方式指导家长意识到自己的教育有问题呢?家委会刘乐博士是一名儿童心理专家,我们就请她义务开通电话服务专线,为这位特殊孩子和其家长提供免费的家教咨询服务。刘博士用自己的专业和耐心慢慢地打开了这个孩子的心门。我们也双管齐下,进一步指导孩子父母改正自己的教育理念和方法。经过几次面对面的聊天式"咨访",小女孩的心结逐渐打开,慢慢变得开朗起来。

随着家校合作工作的深入,越来越多隐形的特殊孩子及其背后的家庭教育问题浮现出来,对孩子的心理健康教育以及新手爸妈的家庭教育指导成了老师们的一大挑战。沈老师班级特殊女孩的案例,让我们意识到家校合作不能仅仅利用家长资源让优秀家长参与或者服务于学校工作,而应该指导服务于更多的家长,让更多家长有获得感,让更多家长的育儿观念升级,家校共育才能更加懂得孩子成长中的喜怒哀乐。我们就和学生家长刘乐博士商量,针对家长的特殊需求干脆来一个"月月有约"沙龙活动,感动于学校对家长和孩子的关怀,极富公益之心的刘乐博士也"激情燃烧",从此,"月月有约"成为附小家庭教育工作的又一创新之举,并形成了"关怀特殊孩子"的系列课程。

"月月有约"的课程内容,经由学校家委会调研和梳理,最早由专业的博士妈妈刘乐家长为家长答疑解惑。随着学校家庭教育指导队伍的扩大,一部分获得"家庭教育指导师"或学校心理咨询中级证书的老师也参与进来。同时,我们把优秀父母和祖辈的育儿经验以沙龙分享的形式纳入进来。经过多年的实践,"破解孩子的叛逆""学龄前儿童的心理特点及常见心理问题"以及"父母的情绪管理和压力调节"等一系列解决家长实际需求的课程应运而生。

"月月有约"通过学校的公众号发布开课信息,受众对象可以是孩子父母,也可以是孩子祖辈。讲座中,主讲者针对不同年龄段孩子的外部环境、行为特点,进行专业分析和讲解,并提出可行的有效应对措施。再后来,我们结合区家庭教育宣讲团,邀请外校家长分享"男孩养成记"等课程内容。每次活动,都会在最后的提问互动环节,即兴解答家长提出的更多问题,探讨更好的"对症下药"良方。

"月月有约"作为家长学校课程的一大板块,受到了越来越多家长的关注,更多家长懂得了尊重不等于"溺爱",懂得了无条件爱孩子的正确方式,并能坦然面对和承受孩子的一切,帮助孩子解决成长中的问题。

二、家有喜事,共享成长

"你家儿子是街舞王子哎!酷呆了!"

"哇,杨老师父子读得太感人了!我要哭了!"

……

这是一年一度的"明德好家属"迎新表彰会,好不热闹啊!瞧,由一群幼儿组成的皮装秀帅气十足,一群女孩子的唐装秀表演喜气洋洋,亲子T台走秀更是博得阵阵喝彩;子女们深情表达着对身为教师的父母的那份自豪与骄傲,句句真挚感人;年轻夫妇自编自演的情景剧,深刻演绎自己成长中长辈的精心呵护,令全场潸然泪下;哈哈,校长夫妇的太极真功夫表演,让我们看到了优雅校长英姿勃发的一面……

附小,真是和和美美的一大家啊。

像这样的年会是附小的老师与家属们一起期盼的团圆喜庆聚会,每年都办,我们坚持了十四年。因为,我们把学校作为和和美美的一个大家庭,把教师的家属、子女视作自己的家人,让老师们感受到了来自事业的那份尊严与价值。我们感恩家属们成为教师工作的有力支撑,感恩家属们对学校发展的无私付出,让学校的发展与各位教师的发展、各个家庭的和谐紧紧地连接在了一起。办学十五年来,我们也欣喜于每一个家庭的和睦温馨,欣喜于每一个家庭孩子的健康成长。附小家人之间建立了相互尊重、相互理解、相互信任、相互帮助和相互学习的关系,学校这个大"家"喜事连连,教师的小"家"则喜事不断,"我爱我家"的附小正能量熊熊燃烧。

1. 心有宝宝,墙上有爱

每个孩子都是父母的宝贝疙瘩,孩子的安全、健康、快乐是每个家长的心愿。作为教师父母,他们忙于教书育人,往往会忽视对自己孩子的亲子陪伴和互动。而教师队伍建设又是教育质量提高的关键环节,让教师队伍增添育人活力和成长内驱力,就得想办法创设温馨氛围,以更多的关爱增强凝聚力。于是,我们会看到附小教师食堂两面温馨喜人的"宝宝墙"以及"遇见美好 乐享生活"的亲子专栏,它们的出现,及时提醒着老师"爱的平衡"、工作与生活的平衡。

"咦?这是谁家的宝宝?"

"哈哈!好好玩……好可爱啊……"

这些赞叹声都是忙碌一上午后老师们攀谈的话题,午餐间的赏照拾趣已经成为附小老师们的"休闲一刻"和精神家园。而这正是附小党政工给老师们的"惊喜",是学校对老师们爱的体现。2017年暑假,我们对食堂进行改造,利用这个机会,重新布局了"新生儿宝宝墙"和"最美温馨一刻"。开学第一天,当老师们步入食堂看到自己的宝宝和同事的宝宝,惊喜的、辨认的、讨论的……大家似乎忘却了饥饿,纷纷驻足观赏,"猜一猜这是谁家的宝贝"一时成为老师们的午间乐趣。午餐后,还会有教师继续看着墙上的照片意犹未尽,分享着新生宝宝成长中的点滴喜乐。

每一年约定俗成,用餐处醒目的宝宝墙总会添丁加框,给人惊喜。2007年学校办学第一年,张春梅老师生下了她家的宝贝女儿小马,墙上那最大的一张照片就是当年的"小马驹",岁月流转,转眼间小马驹上中学了,而学校如今也是人丁兴旺,墙上展示了50多位宝宝的靓照,这些宝宝都是我们附小老师们共有的宝贝。"宝宝墙"给人"家"一样的感觉,将我们的爱紧紧凝聚在一起。我们可以共同见证孩子的幸福成长,这是多么难得的缘分啊!

每年,我们总有新教师加入,也有优秀骨干教师调入。看着照片墙上一位位新加入的宝宝,听着老师们互相探讨着各自的育儿经,新进教师也由着"宝宝"话题很快地融入了新家庭,分享自己对孩子教育的困惑或经验。

每一张照片都记录着一段故事,

每一个光影都是故事的开始,

当下这个用光纤传输、用键盘打字的年代,

照片这种老套的方式,

反而有着更有意义的情怀。

关爱老师,就让我们一起关爱老师的那个家,陪他或她一起开心,一起挂念。心有宝宝,墙上有爱。"宝宝墙"是老师们的家,也是孩子们的家,在附小,爱的融入未完待续……

2. 爱的小屋,幸福加油站

对学校女教工而言,工作上的最大特殊性或者说困扰就是哺乳期没有合适的场所休息,这些问题成为"背奶妈妈"的燃眉之急。和谐温馨的校园文化就要体现在对不同老师的需求关怀和满足上,我们就应该为备孕期、怀孕期和哺乳期的女教师们提供一个私密、干净、舒适、安全的休息场所呀,于是"爱的小屋"建设好了。

学校建章立制,组建团队。配备专职心理辅导教师,专人打扫,完善各类管理制度,比如,小屋物资配备制度、小屋清洁制度等,铭牌上门,海报上墙,制度保障,让小屋满足各类有需求的女教师。

学校添置物品,用爱筑巢。"小屋"未必要多大,但一定要有"内涵",独立的空间,色调柔和的内装,基础设备一应俱全：沙发、冰箱、消毒设备、保温设备、百宝箱、茶几,还配备小床,小床上有被子、席子、蚊帐等,房间角落有儿童玩乐区,供大一些的孩子爬行、玩耍。小屋还配有书架,订阅《现代家庭》等杂志供大家阅读学习。

学校尊重"民意",由妈妈们做主选择小屋的硬件设备,并根据需求及时作出调整。比如,考虑到吸奶时坐软沙发不太方便,调整成了布艺沙发,又从单沙发改进到双人沙发。再如,随着办学规模的扩大,育龄女教师的增加,小屋也从"一屋"逐渐扩张到"多屋",将"思研"坊、"渔乐"湾作为小屋的延伸空间,外有小桥流水,锦鲤戏水,内部精致美观,温馨有序。"爱的小屋"成为女教师们休憩的好去处。

五星级"爱的小屋"是学校送给女教工的暖心礼物,是女教工的温馨驿站,彰显了学校的温度,传递着爱的能量,不仅解决了"家远一族"女教师的哺乳难题,更成为女教师们沟通交流和放松心情的场所,温暖、时尚、漂亮的小屋缓解了家庭与工作的双重压力,成为她们释放心灵的港湾,让初为人母的"背奶妈妈"更安心学校工作,也让附小成为女教工信得过、靠得住、离不开的"娘家人"。小屋见大爱,"爱的小屋"提升了她们的职业幸福指数。

3. "育苗"家庭,谁家最美

家,是幸福的港湾；家,是欢乐的缘起。学校教师一心贴在学生的身上,有时也难免会对自己的孩子、自己的家人有所疏忽。平时,学校管理层也常常会跟教师子女聊天,一次有个孩子无意间说："我妈妈很忙的,又要备课、批作业,还要打电话与家长沟通,有时我不忍心打搅妈妈,让爸爸陪我玩,可爸爸是个警察,那天他可能刚值班回家,也很累,躺在沙发上刷手机,让我自己等妈妈有空了陪我"。这让我陷入了沉思……

学校的发展靠的是老师的倾情付出,而老师们的倾情付出靠的是家属们的倾力相助,我们理应向家属们表达学校的敬意和感激之情,把家属当作不在编的一员。于是,学校开设了瑜伽、太极拳、跳操、工笔画坊等社团,邀请他们来校活动；碰到开家长会或重大会议，食堂也为大家准备好热热的晚餐，邀请家属一起品尝。甚至双休日党员外出学习考察，也邀请党员家属带上孩子一起接受红色党史教育，亲子和学习两不误。迎新联欢会上还为年度"家有喜事"的教师送上祝福，表彰一年来站在家人背后乐做后援的"明德好家属"。在全家和睦、亲子互爱"激燃"中，相亲相爱的一家人满怀着感恩之心，一起迎接新年的到来！

学校有位非常优秀的班主任谢冬英老师，曾获得过"上海市优秀家庭教育指导者"称号。她的丈夫是个医务人员，虽然自身工作也很忙，但非常支持谢老师的工作，承担家务活、带孩子玩，教孩子参与医院志愿者服务，关注社会问题。孩子钱家伟从小跟着妈妈在附小长大，懂得自我管理，从不让父母操心。曾被聘为"奉贤区青少年科学研究院小院士"，先后获得过上海未来工程师大赛"桥梁承重"项目初中组一等奖、全国"未来工程师大赛"木梁承重项目二等奖，还代表上海赴美国田纳西州参加 DI 全球赛，获得世界邀请赛的金杯；2019 年，交大密歇根向他抛出了橄榄枝，但美国对华为的封杀、芯片研发的痛点激发了孩子的爱国热情，他毅然选择复旦大学微电子这一冷门专业，立下了"报效祖国"的宏愿！2020 年，谢冬英全家获得"最美育苗家庭"称号。

像谢老师那样高质量的注重精神培养的亲子陪伴一直是我们倡导的！因此，在附小，这样的最美育儿家庭还有很多。尽管夫妻双方都很忙，但老师们都能注重培养孩子的独立能力和奉献精神。杨晓军老师，夫妻双方分别获得过市、区园丁奖，全家人感情融洽，营造了非常民主、轻松的家庭氛围，女儿目前就读于交通大学法学系；叶秀华老师一家是"党员之家"，2021 年儿子考入上海交通大学，并获 2021 年奉贤区"世贤学子"之"贤德学子"称号，被奉贤中学评为"荣誉毕业生"。这些家庭都是附小的"最美家庭"。看到孩子品学兼优，做父母的无比欣慰，全体附小人也为此感到自豪，而这些附小培养出来的孩子，他们也在为自己的父母、为我们附小骄傲。

十年前，曾经在妈妈的教室外走过，妈妈绘声绘色地在给学生们上课，大哥哥大姐姐扑闪着亮晶晶的眼睛，听得那么专心，好像妈妈身上有一种魔力紧紧地吸住了他们。那一刻，妈妈的声音就像一首动人的歌，霎时打开了我懵懂的心灵，唤醒了我内心深处的渴望：我长大了也要像妈妈一样做一名老师，用自己的知识去浇灌学生，让他们的羽翼丰满；用自己的爱去滋润学生，让他们健康成长；用自己的智慧去呵护学生，让他们快乐幸福。

一颗希望的种子悄然落在了我幼小的心田里……

附小暖暖，去年九月我回到熟悉的校园，开始了半年的实习生活。在那里我见到了我久别的恩师。校园内,响起了熟悉的"红领巾广播",与孩子们短短的相处中,我深深体会到孩子纯真稚气而又炽热的眼神里充满了对知识的渴望。

光阴荏苒,斗转星移,转眼间附小学子长大成人了。这是朱小红老师的女儿回母校实习时的感悟,字里行间透露出对母校深深的爱意及那份"反哺"的责任。

写到这里,我不由感慨万千。什么是幸福,幸福就是培育祖国的花朵。培养好我们附小的每一个"孩子",就是在打造幸福门前的那一段长廊,走过我们亲手打造的那一段长廊,我们就可以拍打幸福的门环。附小的"点燃教育",不仅点燃了我们的教师,我们的家长,还点燃了我们的孩子对教育事业的崇尚。一颗颗希望的种子在发芽,无论是附小学生还是附小的教师子女!向你们致敬,可亲可爱的附小孩子!

第二章 喝彩:家人互励"护燃"

各位领导、老师、姐妹们:

我是一个很普通的婆婆,但我有一个不平凡的儿媳妇。她出生在祖国南方美丽的云南丽江,是个山里的孩子,但她靠自己的聪明和勤奋从中国政法大学毕业,离开家乡,做我们的儿媳妇,我从心底里喜欢这个姑娘。她智慧、漂亮、善良、有事业心。看到她上班忙,我们夫妻俩从孙子出生的第一天起,就开始白天晚上带孩子,这一带就是6个年头。一次,孙子半夜发烧,我和老公商量,儿媳妇有一个班级,白天她要以饱满的精神状态上好每一节课,就不要惊动小俩口,自己悄悄带着孩子前往医院看病。如今孙子已经上一年级了,但我们还是坚持每天下班回家做好饭,减轻儿子、儿媳妇的家务负担。

其实我这个婆婆是有"私心"的,我的照顾是要有回报的,这个回报不是金钱和礼物,而是要看到他们事业上的进步。我和儿媳妇常常聊天,当她碰到困难退缩时,我就鼓励她勇敢点;当她受委屈不开心时,我就开导她学会宽容。我经常念叨的一句话是"你们还年轻,现在你们在爬楼梯,觉得累了,不要停下来,调整好自己,继续前进,尽力了,人生才没有遗憾"。儿媳妇在工作的第六个年头,评到了小学高级教师职称,在此,我要感谢领导和老师们,光荣属于我们,成绩属于你们,感谢这所培养我们子女的好学校,感谢学校的领导和老师们!

爱自己的小辈,常人都能做到,难能可贵的是,有一种喜欢,叫"婆婆喜欢"。

"明德好家属"表彰大会上余安勤婆婆的发言,让我们为安勤老师感到庆幸。有了公公婆婆的支持,她在附小潜心教学、深入研究,从一名普通的语文老师成长为分管德育的副校长。像安勤婆婆那样的明德好长辈在附小不胜枚举,学校能否让这些长辈在为子女分担生活压力的同时,也让他们感受到自身价值进一步得到体现的幸福呢?

幸福不是与生俱来的,幸福感是一个需要训练、感知且不断提高的过程。作为学校管理者,眼中不仅要看见老师,还要看见老师的家属;做教师的,眼中不仅看到学生,还要看到家里的亲人;做学生的,眼中不仅有父母,还要有爷爷奶奶。

于是,学校每年的迎新活动增添了隆重的"明德好家属"表彰环节;每年的重阳节各个班级举行敬老活动,最特别的活动是学校把教师的爸妈、公婆请进学校;每个月的"闪亮"附小家长评选总有爷爷奶奶们上台领奖;每一期的"祖辈工作坊"热热闹闹……众多"温暖"工程,让"附小家人"互励"护燃",更新附小教育生态圈各方人员的育人理念,促进"点燃教育"生态圈全员全程全方位育人,全体教师全身心投入,教师家属默默支持和无私奉献,学校得以长足发展。我们发现:在附小这个"大家庭"里,只要细心寻找,幸福比比皆是。

一、长幼互尊,一样的喝彩

俗语说:"家有一老,如有一宝。"快节奏的当下,年轻人都忙于工作,无暇顾及子女的抚养和教育,而老人们则能帮他们带孩子,闲暇时间还能帮着料理家务,减轻子女们的生活压力。虽然说隔代教育有利有弊,但我们可以想办法激发其有利的一面,如:心态比较平和,对孙辈有"慈爱之心";在抚养和教育幼儿方面有丰富的实践经验,特别在生病,或遭遇突发问题时,更清楚应该怎样果断决策;相比年轻人而言,老一辈更多地保持着优秀传统文化和美德。有他们参与孙辈教育,孩子们可以有更多的机会更好地接受和传承优秀传统文化及中华美德。

(一) 学生的祖辈,共同的"宝贝"

已经退休的老年人如果身体健朗,那相对来说会有更充足的精力,更愿意花时间投入到孩子身上,给予生活上的照顾和精神上的陪伴。可以说,隔代之间的亲情是给祖辈安度晚年最好的礼物,也是给孙辈最好的财富。附小所属的小区内,由老人帮带孩子的家庭还不少。我们认为,"生活上的学问主要靠父母和祖辈传授",这是家庭教育与学校教育最大的差别。发挥祖辈教育优势,满腔热情地引导孙辈关注社会生活，探寻不懂的事物，有利于帮助孩子保持对世界的好奇心，在生活中探寻和捕捉蕴含时代和生命本质的东西。

1. 从"开心菜园"点燃起孩子与祖辈生命的激情

当你走进附小，经过开心菜园，会发现一位或者几位老人正在打理着不同班级的"菜园"，各班级中队的孩子是这片菜地的小主人，土生土长在农村的大多数爷爷奶奶是这片菜地的辅导员。当听说学校开设了班级小菜园，对种菜颇有心得的爷爷奶奶们闲不住了，自告奋勇地去帮忙，播种、浇水、施肥、除草，忙得不亦乐乎。三月春耕，十月秋收，那一片绿意盎然的小菜园"诉说"着祖辈们对孩子的希冀。也许孩子们并不擅长农活，但是在爷爷奶奶的带领下，他们干得像模像样，一起出汗，一起种植，一起收获，体会着农民伯伯的辛苦。所谓一分耕耘一分收获，打理菜园亦是如此，有了奶奶的教导，孩子们对班级菜园多了一份责任、一丝期盼，常常会驻足观察，悉心呵护。

"高爷爷，为什么我们班级的菜都是瘦瘦的？黄黄的？"

"我知道，奶奶说过，菜宝宝需要肥料，才能有营养啦！"

"走，我们一起去找最好的肥料！"

"养小动物吧，小动物的粪便是最好的肥料。"

"谁来喂养他们？"

"我们有值日小队的"。

小小爱心，温暖你我。在开心菜园，孩子们并不满足于祖辈指导下的生产劳作和对四季蔬果的收获。他们想到了另一些更年老的孤寡老人，将新鲜蔬菜选送到社区结对的孤老家中，或者通过蔬菜义卖的形式筹集款项，为老人们添置冬衣，买点心水果等。每次上门看望，他们还会主动打扫屋子，表演各种节目。每当与老人告别，他们会说"下回再来"，这是孩子和老人之间最美的约定。

再到后来，祖辈老人的参与已经不局限于开心菜园的劳动指导了，孩子们发动越来越多的爷爷奶奶参加祖辈工作坊活动，爷爷奶奶们活跃在教室里、校外基地里、社区里，与孩子一起共同动手实践，做塌饼、缝衣服、织毛衣……每一项作业都有爷爷或奶奶的参与。孩子习得技能，父母认同支持，祖辈找到价值，家庭也就更其乐融融了。

擅长农庄动物养殖的"高爷爷"受到了孩子们的追捧，他会教孩子们识别各种蔬菜的种子，告诉孩子们什么时候播撒种子？什么时候浇水施肥？每次带孩子们种植茄子、青菜、缸豆后，他还会教孩子们做好观察记录本。高爷爷还会带孩子来到鸡舍、羊圈或者"香猪圈"溜达一圈，告诉孩子们这些动物的生活习性。

擅长各色点心制作的"安琪"奶奶,也是孩子们的偶像。有一次,安琪奶奶拐着腿,手拎着买来的面粉、肉糜等原材料,一瘸一瘸地走进校园。

"安琪奶奶,您的腿怎么了?"

"哦,不小心磕碰了一下,没事的,校长。"

"腿受伤了,还是在家里好好休息吧,这样恢复得更快!"

安琪奶奶却摆摆手,说道:"不用不用,我拎得动!这点轻伤不算啥,孩子们等着我呢。我喜欢和他们在一起。和孩子们在一起,我也年轻了……"

这是一种怎样的责任心啊,这样"心有孩子"的奶奶是学校的宝贵财富,应该多多益善啊。由此,我也终于明白她的"点心"课程为什么会从最早的30多人参加,到新学期100多号人排着队抢着要报名。学校的教育生态再一次点燃了安琪奶奶的生命价值,点燃了她激情燃烧的退休岁月。在她的影响下,带动了一批奶奶和妈妈也积极参与学校的"点心"课程和亲子社团活动,这也让学校受到启发,让食堂备下了应有的原料,扩大了"点心"课程的阵容,逐渐培植成当下食堂人员、奶奶团和老师们一起参与的,每个月内各班孩子都可以上得到的"点心制作"课,这课程也成为了孩子们最翘首以盼最喜欢的一大特色课程。

2. 从"工作坊"互燃中更新祖辈的教育观念

祖辈每日接送孩子上学、放学几乎是各大城市常见的非常有"特色"的一支大军。附小的校门口,在每天早晚迎来送往中,同样也站着很多的爷爷奶奶们,这些每日接送孩子的祖辈,与孩子朝夕相处,也是孩子成长中的重要他人。但是,由于一些祖辈受陈旧教育观念和自身做人格局的限制,一定程度上会对孩子的教育起到负面作用。

祝爷爷退休后在接送孩子的过程中,发现了校门口接送孩子的爷爷奶奶们总是先于学校规定的放学时间早早地候在校门口,一旦有班级孩子出来,就你挤我,我挤你,互不相让,为此还常常造成口角。

公安出身的他隐约感觉到这是一个安全隐患。祝爷爷在征得学校的支持后,做了30块"家长等待区"公示牌,一字儿安放在"H"形的马路边上,提醒路边的车子和行人。校门口,祝爷爷和家委会成员一起划好班级等候区,让接送孩子的家长有序等候在相应的等待区,还戴上袖章,吹起哨子让不遵守规则的爷爷奶奶和父母们后退到相应的地方,积极维护着校门口的秩序。从此,每天放学时的校门口变得井然有序。

一位爷爷的"护校",带动了一大批祖辈们再一次懂得行为规则的遵守,懂得了配合学校的教育就是在为孩子树立榜样。这也启发了我们:一些年轻家长或因自己工作繁忙,或因自己本身就是没长大的"巨婴",或因婚姻变化等原因而把孩子的教养责任推给了爷爷、奶奶、外公、外婆,出于"隔代亲"的天然情感因素,祖父母们自觉地成为照顾第三代的现任"父母"。正视隔代教育这种已经普遍存在的家庭教育方式,学校要利用好优秀祖辈资源,积极引导,带动更多祖辈对孩子的个性及人格发展发挥积极作用。于是,我们成立了"祖辈工作坊",尽可能扬长避短,最大程度地发挥他们的优势。

所谓"祖辈工作坊",是指由孩子的祖辈们组成的一支教育工作团队,通过毛遂自荐和班级推荐的方式,学校择优入选。组建工作坊以后,各成员会倾情相约,定期有选择地邀请同班孩子的爷爷奶奶们来校参观,看一看美丽的学校,让祖辈感受到学校对于孩子学习环境建设的用心、用情,感受到学校对于他们的热情与重视,激励祖辈们发自内心地热爱和支持学校。比如,上述案例中的祝爷爷,他会发动大多数祖辈参与学校的活动,有条不紊地组织年轻爸爸妈妈们筹备班级的校园文化活动,每次大型活动前还会早早来到学校看看还有什么遗漏的东西,或者需要帮忙的地方。受祝爷爷的影响,更多的爷爷奶奶也互相勉励、互相吸引,改变了之前保守、观望的态度,加入到附小"不在编"的教育团队中。

大多数祖辈们都有心想教好孩子,给自己的儿子、儿媳减轻负担。利用"祖辈工作坊",学校了解了祖辈教养孙儿过程中的主要问题和困难,根据老人的需求确定指导重点,让这方面有经验的祖辈讲解和分享自己的心得。我们也指导祖辈们要适当放手,不包揽孙辈所有的生活,也让他们意识到孩子如果缺乏父母庇护,容易产生嫉妒、小心眼、过度敏感等不是很健康的心理症状。期间,我们先后开展过胡奶奶主讲的《隔代教育,我们可以做得更好》、王老师主讲的《隔代教育——我们的定位》,以及其他班主任对于爷爷奶奶在教育中的问题解答与指导活动。2021年12月,祖辈工作坊邀请了区家庭教育指导讲师团成员来讲《男孩养成记》,听完讲座,几位奶奶拉着主讲老师的手说:"老师,我以前不知道为什么我们家这个孩子这么皮?现在我明白了……""老师,我还有个疑惑,就是我们家孩子每天放学后都要玩一会儿才肯做作业,这样可以吗?"虚心求教的奶奶们得到了指导团老师专业的回答,高兴地走出了校园,还时不时地跟见到的熟人分享和介绍"很好的活动哦,下次我们一起参加"。一次次的学习与交流,更新了祖辈们的教育观念,解决了祖辈带孙的问题,激起了祖辈自我学习和智慧育儿的热情。

一次,周老师所带的一年级班级第一次轮到上点心制作课程,因为预设不足,小朋友动作速度慢,放学晚了近半小时。送学生出校门时,看着在深秋冷雨中等待的爷爷奶奶们,身为班主任的她一个劲地表示抱歉。但是,一位奶奶真诚地说道:"是孩子爸爸忘了跟我说学校有这个活动,是我们来得太早了",还有一位参加过工作坊的奶奶说:"老师,做塌饼我擅长,以后有需要,我可以随时来帮忙……"奶奶们的善解人意鞭策着这位年轻班主任,今后更要加强班级事务的管理和协调,而这又何尝不是孩子的祖辈支持学校工作的一个缩影呢?利用成功的隔代教育案例,让祖辈"教育"孩子学会生活、珍爱生活,让祖辈"影响"祖辈科学育孙,甚至让孩子反过来"带动"爷爷奶奶,长幼互尊,这产生的教育效果可能比学校单方面教育孩子、指导祖辈效果更好。

2021年的夏天,教育界最引人瞩目且最富影响力、轰动性的事情就属"双减政策"的颁布了。双减政策的出台引起了社会的极大轰动和热议,对学校和教师而言,这是一个新的挑战。"双减"强化了学校的主导地位,将教育的主导权重新还给了学校,但学校的课后延时服务怎么进行?祖辈家长是否做好了心理准备?那种与生俱来的隔代亲,怎样在新时代背景下,既能适时补位又不越位?在2021年11月的上海市首批新优质学校认证现场会上,小品《减去烦恼加上爱》生动刻画了祖孙三代一家人在"双减"背景下的理念冲突,展示了祖辈坊在家校沟通中发挥的作用。(见图4-4)

图4-4 奉教院附小"减去烦恼加上爱"小品剧照

近两年,家长不能大量进来,那我们就走出去。于是祖辈工作坊邀请祖孙两代人游玩"吴房村":"奶奶,这个面团该怎么捏?""爷爷,你们小时候就是这样做饭的吗?"一起择菜、搭灶头、生柴火、淘米煮饭……此时此刻,无论是祖辈还是孩子,一切显得那么亲近与自然,祖孙共享着天伦之乐和成长的乐趣。

"抓一代,促两代,成三代",祖辈工作坊在指导祖辈科学育孙的过程中助力学校发挥了重要作用。

(二) 教师的长辈,别样的关爱

1. 重阳节活动表达年轻教师对长辈的感恩

教师长辈们对附小老师的爱体现在很多生活的小细节上,比如:老师们每次回家都能吃到妈妈精心准备的晚饭,有时回家晚了,厨房的锅子里必定还保温着他们的饭菜;每天早晨,我们的老师会有婆婆或妈妈泡好的养生茶,"不管我何时上班,起得再早,妈妈也总能第一个起床为我烧好热水,就为了上班前递给我一个盛满爱心的水杯,她一直惦记着我的老毛病'咽喉炎',要我多喝热水保护嗓子"。温温的饭、暖暖的茶让附小的老师一直生活在爸爸妈妈的关爱中。为了感谢长辈们的无私奉献,以"情满重阳,感恩有您"为主题,学校发出了给教师长辈的邀请信,活动从感恩信的真情诵读中拉开序幕。家属会上,英语教研组长张晓燕老师满含深情地朗读了《有一种爱,叫婆婆的爱》以感谢"豆奶"婆婆对张晓燕及其徒弟们的厚爱。话音落下后,会场一片沉寂,只听到个别的抽泣声,许久之后,化感动于高兴,台下才爆发出雷鸣般的掌声。(见图4-5)

图4-5 奉教院附小重阳节长辈读着来自儿女的"感恩信"

王康宁老师的奶奶是一名精致的老太太,为了时刻关注孙女的工作信息,主动换了触屏手机,以便时常能看到微信上学校发布的新鲜事儿,一旦看到孙女的公开课照片或者活动身影,那可是翻来翻去,怎么看都看不够。奶奶对孙女的关注和支持,反过来也感动着小王老师在工作上不断学习,不断进步,以最好的状态投入教学中。

亲爱的奶奶:

这是第一次以这种形式和您聊天,当您得知我成为一名教师时,我看到您眼角的每道皱纹里都洋溢着笑意。学生时代,您就告诉我要做一名有价值的人,步入工作岗位后,您更是叮嘱我:教师的责任重大,要做一名优秀的老师,让这些小苗苗未来都能闪耀出自己的光芒。此刻我明白,教育的本质是传递。

您还和我说过,您不懂什么是教育,但看到孩子们快乐学习,自信成长,那么教育就是成功的。是啊,教育不就是让每一个生命以自己的方式闪耀出自带的光芒吗?这也提醒着我,真正的教育是要点燃孩子们心中的那团火。这时我明白,教育的本质是点燃。虽然我们不住在一起,但您几乎每天都会坐半小时公交来家里看我。手里大包小包拎的是冒着热气的美食。每每送您回去的路上,您总是抱抱我,叮嘱几句就匆匆坐上公交车。路灯下,看着您的背影,我感到无比幸福,我知道,您一直在用自己的方式爱着我。

王康宁老师的信表达出了附小众多年轻教师的心声。

"年轻的时候,你们,拼命工作。望子成龙,望女成凤。

现在,你们老啦,放弃休闲,甘做后勤。

虽然,青丝转成白发,虽然,背影不再挺拔,但是你们,永远是儿孙坚强的后盾。"

这是感恩活动中我们给长辈们的颁奖词,表达了学校和老师对附小长辈的感谢和敬意。重阳节感恩活动中,我们还制作了数字故事,让长辈们一睹自家孩子在工作岗位上的风采,邀请长辈家属们参观美丽的校园,了解自家孩子的工作环境。家属代表们也纷纷感谢学校创设的良好成长平台,并表示甘愿在背后默默付出,让孩子们安心工作。很多老师的长辈家属激动地表示:"体会到了成为附小教师家属的那一份幸福",还不忘叮嘱自己的孩子:"要好好工作,对得起学校的栽培!"直到如今,重阳节那一幕幕温馨动容的场面一直让我感动难忘:

副校长朱玲写给妈妈的贺卡是:"老妈,您这个女儿,脾气坏,手脚懒,五十岁了,还在吃您烧的菜,穿您织的毛衣和做的衣服,可我却一直嫌弃您太过节约,藏硬纸板卖钱啥的。想想真是不应该,您勤俭节约、聪明能干的品质,我应该多学习,我也要多孝敬您,多包容您。祝老妈长命百岁,一直陪伴我们到老,久一点,再久一点!"

田甜老师向放弃安逸的老家生活、不远万里来到上海甘愿当"勤务兵"的公公婆婆深深一鞠躬,表达她由衷的感激之情!

最年轻的项旖玮老师说,"要用自己工作挣的钱给时尚妈妈买漂亮衣服,感谢妈妈对我的鼓励",并当场给妈妈一个热烈的拥抱。

确实,爱和感恩应该要勇敢说出来。从那以后,一年一度的重阳节成了学校党政工活动中一个特别的节日。有的教师长辈说:"看到儿媳妇拿回几张证书和奖状、比拿回银行票更开心",还有的盼望着能再有机会来校观摩,甚至还有两亲家把观摩子女的工作作为福利互相谦让而轮流参加。

2. "邀请函"满足长辈对年轻教师职业成长的关心

教师长辈们,对附小老师的爱不仅仅体现在生活上解决她们的后顾之忧,更多体现在对她们教育事业的支持上。哺乳期的唐玲玲老师要去市里参加教学比武,公公婆婆二话没说,带着娃一路跟随。甚至还有因为喜欢媳妇、爱屋及乌"宠着"媳妇徒弟的"豆奶"(张晓燕的婆婆),当外地来的徒弟没有热饭热菜吃,"豆奶"婆婆邀请她来家里做客,还经常给她煮好菜托晓燕老师带去,徒弟们来家里彻夜磨课,"豆奶"婆婆会默默地抱走年幼的孩子,做好一切后勤保障工作。这位顶呱呱的"豆奶",把儿媳妇及她的这帮徒弟宠成了"大孩童"。还有甘当学生帮自家女儿试教、帮女儿做教具的妈妈……凡此种种,举不胜数。为了感谢这些长辈家属对附小工作的支持,学校专门邀请老师们的长辈家长观摩自己子女的课堂,欣赏自家儿女的课堂风采。一次春节放假回家,俞青老师和母亲一起收拾房间,无意间翻到了一张泛黄的邀请函,这不是参加新教师教学展示活动时的邀请函吗?没想到母亲还保留着!思绪飞转,为那次观摩课试教而准备的种种情境再一次浮现在俞老师的眼前。

第一次试教:"你的话太多了,要删减……"师父指出了我上课的问题,一改再改。几个晚上,我都自言自语地背着修改的教案,无奈记得上句,忘了下句,愁得不行。母亲不免也跟着担心起来。"要不要我来做你的学生?"她自告奋勇道。

"你?连小学都没毕业,行不行?"我对她有点不信任。

她自信地回答道:"我小学成绩还是很好的!"

于是,家庭模拟课堂开始了,娘俩你一言我一语,很快就把教案给理顺了。

带着这份信心,我尝试了第二次试教。"不行,不行,太死板了!"副校长朱老师听完我的课直摇头,"不能光背教案,要注重学生的体验,要给他们橡皮筋、小木棍、细线等工具……"哎,这次的试教又是以失败告终!

回到家,母亲看出了我的异样,"教案还是不顺吗?"

"教案倒是顺了,但需要做教具,有点难做!"

"要什么样的,说说,我帮你一起做!"她又一次自告奋勇。

"50根小木条,每个木条上打2个孔,能插入2支铅笔,间距2cm。"

"这要求还挺高,我帮你想想办法吧。"母亲也有些为难。

第二天,一直到晚上,她才神秘兮兮地拿出一袋小木条。"看,是不是这样?""哇塞,我的好妈妈,你可真是太优秀了!"我高兴地抱住她。事后我才知道,母亲为了给我做学具,在叔叔的修车店磨了一天的小木头,为了我,妈妈铆足了劲呢!

带着妈妈的爱心小木条,我的课也上得格外顺利。下课后,看了看坐在评委后排观课的母亲,我立马比了一个"耶"的手势,母亲也给我竖起了大拇指。一切尽在不言中,此时母亲的笑容就是最好的结果……

十多年过去了,邀请函已暗淡失色,然而它见证了青年教师的成长初舞台,点燃了母亲"望女成凤"的希望,这是一张多么有意义的邀请函啊!如今,俞老师已成为区卓越教师培养工程的数学名师。

2009年,学校看中了一位有武术特长的外地姑娘小赵老师,小赵在上海举目无亲,上海高昂的生活费让她犹豫着要不要回老家,为了留住人才,我与婆婆商量腾出一间房间给小赵住宿。婆婆想都没想就说:"媳妇,我一定支持你的工作,作为校长,你应该爱护好员工!"婆婆真的把小赵当成了自己的孙女,每天迎接小赵下班回家的是热气腾腾的饭菜。从此,她扎根附小,成了奉贤媳妇,成长为区体育骨干教师,还在2021年的市级教学技能大赛中荣获一等奖。

校长的婆婆成了赵老师的亲人,一校之长的我也在婆婆的支持下掌舵好学校的发展方向。我们每一位附小人的成长都离不开父母公婆的无私奉献,是长辈家属用真挚的爱心缔造了她们幸福的港湾。

3. 跨省的家访安抚远在他乡的教师长辈

"教育根植于爱",这份爱来自四面八方,来自社会,来自学生,来自教师,也来自远在异乡的教师长辈。在学校,不少教师的老家在外地,她们只身一人来沪多年,把学校当成了自己的家。将心比心,我们对这些年轻教师也当成是自家的儿女悉心照顾。[①]

2014年的初夏,我在附小三年了,这也是我成为校长助理的第一年。那天,

---

① 何哲慧. 点燃教育的五十五个个故事[M]. 辽宁教育出版社,2017:106—108.

校长说:"娇娇,我们打算去你家家访。"

"这太远了吧?"我一阵诧异。

校长似乎明白我的顾虑,笑着说道:"你的家人就是我们的家人,和家人见面是其乐融融的喜事吖!"

于是,学校行政组乘坐大巴士踏上了这跨省际的家访之旅,经历四百公里的颠簸,终于来到我的家乡——临海。这次归程由学校领导亲自陪着,多了一份温暖,更是一份莫大的殊荣。

倚在门口的外婆,看到校长一行的到访,欣慰与喜悦之情写满了她沧桑的脸颊。外婆紧握着校长的手,用当地的临海话询问着我在上海的情况。

"外婆你放心,我们这次来就是专程告诉你,娇娇在学校有很多亲人相助呢。"看着老人家有些疑惑,校长继续解释着:"娇娇在学校有个师父,对娇娇就像亲姐姐一样呢。见习期考核了,师父刚做完剖腹产就陪着娇娇磨课;三年期考核了,又是师父陪着娇娇熬了三天三夜;参加市教学比武,师父更是劳心劳力,领奖的时候,师父都激动地跟着哭了呢。"

从他们的口中,外婆知道了我在附小工作、生活情况,当听到我在奉贤买的房子,也是由校长和她老公亲自陪着并讨价还价时,外婆不由得发出了爽朗的笑声。

那一天,我们一起陪着外婆,唠着家常,其乐融融。没有领导,没有下属,我们只有一个身份——家人。临走时,外婆紧紧握着我们的手,把感谢与希望承载在了这紧握的双手之中。虽然只是一次家访,却诠释领导与教师之间的情分,让校园成为一个知冷暖、解忧愁的"家",更让老师们懂得了事业与生活的平衡,亲情与友情的融合,把小爱汇聚成大爱。附小的情、附小的爱成就了附小老师最美的诗篇。

孩子"点燃"家庭,让每个家庭都充满了生气活力;教师"点燃"学生,让每个生命都闪亮发光;长辈们也"点燃"了我们的年轻教师,让她们安心追求职业的成长。这一团团火焰互相激燃,让教院附小的太阳宝贝和年轻教师倍感成长的幸福。

二、夫妻互敬,特殊的表彰

在附小有一大特别的"温馨工程",我们连续做了十多年,逐渐形成了一套成熟的"明德好家属"评比表彰机制。(见图 4-6)

> **奉教院附小"明德好家属"年度评选方案**
>
> **评选范围**
> 所有附小教工家属
> **评选标准**
> 1. 敬老爱幼,积极主动承担家务,解除后顾之忧。
> 2. 宽容豁达,理解支持教师工作,家庭温馨和睦。
> **评选程序**
> 1. 自荐和推荐结合
> (1) 自主申报:教工可依据条件组内主动申报,可以申报自己的爱人、公婆以及父母,请在申报表上注明与申报人的关系。
> (2) 组内推荐:各年级组依据要求,民主推荐符合条件的教师家属参评,年级组长把关,各组均推荐2人,教师撰写被推荐家属先进事迹。
> 2. 互评和互选结合
> 由学校评优小组对提名人选复议,并确定年度"明德"好家属10名,其余获提名奖。
> **颁奖仪式**
> 1. 给自己家属秘密准备好一份礼物。
> 2. 给获奖家属读一封情真意切的感恩信。

图4-6 奉教院附小"明德好家属"年度评选

虽然评选活动的规格并不高,却温暖了每一个老师及其家属的心;虽然我们的颁奖仪式并不高大上,但让在场的每一个人潸然泪下。这样的活动把全校教师、家属和长辈一起融入进来,点燃他们的热情,挖掘他们的价值,见证和共享老师的成长过程。在获奖名单中,除了有我们教师的长辈们,更多的是教师的爱人,他们支持爱人的工作,是附小的"明德"好家属,更是关爱子女的好父亲、好母亲,赡养老人的好儿子、好媳妇。

在这个世界上,有一种至大至伟的事业,那就是教书育人;

有一种暖人身心的精神,那就是互勉互励;

有一种浪漫主义的情感,那就是相濡以沫。

你们,是宠妻模范;你们,是万能杂工;你们,是超级奶爸;你们,是逗比司机,你们,一头承担着家务,一头又得随叫随到。

只要附小需要你们,只要老婆一声令下,你们总是赴汤蹈火,无怨无悔,因为,在你们的眼里心里,只有附小的那个她。

这是"明德"好家属颁奖会上女教师给予老公的颁奖词。携手走在附小的校园,这里的一草一木、一山一水、一景一地有着附小众多伴侣共同走过的脚印和留下的身影。

(一) 比翼双飞，一对管家宝

在我们附小有两个教师"宝贝"，她们是一对夫妻宝。男主外，女主内，也是附小的一对"好管家"，他们这辈子最大的幸福就是彼此找对了对方，在附小安下了"家"。工作28年，27年是在同一个单位工作，"女主"顾群英老师自2007年首入附小后，"男主"杨勇兵也随之于2008年调入，夫妻俩在附小的后勤管理岗位上已是14年的"革命伴侣"。用顾老师的话说："就是这所学校独有的魅力，让我们夫妻俩能够视校如家，让我们放弃周末，舍弃让其他行业'羡煞'的寒暑假，心甘情愿为学校付出我们的空余时间"。话题还得从早先顾老师来附小工作说起。

2007年9月，我跨行转入教育系统，从一名车间女工转换为拥有第一张办公室、第一间办公桌的职工，有过闪烁的窃喜，之后更多的是心底的呼唤"我能为教育付出点什么？"

在这里，没有岗位的高低，有的只是一起成长；在这里，没有竞争的勾心斗角，只有彼此的成就；在这里，不怕你是一张白纸，只要融入，就会被点燃。

于是，附小"成就"了一个这样的我，熟悉文印、课间食、食堂管理、学生饮用水、接待、财务、足球生活老师、课务考务管理、教师工作量计算等多种后勤管理岗位……日渐成熟的我，不需要命令和指示，懂得适时补位，变得会"噶苗头"，总是在合适的时候、合适的地点悄无声息地出现。我渐渐成了"万金油"！哪里需要就"抹到"哪里……总是在别人的不经意间已经把事情安排好！

用各活动负责人的原句说，"交给顾老师就是放心"。在附小，顾群英老师找到了工作的动力，教育的初心。虽不能授课于三尺讲台，却被附小的爱点燃，并在后勤岗位上熊熊燃烧，她再一次感受到人生的价值是多么重要，成为甘于奉献和主动进取的服务者。

我是顾群英老师的爱人杨勇兵，进入附小"缘"起于家属的身份。2007年夏天，天天守候妻子下班的我在附小的诞生日帮忙拉起了第一面开学彩旗，却也"不可收拾"地被拉进了附小的教育团队，开启了一个男人甘愿为附小倾心付出的人生旅途。附小"两岁"那年，我来了。

从那以后，周末、寒假、暑假似乎都与我无关，学校的老师喜欢我的"全能"：自己设计、制作三叶台喷水系统，自己画图设计环境建设布局图，自己修理电路排除各类故障。在我的笔下，环城东路校区有了百果园，有了开心菜园和升级后的绿太阳农庄；有了老师喜欢在那里研修的博览园、笃学园、善思园和思研坊；有了师生共享的心灵驿站、爱的小屋、魔幻厨房和奇趣影音工作室，等等。环城东路老校区在我的笔下正越描越壮观，2019年，教育局"一纸文书"，又让我踏上描绘新校区的征程。如今，我又跟随学校规划描绘着运河路第三校区的新蓝图。"劳碌"在附小的建设中，看着附小的惊人变化，我自得其乐，找到了那一方属于我的天地。

因为杨勇兵老师的忠厚老实和老黄牛般的精神，他成为学校总务主任，成了附小老师心目中的全能。在他身上，没有骄傲的影子，只有全心全意燃烧自己，为学校和大家保驾护航的决心。一切只为精打细算，节约资金，将有限的经费投入到学校和师生更大的利益之中，这是杨老师在附小扎根的初心和动力。

我们从不会埋怨、指责对方因为忙碌的学校工作顾不上家。下班晚了，路边店里一碗馄饨、一碗面条足以充饥；母亲病了，需要住院，你没空，我带去；暑期工程紧急，需要加班，没事，我先回家做饭给你送晚餐……

学校和家，两点一线构成了我们单调的生活模式，我们的闲聊话题除了学校还是学校。我们会相互提醒工作上的每一个细节：今天某某老师病了，我们早点去学校进教室帮忙管理学生，别忘了把课务调整好，学生安全第一；防疫物资你准备好了吗？学生春游，食堂这边去掉午餐你通知了吗？明儿多功能厅有公开课，场地准备得咋样了……

一个不起眼的后勤岗位，让顾群英老师获奉贤区师德五表率之合作奉献奖，她还在区"千名贤师结对千名学生"的帮扶活动中获得十佳教师。而杨主任则囊括了属于后勤组负责的全国营养健康示范校、上海市平安示范校园、上海市花园单位等十多项荣誉。无悔于育人的辛劳，两点一线的生活路上相伴互燃，让他们在共同的后勤岗位上更加出色。他们的幸福人生就是在家我"领导"你，在校你"领导"我的彼此尊重！附小的发展离不开这对夫妻宝贝。

（二）幕后英雄，无声的陪伴

"附小出品，必属精品"是我们附小自编的一句激励性口号，而附小老师们的老公也被人赞誉为"精品老公"。比如，来接老婆下班的李佳佳和诸艳玲的爱人，他们等在办公室里，只要看到妻子和姐妹们在一起磨课，不知不觉也就加入了妻子的教研队伍，一起帮忙剪教学磁性板贴。还有周诗羽、王婧怼等姑娘们，都是在附小工作后恋爱、结婚、生子的，接送上下班、陪作课件、配合妻子的生活和工作习惯等等，已是附小家属的常态。

只要新的学期一开始，我就会成为一个狂热的"工作狂"，我非常享受这其中的"酸甜苦辣"，单身时丝毫不觉得这样做有什么不妥，但相恋后，我的手机常在一些重大节日、纪念日的晚餐时"余震不断"。

"周老师，我们家孩子最近表现怎么样呀？"

"周老师，今天下发的表格怎么填？"等我这个班主任耐心回复好，小汪都已经吃完了。

好不容易挤出约会时间，我却总有意外发生。但他总会支持我说"工作上的事要紧，家长等着呢。"因为懂得，所以他心甘情愿地走进了我的生活，走进了我们的校园。因为支持，所以他成了我任劳任怨的"副班主任"。

他会"打入"放学接娃的奶奶群中，以一口流利的奉贤话赢得爷爷奶奶的信任；他会跟爷爷奶奶们讲老师的工作，学校丰富的活动，让学生祖辈放心；爷爷奶奶们也会将自家孙辈的一些问题或者自己对学校的某些不理解告诉他。此举成为了我与家长沟通的一条新渠道，帮助我更好地建设班集体。

升旗仪式是值周班最值得重视的"春晚"级别的大型活动。第一次组织班级开展升旗仪式活动时，恰逢六一，学校特别重视。所以，节目内容的选择、人员的安排、与家长的沟通等都耗费了我很大的心力。刚参加完无偿献血的小汪为了能让我多休息几分钟，每天接送我上下班；排练时，全程陪同，还积极参与视频的制作和播放，协助管理候台学生的纪律，提醒学生喝水、上厕所等等，家长们戏称他是我们班的"老父亲"。

流水爱上高山，便滋养苍绿千万年，他爱上她，便成为了不在编的"副班主任"。入职四年，周诗羽与其老公小汪经历了相遇、相识、相恋、相知和相守。之所以能修成正果，很大程度上归因于彼此懂得、相互支持。周老师的班级管理逐渐得心应手，家长和孩子们都把她当家人般对待，班级更是屡屡获奖；学科上，她也有了更多的时间去揣摩教材、教参和名师的示范，有了精力参与学校项目化活动、教科研培训，业务能力不断提高。

爱人的支持是附小老师前进的动力。至今还清晰地记得学校刚刚开办时，我的爱人，作为校长家属的沈医生身先士卒，为初创阶段的学校建设出力流汗，他弄来了明德池的第一批锦鲤，他的车子成了学校的运货车。在第一年的"明德好家属"评选中，他以高票当选，这位中年大叔竟然在谈获奖感言时哽咽了。至今，哪位老师或是家人有什么头疼脑热的，少不了沈医生的"绿色门诊"通道。副校长朱玲家的"公鸡"（"公鸡"是她爱人的昵称，因生肖属鸡而得名）也被耳濡目染，成为众多家属中熊熊点燃的普通一员，协助图书服务和后勤工作，还被书店误认为学校总务。现在想起来，我们附小的"点燃教育"真的深入了每一位附小家属的心中。

咱家的"公鸡"是我的"文秘"。建校第一年,我执教五年级语文,全年级就一个班,一个人就是一个备课组。于是,咱家"公鸡"承担了所有我设计的"一课一练"和"周周练"的命题文案工作;他是我的专职"司机"。每天坚持从徐汇到奉贤接送我上下班。我还经常很晚下班,他耐心等候,还跟我开玩笑说:"你这么慢下楼,是金茂大厦下来的吗?"每逢我外出开会,只要他有空,定会专车接送,让我不必舟车劳顿,还能让我节约时间在会前上完一节课或是处理完一些公务;他是我的得力"助教",批卷最后的算分誊分总是他,家访的"导航"也总是他。于是乎,他了解班里每个孩子的学习成绩、家庭住址及家庭教育情况,家长电话一来,这个孩子的状况他也能说出个"一二三"来;他还是我的贴心"保姆",2010年下半年,我粉碎性骨折,他每天早上送我到学校,推轮椅,背我上四楼,坚持了整整两个月⋯⋯

都说"陪伴,是最温情的告白",像小汪、"公鸡"秘书那样默默陪伴老婆甚至参与老婆工作的"明德好丈夫"是一众群像,这一众"明德好老公"的陪伴精神早就和风细雨般渗入我们附小的教师家庭,与妻子相依相伴,与附小一起激励着我们的教师不断奋斗前行。

(三) 情牵对方,携手并进

学校的语文老师徐华勤和爱人(教院附小教育集团成员校奉贤区育贤小学副校长陈立)在自己单位都是骨干教师,是学校的中坚力量。他俩立足教书育人岗位,相互支持,共同发展。而在生活中,则相濡以沫,互相补位,互相帮衬,是一对模范佳侣。

徐华勤老师从事教育工作24年,担任语文兼班主任工作。2011年9月,附小大量青年教师产假休息,徐老师自觉担任两个班繁重的教学任务,毫无怨言。她临时接手的新班级,在半学期内进步神速,获得家长的一致好评;对带教的几位新教师,也是倾囊相授,利用双休日或放假期间共同研讨教案、设计学习单等。在这期间,爱人陈立老师给予了最大的支持和理解,每次都是主动负责接送,家里的大小家务抢着干,让徐老师安安心心,没有后顾之忧。

陈立老师在自己的育人岗位上也是一把好手,从教25年,是奉贤区名教师。2019年,陈老师接到市空中课堂拍摄任务,常常忙到凌晨。为了让爱人全身心投入录制工作,此时此刻,徐老师二话不说,包揽了家里的大小事务。

他们一个教语文,一个教体育,各自利用学科优势,互帮互助,共同提高。在平常的教学中,为了上好一节课,徐老师常帮助爱人润色语言,设计方法,而陈老师则常常帮她在学生行规训练等方面出谋划策。他们常常讨论、修改,甚至还有争论。但正是在这样的争论中,他们各取对方之长,补己之短,逐渐形成各自的教学风格。夫妻二人相互激励,分别在不同的学科领域取得优异成绩,真正体现了比翼双飞、携手共进。

结婚二十二载,徐华勤和陈立夫妇一路兼程,风雨同舟,同为教师的他们,始终默默地坚守着一方净土,用炽热挥洒着他们的激情;始终辛勤地耕耘在三尺讲台,用生命熔铸着他们的崇高。附小十五年,硕果累累,离不开智慧和踏实的附小人,更离不开"明德好家属"这个特殊的团队。他们是"幕后英雄",是附小最强大的后援团,也是学校教育教学蓬勃发展的坚强后盾!有了家的有力支撑,有了家人的互励"护燃",老师们才能义无反顾地投入教育事业,让学生在学习中有幸福感,让家长在育儿中有幸福感,让教师及其家属在育人中有幸福感。

什么是幸福?我们想说感动也是一种幸福。无论是那一杯水,还是那一个笑靥,或者那一缕白发,都是引发幸福的导火索,闪现着钻石般的瑰彩。家人们互励"护燃"每一天无意间创造的感动成了附小人幸福的小小源头,淙淙地流向另一双渴望感动和幸福的双眸。

第三章 共育:家校互动"合燃"

在附小,几乎所有的人都认识我,并亲切地叫我一声"阿修哥"。

很多家长和小区居民经常问我,甚至菜场里卖菜的阿姨也会问我"侬阿是迭所学堂里额老师呀?""侬啦学堂里教哈门功课啊?"

哈哈,我是附小的"老师",但不在编,我的真实身份是附小一名小朋友的爸爸,再说具体一点,我是附小家委会的一员,仅此而已。

五年前,学校让我担任《职业启蒙课——村官》的讲课老师,从此将我引入了"家庭教育"之门。有道是"高高至天门,日观近可攀。云山望不及,此去何时还"。入门后,扑面而来的是我对教育理念的匮乏感和对教育经验的贫瘠感。于是,我在附小家委会这支队伍中经历了一场生命的灵修。

"爸爸俱乐部""祖辈工作坊"等一系列实践,让我们深入思索:孩子们,家长们,我们究竟能给你们什么样的帮助呢?而这样的帮助是你们需要的吗?这样的帮助真的可以赋能你们的生命成长吗？这几年的父亲身份和家委会工作经历，让我的心渐渐变得柔软，而这份柔软或许就是源于学校的点燃教育，让我对生命充满了敬畏，也对未来有了更多的憧憬。

因为女儿，"阿修哥"一头扎进了附小家委会乃至整个区域家庭教育工作。他多次在全国、全市、全区等各层级现场会给家长们宣讲，给家庭教育工作者宣讲。女儿小学毕业后，他依然坚持每日一早来到附小门口，继续做一名"不在编"的志愿者。他获得了"2020年度中国榜样父母"称号。这些经历和"灵修"极大地点燃了他自己对家庭教育工作的热情，同时又点燃着一届又一届新的家委会成员和家长们。

"点燃教育，让每一个生命都闪光"是学校的办学理念，我们的校园要成为一个温暖的"大家庭"，就要让家长成为学校教育的亲密伙伴，我们不仅点燃教师、学生的激情，更点燃家长与学校协同教育的热情，并在点燃、被点燃、互相点燃中共同进步，成为孩子幸福成长的"助燃剂"。伴随着上海教育综合改革的步伐，附小的家庭教育工作不断迈入新台阶，我们意识到家校合作共育，需要彼此相互协同，伴随孩子的成长过程敏锐地捕捉教育智慧，才能让各自的生命相互碰撞激燃。

学校提出"家长是学校不在编的教员"，不断丰富、创新家庭教育指导服务的内容和方式，统筹家长委员会、家长学校、家长开放日、家长接待日等各种家校沟通渠道，[①]促进家长理解学校的办学理念，帮助家长提高家庭教育水平，从而凝聚起教师与家长合作共育的强大力量，实现学生、家长、教师的和谐共成长。2012年，附小被光荣地评为"全国优秀家长学校"。2018年，荣获"上海市首批家庭教育示范校"。2020年，荣获教育部和全国妇联颁发的"全国家庭教育创新实践基地"殊荣。2021年，成为"上海市'十四五'家庭教育基地校"和"上海市社区家庭教育示范点"。

一、信任教师与家长的合作共育

"若只有学校而没有家庭，或只有家庭而没有学校，都不能单独地承担起塑造人的细致而复杂的任务。"苏霍姆林斯基对学校和家庭在育人中的关系作了精

---

① 教基[2017]8号.中小学德育工作指南.中华人民共和国教育部官方网站，2017-08-22http://www.moe.gov.cn/srcsite/A06/s3325/201709/t20170904_313128.html.

准的阐述。促进孩子健康成长是学校教育和家庭教育的共同目标,在普及、均衡、优质发展教育的大背景下,家校共育的意义和作用更为凸显。出于这样的思考,学校给予家委会充分信任,联合三级家委会各部门成员驻校办公,逐渐形成了一套家委会"坐班办公"制度,改变了传统家委会的"花瓶"地位。我们还发挥家长自我教育的优势,联合家委会和优秀志愿者,点、线、面结合,形成动态的家长学校课程。

(一) 三类家长学校课程,教师与家长互燃

在家庭教育中,家长采取的教养态度和方法是否合理与子女良好性格的形成有着密切关系,对子女的一生有着深远的影响。教育能力决定家庭教育效果。有些家长空有良好愿望,观念不对,能力薄弱,很容易导致教育的失败。马卡连柯在论述学校教育和家庭教育的关系时,也有一个简洁而鲜明的观点,即学校应当领导家庭。① 基于上述的认识和要求,我们认为学校应在家校合作中起"主导"作用,要充分发挥"学校在家庭教育中的重要作用",②积极组织并点燃家长参与其孩子教育活动的热情,给家长提供学习和提升的机会,对其家庭教育进行指导。于是,我们组建由骨干教师、优秀家长和社会专业人士组成的家庭教育指导队伍,开发面向全体家长的普适性课程、解决热点和难点问题的针对性课程和满足部分家长需求的个性化课程。通过这三大类家长学校课程的讲座、咨询和交流活动,营造良好的"太阳宝贝"家庭教育生态环境,帮助家长进一步充实家庭教育理论,将科学的教育理念、知识和方法转化为高超的教育实践能力。

1. 全方位覆盖,系统推进父母课程

学校以"和孩子共同学习成长"为主题,为家长提供各种学习的机会和平台,根据学生身心发展规律、心理现象及年龄特点由浅入深,循序渐进,编撰《成为优秀的小学生家长50讲》普适性家长学校课程,从"五步做好入学准备"→"小学阶段校内外的学习与生活"→"走好小升初第一步",系统地建构1—5年级家长的应知应会,并将课程拍摄成五十个微视频,供家长在线学习。③

2. 热难点聚焦,分类办班因材施教

家长的家庭教育需求和水平各不相同,同时不同的家长又具有学校教师不具备的职业特点和专业技术。挖掘优质家长资源,聘请他们参与家长学校课程

---

① 苏奕. 家长学校发展研究[M]. 学林出版社,2014:39.
② 《教育部关于加强家庭教育工作的指导意见》(教基—[2015]10号).
③ 何哲慧. 成为优秀的小学生家长50讲——序言(二)[M]. 西安出版社,2019.

建设,成了学校家庭教育工作的新思考。学校聚焦当下家长育儿中的难点、热点,灵活开设专题课,解决家长们普遍关心的问题。同时又开设"亲子阅读"课程、"好爸爸养成记"课程、"祖辈育儿"课程等针对性分类课程,帮助不同层次和需求的家长各取所需,各有收获。

3. 特殊的需求,"月月有约"温馨指导

对一些特别焦虑的家长或者"特殊孩子"家长,我们通过事先征集的家长需求和困难,明确活动主题,定期开设专家讲堂或沙龙,解决不同的家庭教育问题。通过听课、交流、讨论、咨询、阅读相结合的方式,减缓家长们的焦虑,让家长爱而有方。正如有家长所说,"月月有约,让我上一堂,见效一堂;来一次,收获一次"。

上述三类课程实施中,学校有一支专门配备的师资队伍,由具有一定专业背景的骨干教师、优秀家长及社会人士组成。我们为这支家教指导讲师团制定的基本标准是:愿意上课,能够上课,能上好课。这其中,学校教师和社会人士这两类讲师自有专业的培训渠道。而对家长讲师而言,就要求他们不仅要有热情参与之心,还要有一定的专业特长,让家长喜闻乐见从中受益。如,第一任家委会主任赵晓燕擅长阅读辅导,她培养的两个女儿在附小学习时都能独自出版专辑读物;再如,第二任家委会主任陈军擅长深度陪伴孩子,父女俩曾受邀做客959电台直播间分享亲子交流的心得;还有家委会成员刘乐博士,她擅长心理咨询,给予不少家长和孩子专业的心理辅导。以他们为代表的课程指导现身说法,娓娓道来,让家长们深受启发。

(二) 三级家委会参与,家长与学校共育

家长委员会是由学生家长代表组成,代表全体家长参与学校民主决策、民主管理、民主监督和咨询,支持学校做好教育工作的群众性自治组织。[①] 作为发挥家长在教育改革发展中积极作用的有效途径,如何"发挥好家长委员会支持学校工作的积极作用",这是我们在开放办学、建立新型家校关系时必须回答好的问题。我们觉得家长也应该是办学的主体之一,如果家委会像上班族一样,能定人、定时、定点、定内容地工作,那家委会的工作会更有实效。

2007年9月,初建中的附小面临种种困难,非常需要得到家长们的大力支持和理解。在一大批家长志愿者的支持下,附小的家委会于年底的元旦迎新会上成立。宣誓、述职……满满的仪式感,让我们家委会成员"不辛苦,一切为了孩

[①] 教育部关于建立中小学幼儿园家长委员会的指导意见. 教基一〔2012〕2号.

子"的口号响彻云空。之后,学校建立了家委会"坐班"制度,每年通过招募、推举和竞选,组建成校级、年级和班级三级家委会,在学校管理、课程开发和校园文化建设等方面多方合作、各有侧重,逐步形成常态的工作制度。(见图4-7)

图4-7 奉教院附小校级家委会证书颁发仪式

1. 校级家委会,"坐班"参与学校管理

"坐班办公"是指学校给予家长充分的信任和尊重,把家委会工作纳入学校日常管理,还在有限的专用教室中专门打造一间精美、温馨的家委会办公室。近十五年的实践,从原来只有5人的部门,发展成两校区共40多人的组织,分别由家委会主任、副主任、秘书长和宣传策划部、服务保障部、课程开发部、协调咨询部、评估监督部五大部门组成。而这其中,经历了学校与家长的几多磨合,见证了校级家委会发挥的桥梁和纽带作用。

以课程开发部和协调咨询部的产生为例。有一年,三年级一个班的班主任生病了,学校就派了一位年轻教师顶班。结果没几周,这位新换的老师怀孕了,需要居家保胎。当时,正值学校师资队伍青黄不接,临时就让一位见习期教师代班。这时,有些家长就不满意了,甚至扬言要到教育局上访。

正当学校为难之际,时任家委会主任的赵晓燕女士站了出来,召集了该班所有的家长,听取并梳理了家长们的意见,向学校转达了家长们的担心和疑虑:其一,新的代课老师专业能力怎样?其二,这位代课老师要持续代课多久?其三,升到四年级后,学校能否换个优秀的班主任弥补这一年班级管理的不足。在这位家委会主任的协调下,学校了解了家长们的真实诉求,也采取了相应的措施,比如给这位年轻的代班老师配备最好的师傅等。赵晓燕主任也自告奋勇,以少女作家妈妈的身份给孩子们开设阅读讲座,后期还组建了一支家长团队专门给孩子宣讲如何培养阅读兴趣提高写作能力。

这一事件的解决,带来了一个意外的收获,那就是增添了"提高阅读兴趣"这一校本课程,也让学校灵机一动,成立课程开发部,让更多的优秀家长参与到校本课程的开发中。同时,这一事件的解决,也让家长们逐步意识到,做家长的不能一味地把教育孩子的责任推给学校,一旦有矛盾产生,应站在"孩子"的立场一起想办法解决,而不是一味地指责或单方面要求学校,那才是解决问题应有的态度。从那时起,学校家委会也增加了协调咨询部,以"老娘舅"的身份专门协调沟通家长或家校之间的矛盾。

家委会成员在家委会相关部门中各自发挥着民主协商、沟通协调、监督评价、策划宣传、后勤保障等功能与作用。但这些功能,不是一成不变的,随着学校的发展以及家委会成员的变化,我校家委会的功能也在不断完善。时至今日,形成了值班、宣传、信息、例会、调解、评价等方面的六大制度,保障着学校家委会的"坐班办公"。比如,值班制度中就有"家长看学校八个一"的工作任务:①观摩一次升旗仪式;②聆听一次课堂教学;③品尝一次学生午餐;④倾听一次学生心声;⑤巡视一次校园安全;⑥与一位老师交流;⑦记录一次参与感悟;⑧提出一个改进建议。拥有多项功能的家委会"坐班办公制"在区域范围内是首创,是学校家庭教育工作最早创设的特色品牌,有关经验不仅在区、市范围得到辐射,还在长三角和全国范围内得以交流。

2. 年级家委会,参与校本课程开发

家委会"坐班办公"实施中,课程开发部秉承"携手共进、开启智慧,与孩子一起成长"的原则,在原有的经验基础上进一步探索,鼓励各年级家委会成员参与学校各年级的校本课程开发。

比如,学校提供专用场所,让家长一起参与年级心理拓展活动。在这期间,每月分年级分时段,由心理老师指导协调,孩子和爸爸妈妈们手拉手,心连心,围成一个圈,抱成一个团。你追我赶,"一起玩"的过程中,爸爸耐心地回答孩子提出的各种问题,妈妈的一个眼神、一个动作和一个微笑传递着亲子间的温情。爸爸妈妈们就像"大小孩",像孩子的"大朋友",一起合作想办法,互相鼓励喊加油,有效促进了家庭成员间的沟通交流。

再如,三年级家委会成员小杨爸爸具有近5年的社区亲子绘本活动的组织经验,被孩子们称为涵爸。通过"绘本"这一阅读载体,他挑选出《佩泽提诺》《米丽的大秘密》《石头汤》《爷爷一定有办法》《爱心树》《摇摇晃晃的桥》等经典绘本，设计生命教育课程系列和学习方案。通过绘本剧情演绎、手工艺品制作、创意绘画、趣味折纸、团队游戏等，对精选的优秀绘本以读、演、唱、玩等多种方式加以演绎。和孩子们一起分享绘本故事，开展相应的绘本拓展活动，提高了孩子们动手、动脑、观察、表达等诸多方面的能力，培养了孩子的创造力、想象力以及感恩扬善、团结互助、自我保护的意识，在培养学生的阅读兴趣之余给予学生更多阅读的快乐和对生命的感悟。

每位家长从事不同的行业，具有不同的经历和职业特长，学校充分发掘这些家长的专业特长和社会资源，在多样化的课程实施中，不断满足孩子的课程新需要，让家长参与和开发"主题教育课程""书香校园课程""职业劳动教育课程"等各类拓展型、探究型课程，丰富和完善了"绿太阳"校本课程体系。

3. 班级家委会，参与校园文化建设

他们是一群热心服务班级的妈妈或爸爸们，哪里有需要，哪里就有他们的身影。从升旗仪式的排练现场到小队活动的户外研学，从"家长进教室"到绿马甲值周的校门口，从每周的游泳志愿者到班级小菜地的研究……只要有利于学校教育教学，只要有利于孩子们变得更加优秀，班级家委会紧紧围绕学校和班级活动，像一棵棵大白杨，质朴坚强、团结一致，组成家长后援团，成为最美附小团队。

读书节活动开始了，爸爸妈妈们卖力地在教室门口吆喝："快来，快来，流浪小屋给你不一样的读书体验。""快来，快来，流浪小屋让你真切体验三毛的故事。"瞧，孩子们在电影前驻足，陈语言爸爸让孩子们体验三毛那个年代理发的感受。还有"三毛"擦皮鞋，在"三毛"的茅草屋前驻足留念，在签名墙上留下墨宝。走出流浪小屋，当再次回忆时，相信流浪小屋给孩子们留下了深刻的印象。这是三(4)班的班级家委会留给孩子们最深刻的读书体验。

在附小，这样得力的班级家委又何止三(4)班呢？运动会上，郭园园老师的"大黄狗的狂欢"、元旦迎新活动中陈晨老师的"萌宝宝寿司店"……能干的班级家委会只要一个引导，一个通知，班级的家长后援团就会积极参与孩子的教育活动，把事情办得妥妥当当。要排出场式了，邓妈妈说："我来"；运动会孩子们的报名，褚爸爸说："我来点名"；升旗仪式要排开场舞，沈妈妈说："我可以"；要买活动材料了，家长们都会争相来统计。

每每想起这一幕幕，我们都会热泪盈眶。在附小，家校共育已成了家长们的共识。陈桥路校区首创"绿太阳"星光小舞台，有家长会主动向学校捐赠架子鼓，让更多孩子在每日清晨的霞光里展示自己的才艺。爸爸俱乐部成立，总有"黄

爸""刘爸""罗爸"这样的一批家长献计献策,身先士卒带领大家一起参与。家长们对学校的热情付出,彰显了他们热衷学校公益的美丽灵魂。正是各级家委会的积极参与,点燃了每一位家长的参与激情,助推了学校的办学品质,成就了今天学校的各项荣誉。每当学校获得各类成绩时,我们都会第一时间在家委会工作群里分享,感谢孩子的爸爸妈妈们。家校共育,有你们真好!

(三) 三支骨干队伍,教师与家长共享

大力提高包含家庭教育指导能力在内的教师教育教学能力,是新时代建设高素质专业化教师队伍的要求。[①] 在平等、开放、文明的社会,家校合作共育不再是增加教师工作量的包袱,而是促进教师成为"四有好老师"的基本功。学校充分发挥骨干教师、班主任这两支队伍,还在家委会基础上进一步扩大,充分发挥优秀家长志愿者这支队伍的满满正能量。

1. 工作室,发挥优秀教师不同专长

学校作为教育集团的理事长,以师资建设为抓手,充分发挥王秀明、余安勤、戴宏娟领衔主持的三个家庭教育工作室的研究专长和团队作用,各有侧重,点燃教师专业发展激情,提升教师专业指导能力,在区市级起到示范引领作用。

王秀明是上海市"十佳"家庭教育指导师,也是区班主任工作室带头人,她主持的"运用信息化手段开展家校互动"的研究,就是基于融媒体背景下家校合作的热点和老师们的实际问题而展开;余安勤是分管德育的副校长,在发挥家委会作用开展家校共育等方面有许多研究心得,曾带领几十位爸爸一起参加上海市教科院家庭教育研究与指导中心的20周年庆暨"发现父亲"论坛活动,对指导"爸爸俱乐部"深入开展工作有独到见解;戴宏娟老师是经验丰富的老教师、区德育名师,擅长家庭教育指导教师培训和特殊学生家庭教育个别指导,开发的《特别的爱给特别的你》等教师培训共享课程被上海市师资培训中心纳入学分银行。她指导工作室学员撰写的案例纳入其副主编的《奉贤区中小学家庭教育指导家长读本》和《家庭教育指导教师教程》系列读本。

学校对这三个工作室尽可能多地提供培训进修机会和项目经费,三个工作室在动态的发展中不断调整和优化成员结构,既有教育集团内外各学校的家庭教育骨干教师,又有校内不同年级和不同年龄的教师参加,保证了工作室学员的

[①] 中共中央 国务院关于深化教育教学改革全面提高义务教育质量的意见(2019年6月23日). 中华人民共和国中央人民政府网站,新华社北京7月8日电.

层次性和丰富性，最大限度地发挥着引领示范作用。三个工作室每学年到集团内各所学校送教、交流和指导家庭教育工作，并每学期向全校教师汇报展示工作室研究成果。比如：戴老师先后在本校以及集团成员校开展《家委会的性质与功能》、《全员导师制背景下教师的家教指导力专业发展》等讲座；王老师及其团队成员直接面向家长开展宣传指导讲座；余老师的学员们总结"如何用好班级家委会""如何开家长会"等家庭教育指导策略，收录在学校《班主任工作三十六策》一书中，成为全体教师床头案边随时可以翻看的"葵花"宝典。

2. 班主任，培训提升家教指导能力

一所学校就是一个小社会，每一所学校都会有来自不同文化背景和教育观念的家长。办学初，学校也总会接到家长对老师不满的电话或投诉。什么"新教师管理班级没有章法""教师与家长沟通用语不当""班干部设置和三好学生评选不公正"等等。老师们也很委屈，一直尽心尽力做好教书育人的职责，为啥孩子不喜欢？家长不满意？看来，办好一所学校，不仅要让上级领导满意、让学生满意、还要让家长满意，这是对我们的新挑战。

家校沟通中，我们确实会碰到一些溺爱孩子甚至不怎么讲道理的家长。比如课后作业方面，有的家长嫌老师布置的作业太少，有的家长则埋怨老师布置的作业太多；还比如家校合作方面，不愿配合买校服，更有不愿买小白鞋、礼仪装的；再比如"我们家的孩子不好吃亏的"呀，一旦孩子被批评了就要投诉老师，一旦小朋友间吵吵闹闹发生点磕碰，家长就要冲进来帮孩子"打回去"等等，各种各样的家长都有。

于是，我们在班主任培训中，请大家把自己在家校沟通中觉得最棘手最困惑的问题全部背对背写出来：体育课上孩子突然受伤，第一时间该怎么处理让家长满意；两位小朋友之间打打闹闹发生了伤害，班主任如何协调好双方家长的关系；对待特殊孩子（随班就读或者心理有障碍的学生）及其家长怎样妥善用语……由下而上，每个班主任把问题罗列出来后，再由德育处把收集到的 40 多个问题进行梳理，形成六大家校沟通主题：如何处理校园伤害事故、如何进行家访、如何开家长会、如何接待家长校访、如何引导家长积极参加学校活动？如何协调好学科教师与家长的矛盾冲突？然后邀请骨干班主任和专家，把处理这些问题的流程步骤、应急措施、解决办法等都梳理清楚，再由上而下，让班主任认真学习并烂熟于心。

接下来，我们开始模拟实战演练，比如现场说法，"怎么应对那个难缠的爸爸"，班主任们有的扮演学生，有的扮演班主任，有的扮演任课老师。在模拟演练课堂上,我们还邀请市、区级专家现场点评,进一步给予专业指导。从上到下,再从下到上,这种"两上两下"每月开展的主题式专项案例培训,在不断的模拟实战演练中,逐渐完善形成了校本的实训案例和指导策略,被收录到《班主任工作三十六策》中的家校联系篇。[①]

我们还邀请区、市级德育名师、特级教师、正高级教师等专家不定期开展家校共育方面的讲座。家校合作共育中,经过"做智慧有爱的班主任""班主任金点子分享交流会""激励,唤醒成长内力"等一系列主题式培训和历练,班主任们在一个个问题解决中进一步提升了家校共育的理念,合力育人的智慧不断生成。如今,哭着鼻子说"家长太狡猾"的小安老师已经成长为骨干教师,习惯用"高压水龙头救火"的老班主任所带的班级获全国优秀中队称号……我们的老师面临家校沟通问题时越来越得心应手,家教指导经验越来越丰富,家长们的投诉也越来越少。我们还把班主任和老师的教育智慧分享给集团成员校的老师和家长们,提升他们的家校共育意识。

3. 志愿者,跨省交流家校共育经验

很多人说附小的家庭教育工作做得不错,是因为附小的家长好说话,愿意配合学校。这是一种偏见,这是因为他没有看到学校的努力、老师们的努力以及一批优秀的家长志愿者的努力。附小在建校初期,也面临过师资短缺、百姓观望等种种问题的。为此,每一学期学校都会开展针对家委会成员的任职系列培训,其中有一项培训内容是"外出学习看学校"。我们带着家委会成员去过许多外区县的名校,进行家委会工作的交流,他们往往会在参观中有比较、有反思:"我们学校方方面面做得很好啊,甚至在很多方面比中心城区做得还好哦!""我们也可以向他们学习,成立一些家长社团哦!"

2018年12月,为有效落实"长三角地区中小学德育联盟合作备忘录"要求,区教育局带领12所首批家庭教育示范校前往江苏省苏州市开展学校结对共建活动。活动中,我们介绍了附小的家校共育经验,表达了对双边合作发展的期待。2019年3月,受苏州工业园区翰林小学邀请,我们带领学校和集团校成员的骨干教师、家委会成员及家长志愿者代表前往学习考察。

苏州工业园区翰林小学有个特点,那就是家长们的学历特别高,被民间誉为"博士爸小学"。即便如此,学校还是发挥主导作用,加强对家长们的亲子沟通指导。正如最后的那节观摩课,代表团一行聆听了主题为"言语有力量"的亲子课

[①] 何哲慧. 班主任工作三十六策[M]. 辽宁教育出版社, 2013(3)

堂,通过"心手相连""亲子作画""角色表演""真实演练"和"阳光'雨露'"五大体验活动,让在场的孩子和家长懂得了用礼貌、尊重、体贴的语言才能有效沟通、增进情感。也让我们进一步认识到,良好的亲子沟通跟家长的文化水平无关,关键还是家长的家庭教育意识和观念。

回来的路上,一位坐在我身边的洪庙小学家长奶奶感慨万分。据她介绍,她原在上海市区,因为拆迁,举家搬迁来到了奉贤洪庙地区。刚来的时候,一种城里人的身份让她对乡下的生活有种种的看不惯,也看不惯孙女学校的家校工作举措,什么"志愿者护校"啊、"志愿者进课堂"等,有时还会站在学校的对立面"指手划脚"提出批评。"承蒙学校不嫌弃,让我发挥了擅长腰鼓的特长""连那些博士爸爸都要学习,更何况我们老人。我现在知道了,若要孩子好,做家长的就要和学校齐心,一起做好孩子成长的引路人"。

据洪庙学校的领导反馈,回去以后,这位奶奶的干劲更足了,这次外出考察,让她找到了自身新的价值。她积极鼓励身边更多的家长参与学校的志愿者工作,将原先的负能量转化为满满的正能量,还升任了学校家委会主任,而她的孙女也在新的环境里越来越开朗,越来越融入于新的集体。"爱孩子,是你的权利也是我的权利",①就像谢冬英老师在海湾小学支教时对家长们掷地有声的"呐喊",这一声呐喊醍醐灌顶般惊醒了一开始不理解她的家长们,让家长们少了牢骚、少了观望,多了配合。在学校的号召下、在老师们的努力下,无论是附小还是集团,更多的志愿者队伍支持和参与到学校的教育中来。家校合作共育,这是一种爱的影响、爱的传播,是爱的另一种点燃,唤醒了懵懂中急需成长的家长们应有的责任意识。

"一切为了孩子",我们想尽一切办法赢得家长对学校工作的支持,三类课程、三级家委会和三支队伍,大大提升了家长们的"家校共育"意识。

二、尊重学生、家长、教师的共同成长

现代管理学之父彼得·德鲁克说过一句名言"管理就是最大程度地激发他人的善意"。但是"善意"这个词显得太过笼统,究竟哪方面的善意才是需要我们去激发的?学校教育教学工作、家庭教育指导工作肯定是重要的方面,但我们觉得党的事业要薪火相传、红色江山永不变色,学校首先要承担起为党育才为国育

---

① 何哲慧.点燃教育的五十五个故事[M].辽宁教育出版社,2017:109.

人的使命,立德树人,帮助孩子扣好人生的第一粒纽扣。于是,结合区域"七彩成长"教育,我们以少先队工作为载体,多方位点燃社会各成员关心学校、关心学生成长的爱心和热情,相互尊重,相互激燃,奏响成长号角,点亮领巾梦想。

(一) 抓好少工委建设,辅导员队伍点亮领巾梦想

学校成不成立少工委,对于少先队工作有什么区别?我们认为最大的区别是从情分到名分的区别。[①] 少先队工作一般由大队辅导员作为责任人,策划开展校内的各项少先队工作。成立学校少工委之后,校长成了少先队工作的第一责任人,这就需要我主动思考如何建设好一支辅导员队伍保障少先队工作的有效开展。

1. 三方结合,家校社链接成立队伍

学校少工委主要由学校、社区和家委会三方人员组成,我们校队结合,家队结合,社队结合,抓好三支队伍,让每位教师皆是辅导员,每位家长皆是辅导员,每位社区工作者皆是辅导员,建构"全会议事制""少工委责任制""骨干顾问制",通过评价激励,实现两校区一体化少工委工作模式。

(1) 校队结合,教师皆是辅导员

大、中队教师辅导员是少先队工作的中坚力量,学校少工委建立《附小中队辅导员(班主任)聘任制度》,通过自主推荐、双向选择、竞聘上岗等措施选拔、聘任一批思想素质好、业务水平高、奉献精神强的有活力、能创新的优秀教师担任中队辅导员。同时,学校选聘优秀青年教师担任学校大队辅导员,并将辅导员工作量列入绩效工资。

(2) 家队结合,家长皆是辅导员

每学年,学校对每个家庭进行排摸,通过自荐和他荐的形式,聘请思想进步、作风正派、热心为少年儿童服务的家长担任特邀辅导员,参与红领巾校外实践活动。我们还邀请有一技之长的家长辅导员进校园、进教室、进社团,有的妈妈会茶艺、有的爷爷会打腰鼓、有的奶奶会烹饪,各行各业的家长辅导员一同参与队员们的课程活动,引导队员从小立下建设有中国特色社会主义事业的远大志向。

(3) 社队结合,叔叔阿姨皆是辅导员

学校挖掘社区资源,成立十八家校外教育资源联盟,聘请了专门的基地辅导员,要求每位基地辅导员设计出具体的活动方案,制定活动目标、安排活动内容、

[①] 何哲慧.奏响成长号角　点亮领巾梦想[J].少先队研究,2021,(04):16—19.

设计活动过程,每学期一次带领各年级队员开展各项活动。每学年,我们会对校外辅导员进行评估表彰,及时调整和聘用基地辅导员,挖掘一些深受队员喜欢的、更具时代性的、更富有教育实效的活动基地。

2. "六一"盛会,家校社联合集中表彰

每年的六月一日那天,在以"七彩童年 快乐六一"为主题的学生活动节文艺汇演暨表彰大会上,学校少先队大队部组织的学年度四大"十佳"评选活动,通过队员、家长、老师和社区相关成员的网络投票,获奖名单新鲜出炉了。

瞧,这是"十佳"明星家长,受表彰的"协调沟通好委员""志愿服务好帮手""教子有方好家长""献计献策好参谋""校外实践好辅导"五大项目十位家长上台了。他们中有这么一位白发苍苍的奶奶,带着老伴,花甲之年,妇唱夫随,每周坐上一个小时公交车,按时来给孩子们上兴趣课。孩子们亲切地唤他们沈爷爷、沈奶奶。衣袖挥挥,鼓声清脆,老人慈祥的笑意,融化在孩子们灿烂的眼中。

接下来是最佳校外实践智囊团,他们是附小的"十佳"优秀校外辅导员。"空竹"辅导员、"开心菜园"辅导员、"管乐团"辅导员、"Passcal 程序设计"辅导员……一个个走向舞台中央,接受大家的鲜花和掌声。都说附小的孩子特能干,每周都能做各式小点心,这都要归功于能干的点心师辅导员。为了孩子,他们竭尽所能,在魔幻厨房里陪着孩子诉说厨房密语。茶道技艺,是中国非物质文化遗产,每周在辅导员刘丽丽的带领下,少儿茶艺课程的孩子们学烹茶,学斟茶,学品茶,在新加坡校长团来访时,侃侃而谈中国茶道,在美国访问团来访时,斟茶倒茶有礼有节,附小的茶艺向世界吹开了"贤文化"之风。

孩子们最熟悉的老师也上场了。不是明星,却拥有众多的粉丝;不是偶像,却赢得了学生的景仰。校园里,随处可见他为别人奔波、忙碌的身影;青春又活力的他,用爱心和责任叩响了每一位学生的心扉。他的毅力和行为影响年级里的老师和学生;他用爱岗敬业昭示着人民教师的质朴与虔诚。他(她)是谁?是年级组长、备课组长、任课教师,也可以是甘居幕后的调度员或者是"冲锋陷阵"的行政领导,他(她)以柔情编织着师者的大爱。"爱生如子奖""专业发展奖""合作奉献奖""家校沟通奖""管理服务奖"等荣誉,让这些肩负着育德职责的老师们尽情享受属于他们的高光时刻。

最后,"十佳"明星学子闪亮登场了。经过一学年的努力拼搏,从五月初开始评选,一路过关斩将,10 位优秀学子从 50 名候选人中拔得头筹,成为本学年度新一批最闪耀的十佳明星。"宝剑锋从磨砺出,梅花香自苦寒来",这是五(2)中队长李奕阳的座右铭。他在第九届上海市中小学生古典诗词创作活动比赛中获得小学组一等奖,并在上海市"红领巾国学达人"挑战赛中获得小学组二等奖;"小小志愿者,让爱传出去"。她是三(4)中队的卫茗萱。走近少年图书馆,她给小朋友讲故事,走近上海青年圆梦公益全城劝募大行动,她带领小朋友一起去义卖;走近自闭症儿童,她发动队员合力做好相关关注和宣传活动……"学习小状元""岗位小能手""才艺小达人""爱心小天使""体育小健将",一项项桂冠蕴含着孩子们成长中的艰辛和爱心。

"如墨的黑夜里点一盏心灯",全校师生和家长为身患白血病的附小学子捐款;《我和附小不得不说的故事》里,钟睿莹在诉说着学校培养下作为少先队大队委员《一路前行》的故事……区域教育管理部门有个学生"七彩成长"满意度评价。它从学生在校学习生活状态的自我评价、对班主任和班集体的认同度、对老师和学校教育教学的认同度、对学校环境设施和后勤保障的认同度、对家庭教育的认同度五个维度加以考察。对照这些维度和指标,我们及时提醒学生家长和老师们关注孩子的成长状态,在其学习或生活上遇到困难时,给予合适有效的帮助。上述"四十佳"的评选,让我们的孩子、家长和老师在学校搭建的各种平台和精神家园中茁壮成长。每年的"七彩成长"满意度调研,学校都能获得98.5%以上的好评。

(二) 搭建多维互动平台,"3+X"阵地助燃梦想实现

"3+X"是指利用学校、家庭和社区三方面资源以及孩子们的班级阵地、"X"社团等,家校社联动,搭建多维互动平台,助推学生、教师和家长在附小的教育共同体中一起成长。

1. 特殊的班报,记载五年的成长足迹

光阴似箭,五年小学生活弹指一挥间。五年的岁月,记录孩子们快乐的童年时光:课堂中举手发言的专注神态,运动场英姿飒爽的恣意挥汗,升旗仪式上昂然挺胸的庄严朗诵,春游路上欢声笑语的瞬间回眸。一到毕业,每个孩子手捧一份毕业纪念册,"学校领导寄语""集体合影""活动花絮""照片信息""班级家委会名单",还有五年来的"明星学子""最佳家长团队"奖杯等等,看着看着,孩子们泪眼婆娑,一幕幕镜头回闪,一幅幅画面呈现——

孩子们,祝爷爷在这里有礼了!祝贺你们人生第一个学习阶段顺利结束,优异毕业。祝爷爷在你们入学后的第一学期就关注你们了,时常和你们一起搞活动,出版报,做"小报"。还给你们上过写字课,主持过难得一次的爱心课呢。陪伴着你们一路走来,见证了你们茁壮成长。"礼仪、诚信、感恩、宽容,做一个明德的人;博览、

笃学、善思、勤勉,做一个厚学的人",这是附小给予你们一生的精神财富。

在附小的这五年结束了,你们也将分到各初中部学习,继续着你们的努力。祝爷爷真的有点依依不舍,不管你们到哪所学校继续深造,祝爷爷一如既往深深地爱着五(4)班的孩子们。祝福你们、祝愿你们、祝贺你们认真刻苦不断努力,去创造无愧于时代的业绩,也盼望着早日得到你们的喜报。

哈哈,差点忘了自我介绍一下,我曾当过老师,做过民警,任职多年所长,也曾是小有名气的刑侦队长,任职过副局长……而我更喜欢"爷爷"这个称号,一位普通的喜欢和你们在一起的祝爷爷。

这是"恰同学少年——奉教院附小五(4)班毕业纪念册"附在最后的祝爷爷寄语。每月一班报,祝爷爷从孩子们二年级起就时刻关注着这份班报,孩子们优秀的作品,任课老师的一首小诗,爸爸妈妈教育孩子的故事,还有奶奶的感恩篇等等,都在这份小报上体现,也付诸了祝爷爷的心血。如今,这一份份精美的26份小报择优摘选在这份纪念册里,加上任课老师的联系电话和毕业寄语,耳边回响的是孩子们每天朗朗的读书声,留下的则是孩子们穿梭在校园中缔结的深厚情谊!伴着纪念册的墨香,这份情谊也把孩子们的岁月留在了我们的梦里,刻在附小成长的记忆中,续写着各自精彩的篇章。

2. 校内小基地,职业志趣的启蒙

每一个孩子都有一组独有的基因密码,有自己独特的个性、喜好、特长和相对应的缺点、不足。我们深刻认识到在孩子的教育里,学业能力只是孩子人生中很小的一部分。而孩子的人生观、价值观会影响其未来的发展走向,决定他成为一个什么样的人,会去到哪里,会做什么事情。这里,就不得不提到对孩子未来的职业和人生观的启蒙。2015年起,国务院批准设立"职业教育活动周",提倡通过初步的职业体验让孩子们逐步发现和培养自己的职业兴趣,为未来的专业或职业选择奠定基础。学校积极响应,于2015年岁末,联合校级家委会协同打造了"小职业大梦想"的元旦迎新职业体验活动。

"职业体验?什么是职业体验?"

"妈妈,职业就是工作,对吗?您的职业是医生…"

"把教室装扮成一个工作坊?这会……"

刚拿到这个开放性命题,无论老师、学生还是家长,个个都惊得目瞪口呆,这样的迎新活动还真是闻所未闻。各种各样的讨论像雨后春笋般在校园、在家庭弥漫开来。

周末的夜晚,部分热心家长陆续走进教室。在这次家委会组织的预备会议

上,大家从学生们职业体验的趣味性、知识性和安全性出发,高标准、严要求地进行环节设计。活动当天,伴随留声机里婉转悦耳的《夜上海》,我们的"顶级裁缝店"开张营业了。①

剪下一片布料做领子,再"咔哒、咔哒"踩几下,一针一针地缝上去……大家争先恐后地体验了量尺寸、裁剪、制衣、拷边、成衣检验等每一个步骤,最后再熨上我们特有的LOGO,一件称心如意的"衣服"做好了。(见图4-8)

图4-8　奉教院附小"顶级裁缝店"家长职业启蒙课程

美好的时光总是短暂的,附小的迎新活动给了全体师生一个不一样的体验,并在孩子们的恋恋不舍中落下帷幕。然而,"顶级裁缝店"中老师和家长们的合力设计,"美美"理发店内师生们的创意合作,还有"绿太阳"咖啡店和社区卫生所、"绿马甲"投递所等社团课程创设的丰富劳动场所,却保留了下来。而且,每年暑假,我们要求全体教师辅导员们必须结合自身的爱好特长、根据少先队员的需求,申报社团活动项目,最后优胜劣汰,这倒逼了辅导员老师除了自己的专业,还要发展特色服务好队员。这样的举措,起初只是通过职业启蒙助力孩子未来的社会化成长。没想到,也为2021学年"双减"之后的课后服务,带来了意想不到的好处。把原有的社团课程从"330"(下午三点半)改成"430"(下午四点半)后,"女红坊"里,妈妈来上课了;"魔幻厨房"里,爸爸教做蛋挞了;"开心菜园"里,爷爷奶奶一起来了;"自然室"里,科创辅导员在教作品……"56个教室"创设着N多奇迹,校内的职业小基地更热闹了。

学校搭建的多维互动平台帮助孩子找到生命的指引,让孩子们看到了一路

---

① 何哲慧.点燃教育的五十五个故事[M].辽宁教育出版社,2017:79—80.

走来,学校老师和父母的温暖呵护,也对自己未来的职业梦想有了初步的畅想。也许,他们心目中一颗小小的种子正在萌芽,一定的职业规划意识,一定的职业技能和兴趣爱好,助力他们展翅飞翔,去开拓未来新的人生。

(三) 反馈社区精准服务,和谐共育显身手

1. 天使的翅膀:校门口的那一条小路

在奉教院附小大门口,有一条长约 100 米的小区道路,长期被私家车停满。每天上学放学时,孩子们只能在私家车、电动摩托车和自行车的缝隙中穿行,造成了严重的安全隐患。学校也曾向有关部门多次反映,因为是未命名路段,对私家车的停留交警也无法贴条处罚。除此之外,更有小摊小贩无证设摊,每当孩子们上下学时,人声鼎沸,嘈杂不堪,地面一片狼藉,严重影响了学校的周边环境。也许有人认为学区嘛,上学、放学时拥堵一点,这是正常现象。南桥城区甚至乡镇学校,哪个学校门口不是这样?

但是,我们附小却不这么看。"办老百姓家门口的优质学校"是学校长期的发展目标,但这条路导致的环境问题真的给孩子的出行带来了严重困扰,显然,也给学校周边的社区环境卫生和安全问题带来了隐患。学校联合家委会与周边社区领导,多次向上级相关部门反映,多次表达了坚决维护学校周边出行安全、维护全国文明城区形象的迫切心情。区政府领导得知此事后,非常重视,特别发函要求公安、城管、交管和物业四方联合执法,在多方的协调沟通下,最终把校门前这条道路的维护权落在了校方。

如今,学校门口的这条小道成了一道美丽的风景线,把学校和社区巧妙地连接在了一起,家长们可以透过围墙看到操场上孩子们踢球、奔跑时活泼的身影;风雨或骄阳下,美观又结实的遮阳篷像天使的翅膀给放学时等候区的孩子带来安全感;平时,居民或家长可以在带有浓重附小文化气息的木椅上小憩、小道上散步。家校合作,与上级部门民主协商对话,既维护了学校的安宁,保障了孩子们的出行安全,也美化了社区周边环境,给老百姓的出行带来了便利。

这功劳大大归功于学校家委会的努力,归功于学校对家委会建设的规范化、制度化和常态化,归功于建校近 15 年来家校合作的力量,归功于学校与家长合作共育互燃所形成的良好教育生态。

2. 家委主会任的绝招:客厅化身"社区课堂"

每逢周末,学校家委会主任"阿修哥"会敞开自家大门,将家中的客厅变成"一间教室",开展"趣味魔方"等公益课堂活动。来参加的多数是居住在附近的

附小学子,这些孩子有的是慕"阿修哥"之名而来,有的是爸妈太忙没空带娃。阿修哥擅长"玩"魔方,他会从魔方的结构等基础知识开始教起,让孩子们迅速掌握方法和技巧,顺利将魔方复原。①每每孩子们完成一个任务,"客厅"里就充满一阵阵的惊叹和喝彩声。

阿修哥的这个社区课堂有着多种多样的指导服务内容,后来他延伸自己的客厅到社区,联合其他家长一起带孩子外出活动。夏日炎炎,酷暑难当,带领孩子们来到河道保洁作业现场送来绿豆汤、盐汽水进行高温慰问;冬日里,会对双休日加班的保洁养护人员送来姜汤或奶茶,驱寒送暖表达感谢。孩子们也在社区活动的参与中,懂得了奉献他人奉献社会的乐趣,立志为奉贤的环境和家乡的美好献出自己微薄的力量。

3. 奉浦"网红"路:变身创意"椅子"街

你知道的椅子有几种形状？你了解的街道有几种模样？一把椅子就是一个故事,每一个生动鲜活的故事成就了"椅子街道",也造就了"魔方奉浦"的千万种模样！在2021年的百椅艺术展活动中,经过网络投票和专家评审,第一轮比赛中有六把孩子设计的椅子脱颖而出,获得首批制造和落地的椅子中,有三把就是我们奉教院附小的娃娃们设计的。邬隽奕小朋友设计的FENGPU椅以"奉浦街道"的拼音字母为设计理念,将座椅设计成柱状座椅,大人小孩皆可休息观赏,椅子背后的墙绘,展现了奉浦"摩登(modern)"的城市氛围;王煊微小朋友设计的奇形景观椅,以自由(free)+美丽(fairy)为主题,以各种植物为设计元素,以种植花坛为造型,以花衬画、以画映花,表达"魔方奉浦"充满魅力的万般色彩;胡佑骐小朋友设计的"小马椅"寓意马到成功,借鉴儿童游乐园的元素,如旋转木马、儿童滑梯、摩天轮和马戏团表演等画面,引起孩子们的共鸣,展现了"快乐上学"的千种模样。(见图4-9)

学校联合奉浦街道,让我们的孩子重新定义椅子、街道和城市的模样,一大波兼具美感和实用价值的椅子在奉浦四季生态园展示后漂流而来,最终在陈桥路校区边上的韩村路生根落户正式亮相,吸引了沿途路人、学生和家长们的眼光,圆了小朋友的"设计梦想"。相信,未来将有更多的"钢琴椅""汉堡椅""S椅"等更多小朋友的设计稿,将梦想变为现实,"漂流"到街道的公园、社区等场所。在今天的韩村路,翘首等待新椅子到来之际,附小娃并不闲着,他们认领了这些创意椅子,认领了这条网红路,定期开展保洁活动,为韩村路打造成"椅子街道"

---

① 姜燕燕."爸爸俱乐部"让爸爸陪伴孩子成长[J].少先队研究,2019(01).

图 4-9　奉教院附小"百椅设计"

这一时尚地标出力出汗。

情感的陪护，时间越长就越能感受心里的温度。近十五年的办学中，附小人深深明白学校的成长离不开社会、社区的关爱和支持。我们号召全体师生积极投入到社区的服务之中，承担小区楼道长职责，慰问社区孤寡老人，迎检文明城区，投入抗疫活动，党员老师们甚至动员家属协助居委会的相关信息收集和上报，协助居委会领取并分发材料。

回顾 2007 年学校开办以来的一幕幕情景，是我们一路披荆斩棘、筚路蓝缕，才取得今天的办学成效。心理学中对于一个成年人的性格评定有一部分都追溯于童年的影响。童年是那么的重要，我们尽全力让父母和家庭、学校和老师成为孩子成长路上的重要他人。

"附小的光芒注定会将爱与力量传递得更远，辐射得更广。有幸遇见，必要珍惜，谢谢校长妈妈及所有附小老师，我也是深受影响，在做妈妈的路上一直纠正与反省"。

这是一位家长私信于我的一段文字，拿出来和大家一起分享，是想让所有关心附小的人们明白：发挥教师专业力量，激发家长参与热情，犹如家校合作的两个最强音，谱写了奉教院附小家校共育的优美篇章。点燃教师和家长共同参与孩子教育的激情，才能勃发学校教育的生命活力，奏响优美悦耳的家校合作之歌。

第五篇

"点燃"学校高位发展愿景

本篇导语

一个人可以走得很快，一群人可以走得很远。集团化办学是推动区域教育优质均衡发展的突破口和驱动力。2015年，上海市推出学区化集团化办学和新优质学校集群式发展办学举措，努力办好老百姓家门口的学校，让每一个适龄儿童享有公平而有质量的教育。

"能用众力，则无敌于天下矣；能用众智，则无畏于圣人矣。"学校积极探索促进集团内部优质均衡发展的新举措：齐心"导燃"架构集群管理、同向"同燃"助力教师发展、共建"共燃"达成校际共赢，尝试构建集团内部教育的新生态，点燃学校与学校之间的发展激情。

回顾几年的历程，我们从简单的单向传输到抱团发展，从抱团发展走向多元主体参与的共享、联动和创生，一种新的供给结构和方式正在集团内部形成。学校之间共润共勉、共振共赢，寻找各自发展的制高点，实现集团内部的优质均衡发展，提升集团的整体办学品质。聚星星之火，成燎原之势，携手同行，一路向光。

《国家教育事业发展"十三五"规划》指出,要进一步促进教育公平,使义务教育从普通均衡走向优质均衡发展,让老百姓享受更加优质公平的教育。促进区域教育优质均衡发展是时代的呼唤。

奉教院附小是奉贤一所颇具影响力的小学,被命名为上海市新优质学校。学校能有如此发展,不仅是全体附小人的奋斗和成就,更承载了党和政府以及社会对我们的期待和支撑。因此,在推进教育优质均衡发展过程中,我们理应承担起促进教育优质公平的使命、责任和担当,而我们也一直都是这样做的。

2010年,学校刚成立3年,在教育局安排下成立了教院附小教育资源紧密型联盟学校,成为乡镇3所学校的盟主学校。那时,"冲在前"的思想悄然萌芽。2015年,上海市推出学区化集团化办学和新优质学校集群式发展举措。奉贤区在原有紧密型办学资源联盟的基础上,打破以往相对独立封闭的格局,尝试推进集团化办学,全面扩大资源辐射。学校也于2017年形成了"1+6"结构的教育集团,2019年9月,奉浦学校小学部并入奉教院附小,成为陈桥路校区。2020年,教院附小教育集团"2+6"模式正式形成,由理事长学校奉教院附小的两个校区加六所成员校组成。

从最开始的"1+3",到"1+6",再到"2+6",成长路上,我们在跌跌撞撞中不断壮大自我,践行"点燃教育",逐步实现高位发展。同时也不忘携带着同伴一起前行,共同成长,实现优质教育资源的共享,推动"点燃"品质教育的扩张和辐射,促进区域内教育资源的整合和优化。

第一章 星星之火: 齐心"导燃"架构集群管理

冬日的深夜,区教育学院报告厅,来自7所学校的校长、书记站在台中央,深情地朗诵着自己创作的《启迪智慧 点燃梦想》诗歌。原来，她们在为第二天的集团总结大会做准备。她们抠字眼、对伴奏，一遍又一遍，那么认真，仿佛一群充满理想热情、勇往直前的青葱少年。她们释放着对教育教学的理想信念，为教育事业奉献终身的博大情怀，以共同的执着书写无悔的人生。她们眼前浮现着集团一路走来的一幕幕，不禁泪湿了眼眶。

在教育局的安排下，教院附小"2＋6"教育集团正式成立，由7所来自奉贤不同地区的学校组成。其中，"2"为附小一体两翼的两个校区，6所成员校分别为塘外小学、洪庙小学、奉城二小、海湾小学（2021年更名为上海师范大学附属奉贤实验小学，以下简称"师大附小"）、育贤小学、邬桥学校小学部。成员校的校情各不相同：有纯小学学校，如塘外小学、师大附小；有九年一贯制学校，如邬桥学校；有百年老校，如洪庙小学、奉城二小；也有新建学校，育贤小学。它们分散于我区东南西北各个区域，大多地处奉贤偏远地区，距位于城中心的理事长学校以南16公里是师大附小，以东20公里是塘外小学和奉城二小，以东25公里是洪庙小学，西北10公里是邬桥学校。受地域差异、经济发展、交通状况和人口流动等因素的影响，集团面临发展瓶颈：校际间教育资源配置不合理，教师发展缺乏内驱力，强弱学校发展不均衡等矛盾的凸显，使集团治理一度面临困难。

集团化办学初期没有可学的样本，大家都摸着石头过河。面对如此不同质的成员校，再加上自己是一所规模较大又承担较多活动的学校，该如何勾画集团化办学愿景？我们认为，集群管理运行机制是基础，于是统一管理路径，明确各方管理职责与共建目标，以确保集团各项工作顺利运行。

一、共鸣：顶层设计　达成目标共识

我们深深明白，将7所不同地域、不同办学文化的学校团结在一起，首先要做好顶层设计，达成目标共识，也就是让各校管理层先拥有共同的目标和价值取向。因此，由学校牵头，从架构网络、制定规划到创新机制，引发大家共同的价值思考，从而打破校际壁垒，凝聚力量，点燃不同学校的发展激情，共赢共燃，增值发展。

（一）章程制：集群发展明方向

"章程"是一个组织的基本纲领和行动准则，是根本性的规章制度。集团建设自然需要章程的引领。所以，在集团建立初期，我们设计共同的logo标志（见

图5-1),并思考该订立怎样的章程,才能让集团高效自主运作。于是,"5个统一""3个自主"的想法应运而生。

图5-1 奉教院附小教育集团 logo

在五个统一中实现"美美与共":

统一集团发展的理念目标。教育的出发点是学生,教育必须站在儿童的立场。因此我们将"立德树人"作为集团发展的理念,将"办好家门口的学校"作为发展的共同目标。

统一集团发展的文化核心。我们信仰"点燃"教育,坚信每一位孩子、每一位教师、每一位家长都是一个个富有生命能量与生命自觉的"光亮",而教育就是让生命体勃勃燃烧的助燃剂,将学生的心火点燃,唤起学生的生命自觉;将教师的爱心点燃,发现学生的闪光点;将家长的热情点燃,呵护学生的生命潜能,并在点燃、被点燃、互相点燃中,燃烧激情,迸发出灿烂夺目的光芒,照亮和温暖整个社会。师生互燃、生生互燃、家校互燃、校校互燃,"让每一个生命都闪光",成为附小集团的文化核心。

统一集团发展的规章制度。制度是工作顺利开展的基础,完善制度是抓好任务落实的保证。创办集团伊始,我们就建立了集团系列规章制度,如联席会议制、主题研究制、指导汇报制、中层跟岗制、科研管理制、联合教研制、教师流动制等,规定理事长每学期至少开展一次成员校实地查看指导,成员校校长定期到理事长学校学习、汇报,教研组每月至少开展一次线上或线下联合教研活动等工作,以保证集团内部管理互动的质效。当然,这些规章制度也随着集团发展而不断完善和革新。如联合教研制从一开始的只有大教研组一种活动形式,到后期的将 TCG 工作室、学科专场等活动都纳入制度中,体现了一种迭代更新的过程。

统一集团管理职责和任务。为推进集团内办学资源共享,建设互动共赢的学习共同体,学校进一步明确集团化办学目标,横向打通、纵向链接,架构"立体式"发展管理网络,"管理环""教学环""培训环""资源环""课程环"五环协同,共建制度文化、引入市域资源、盘活优质师资、共享课程资源,实行同方案、同计划、同质量的运行轨迹,推进集团融合、协作、互促"立体式"发展。集团工作小组由理事长学校校长担任组长,其他各成员校校长担任副组长,小组成员由各校的条线分管领导和每个学校派出的联络员组成。集团"立体式"发展的运行组织架构包含"统筹协调、调研分析、论证评审理"等环节的运行保障机制。围绕集团"立体式"发展七要素,分别由集团各校的德育处、工会、信息处、师训处等具体负责。最后,通过领导小组和工作小组的评价反馈,对实施过程中存在的问题进行比较、分析,并提供改进意见。此外,集团还建立质量监督小组,动态把握集团的发展进展状况,随时调控。(见图 5-2)

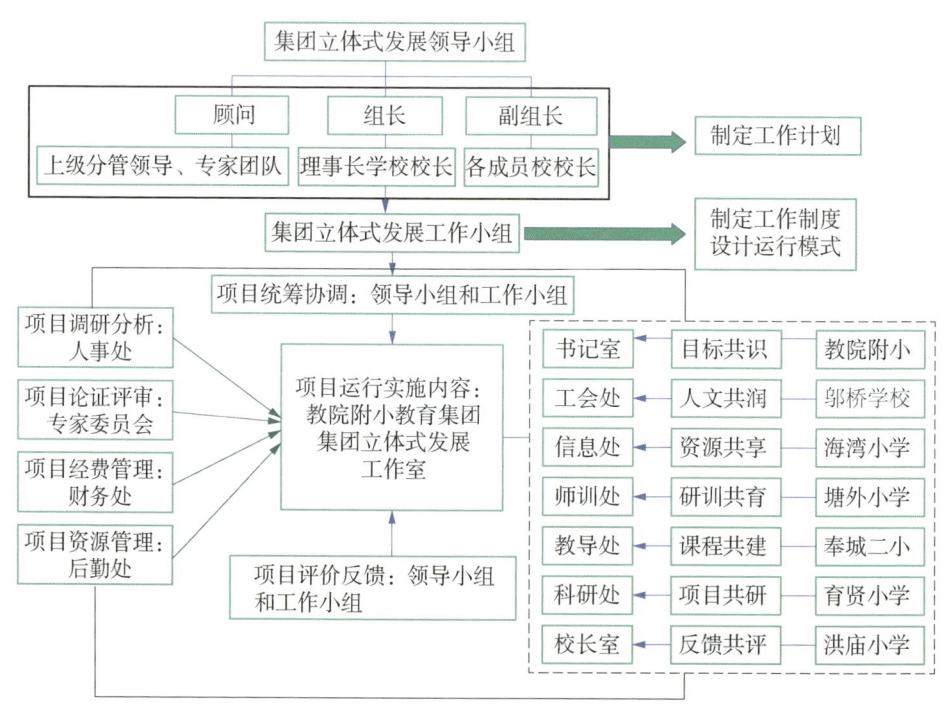

图 5-2 奉教院附小教育集团组织框架

统一集团发展的评价理念。集团实施统一的评价理念:聚焦学生持续的个性化的全面发展,评价学生的综合素质、学习内驱、增值发展,从而点燃学生的心灵之灯、理想之梦、前行之路。

在三个自主中实现"各美其美"：

学校办学理念和文化建设自主。结合集团发展的理念和目标,设定基于各校实际的办学理念和办学目标,建设基于传统积淀的特色校园文化。因此,集团以共同愿景为方向,以共同价值为指引,以不同办学特色为基础,鼓励集团各校打造不一样的生态校园,构建不一样的品牌文化。如洪庙小学地处农村,利用天然资源,构建"法布尔"生态校园;海湾小学靠近杭州湾,打造"小海星"品牌;邬桥以"牡丹之乡"著称,构建凸显"百年牡丹"的品牌文化。通过打造集团文化群,增强集团归属感,形成集团文化引领下的"各美其美,美美与共"的办学新生态。

学校规划发展愿景设计自主。在集团整体发展规划引领下,各校全面梳理自身发展面临的优势与劣势,自主设计基于校情的规划发展愿景。通过集团"圆桌会议"集中研讨,碰撞智慧的火花,继而展开纵横交错、上下互动的校内小组讨论,扬优势、补短板、强弱项,紧扣学校发展脉搏,探寻最契合自己的发展方向和办学策略,助力各校师生发展自主,彰显各校办学特色。

学校课程品牌发展自主。课程建设是保证教学质量的关键。我们鼓励各校基于不同的资源文化、课程基础、师资力量等校情,百花齐放,开发具有校本特色的课程,让丰富有趣的课程点燃师生教学的激情,进一步彰显集团各校的办学特色。

(二) 共享制：优质资源最大化

起初,成员校带着疑虑加入这个大家庭：碰到困难的时候,集团真的会伸出援助之手吗？他们真的愿意资源共享吗？加入这个集团,会不会增加工作负担？而我们也苦恼过：该怎么做才能真正带动成员校？怎样才能将集团化办学真正落到实处？

为了消除成员校心头的疑惑,我们在集团管理运行机制中明确提出了共享制度。共享内容包括文化共享、资源共享和活动共享等。于是,各校"物质文化、制度文化、精神文化"等被铺展借鉴,"课程资源、教师资源、专家资源"等资源也分享使用,"读书节、职业启蒙活动、游学活动"等活动都被共同参与。而我们的共享不仅仅面向学校管理者和教师,更着眼于集团学生的发展,共享学生的学习生活。

在"足行天下 创梦未来"体育节活动中,6所成员校的学生代表来到附小,阅读世界杯书籍,学唱世界杯主题曲,学跳异国舞蹈,学画球服队标,探究足球知识；"探究劳动世界 创造美好生活"中,各校孩子们在附小以展台和科创实验室的形式呈现自己的劳动成果;"一书一世界"读书节活动中,来自成员校的100余名学生来到一个个充满知识和童趣的小小世界中,走近经典,探索和体验书籍的神奇魅力……另一方面,在"弘扬匠心精神 腾飞中国梦想"主题研学活动中,我们的孩子走进师大附小、洪庙小学、塘外小学、奉城二小,参观他们的校园,感受他们的校园生活,体验他们的特色课程。临别时,孩子们把太阳宝宝赠送给了小伙伴,互相留下联系方式,依依不舍。纯真的笑脸,纯真的友谊,研学的种子就这样在孩子们的心中悄然播下。

在文化、资源和活动共享中,孩子们见到了不一样的学习场景,点燃了他们不一样的发展梦想,激发了他们追求梦想的美好愿望。

经常听到有人说:"附小的家庭教育搞得好,是因为家长好、素质高、懂配合!"其实,每个家庭都有望子成龙、望女成凤的期待。我们也相信,不管在哪一所学校,家长都是一样的,只是他们的激情没有被点燃。为点燃家长参与的激情,我们同样将共享开放给集团家长,共享家长资源,传播先进家庭教育理念。于是,点燃,也在集团家长的身上发生了。

附小"爸爸俱乐部"邀请集团校爸爸们共同参与亲子活动,"长征精神在心中",爸爸和孩子们来到郊野,抓鱼、射箭、烧灶头饭,气氛热烈,深受欢迎;"我运动 我健康",大家来到上海市公安局751基地,踢踢球、爬爬杆,弘扬体育精神、增进父子(女)感情。附小家委会主任"阿修哥"走进成员校,娓娓道来育儿经;附小爸爸俱乐部进校园之"父愁者联盟"集结活动走进塘外小学,与兄弟学校的学生、老师和爸爸们一起就亲子陪伴、融洽沟通等问题进行互动交流。成员校的家长们也在共享中一点一滴地发生改变。

共享机制为集团教师、学生和家长带来了实实在在的好处和真真切切的体验,打破了成员校心中的疑虑,成为最受青睐的制度之一。

(三) 督导制: 步调一致迈开走

成员校地处奉贤偏远角落,且离城中心的理事长校距离较远,如何把握学校的办学质量、教育质量、师生成长的状态,我们觉得督导制是一种非常好的方式。

我们运用卓越管理模式,建立集团督导中心,具体分为德育督导部、课程督导部、教学督导部和后勤督导部,每个部门由附小骨干行政担任部长,成员校负责人作为组员,每学期对每所成员校至少开展一次联合专题督导活动,对各校德育、课程、教学、后勤等工作开展专项督导。督导模式有常规管理式、聚焦问题式、热点研讨型、特色提升型等。每一次督导后都会形成一份督导报告,便于被

督导学校依据报告内容开展进一步整改。(见表5-1)

表5-1 奉教院附小教育集团督导报告表

督导学校:		时间:
督导主题:		
督导项目	情况描述	
整改意见:		

集团后勤督导部半天进驻师大附小,对防疫、食品、消防等方面开展安全检查督导工作。首先,后勤督导部进行实地检查,仔细查看了师大小学入校测温通道、食堂、门卫、仓库、运动器材、泵房等等重要场所,并对防疫物资的配备和灭火器的放置等进行了重点检查。在反馈环节,督导部及时指出发现的隐患,提供可选择的整改方式和策略。最后,各校总务主任就近期后勤工作中的重难点开展交流研讨,力求做到后勤工作的"管理过程精细化、环境建设精致化、服务质量精品化"。这既是一次对成员校的督导,也是一次各校管理人员的再培训,全面辐射集团校后勤管理团队。

联合督导不在于评估学校的既定水平,而在于通过检查,发现问题,对成员校各类工作给予最大限度的指导和帮助,从而解决问题,促进学校发展,提高学校效能,是一种非常行之有效的管理模式。

二、共润:人文积淀　形成理念共融

集团管理机制已然形成,但如何让这些管理机制保障集团各校共同的行为,如何让附小"点燃教育"的方法沉浸式融入到每一所成员校,真正引领集团学校、教师、学生、家长的共同理念?我们相信教育是薪火,相信每一位孩子都有潜能,相信每一个生命都会闪光,但这种潜能需要被引领,这种光亮需要被点燃。

(一) 基因移植,优质扩容

集团校位于奉贤各个片区,要想时刻聚集在附小共商研讨是不现实的。因此,成员校的扩容刻不容缓。而这种扩容并非牛奶稀释的扩容,而是优质资源的扩容。我们在恰当的机会,通过推荐、输送学校优秀管理者到成员校任职管理岗位。如洪庙小学的校长何春秀、师大附小校长丁莲娟就是由附小培养出来的优秀管理者。这些管理者带着附小"点燃教育"的烙印,把附小的优质基因移植到成员校,并使其校本化落地。

阶梯晋级的由来

何春秀原是附小的副校长兼教导主任,她最熟悉的就是队伍建设。她知道附小的这支教师队伍是如何从无到有,从优走向卓越的发展路径。她到洪庙小学担任校长不久,感觉这支队伍比较习惯安于现状,自主发展的愿望也不强。聪明的她,很快想到了附小《价值目标引领下促进各层次教师持续发展的机制建设研究》的几个阶段和相应做法,她尝试基于校情,将附小的一套教师发展模式创造性地实施到洪庙小学,遂提出了教师队伍阶梯晋级制和五项修炼,在实践的基础上总结经验集辑刊印,极大地激发了洪庙小学教师发展的内驱力。

海趣湾的诞生

2016年,附小副校长丁莲娟被推荐到师大附小(当时的海湾小学)任校长一职。她刚到达海湾小学时,第一眼看到的是杂草丛生的校园一角,长得竟有人那么高。她不禁愣住了,她为孩子的学习环境感到难过,也为自己未来的工作感到担心。看着看着,她萌生了一个想法:我有土地,我有资源。我有很多城里学校梦想中的最宝贵的东西。何不将这里的土地改建成像附小"绿太阳农庄"一样的孩子们的学习乐园呢?说干就干,她带领大家拔掉荒草,建立劳动基地。同时,与理事长商量,学校既然靠海,校园应该给孩子带去欢乐,那就取名"海趣湾"吧?这也为后来的"小海星"课程的实施提供了丰富的课程资源和学习场所。

这种优质扩容不仅仅是学校管理队伍的扩容,还体现在骨干教师队伍的扩容。我们将优秀教师陈丹萍派到奉城二小担任毕业班教师。她认真负责、踏实勤奋、智慧有效的工作方式以及热情谦和的为人,给奉城二小教师留下许多美好而又深刻的印象,也给他们带去工作和生活上的诸多启发。当然,优质扩容还体现在课程、课堂等方面,我们竭力为成员校提供优质扩容的机会和资源,让集团得到多方位的多元发展。

(二) 特色引领,价值倡导

要想引领集团校的发展潜能,首先要让他们看到闪光的心动的东西。因此,我们先梳理自身特色:明德讲坛的每月一分享、最美附小人的评选、绿马甲中队的轮岗、每周"人人上台"的升旗仪式"小春晚"、每月的节庆活动等,都成为成员校学习借鉴的特色做法。每次特色活动策划、开展和总结展示时,我们都邀请集团教师参与,让他们学有方向、学有方法、学有行动、学有成效。

于是,每次明德讲坛的现场都会看到集团校教师的身影;最美奉二小教师、最美"星"风尚、最美育贤人、感动塘小月度人物等最美教师评选应运而生,并通过公众号等方式进行宣传;自然节、体育节、科创节等节庆活动报道也出现在集团各校微信推送中;附小的绿马甲也在成员校衍变成了"紫马甲""黄马甲";每所成员校也都拥有了自己的每周"小春晚"……

这样的移植学习并不难,但这种学习,却恰恰诠释了"点燃教育"的真谛。我们相信每个孩子都有无限的可能,每一个生命都不一样,只要提供给他们舞台,他们都能动起来。

(三)优势彰显,品牌发展

一所学校能获得老百姓口碑,获得学生喜爱,在于学校的教育情怀,在于教师的敬业爱生,当然也还在于对学校课程品牌的认可和喜欢。我们把这种理念植入到集团成员校,鼓励他们去挖掘和梳理课程特色,形成"集团有品牌,各校有特色"。所以,我们将学校劳动教育品牌特色课程的理念、思路和做法在集团内分享,要求每校都聚焦劳动教育寻找着力点,指导他们根据学校的基础、空间、资源、教师等因素构建本校劳动教育的特色。由此,各校也有了自己劳动教育的品牌。每所成员校都做到了开垦一块地,让每个孩子拥有一个劳动岗位,结对一批劳动基地,开展一次职业启蒙活动,构建一个评价机制。各校在借鉴附小"绿太阳校币"和"绿太阳超市"的基础上,开发了校本特色的双线融合评价机制,也拥有了自己的校币,有小蜜蜂币、海星币等,有些也开设了超市,如心愿超市、蜜糖超市等,深受孩子的喜欢。(见表5-2)

表5-2 奉教院附小集团成员校劳动教育特色品牌一览表

学校	劳动教育特色名称	一批校外基地	评价机制
育贤小学	乐耕园	伟星管业、和汇集团、民旺苑居委、耕贤酒楼	心愿币 心愿超市
奉城二小	恒心苑	巴士公司莘团线、奉城二居委、奉城消防中队、上牌阔勤果蔬专业合作社	阳光币 晓黑板评价卡

续表

学校	劳动教育特色名称	一批校外基地	评价机制
洪庙小学	法布尔	洪庙卫生院、洪庙派出所、洪庙一居委、抗美援朝爱国主义教育基地、洪庙消防队、驻奉空军部队、水务局、公交公司、气象局、上海乳品四厂有限公司、上海星辉蔬菜有限公司	小蜜蜂币 小蜜蜂超市
师大附小	海趣湾	水趣湾、碧海金沙、渔人码头、女子民兵哨所、边防所 雷达营	海星校币
塘外小学	蜜糖苑	奉贤水厂	蜜糖币 蜜糖超市
邬桥学校	牡丹园	腾达兔业	钉钉评价

当然我们的品牌不仅仅聚焦在劳动教育，还有足球、武术、刻纸、书法、皮影等。"集团有品牌，各校有特色"，让教育集团的品牌和各校特色多元发展，多方面开花，提供给孩子更多成长的舞台。

三、共勉：评价驱动 促成激励共进

评价是引领，评价是方向，评价也是点燃。好的评价能激发教师专业潜能，提升学校教学质量，也能促进学校整体办学水平的进步。我们对教师专业发展、学校教学质量以及整体办学水平开展分层性多元化评价，以评促升，以评助燃。

（一）多元化评价：促进教师专业发展

教师是学校发展的第一资源，而评价能促进"资源"的成长。我们采用多元化、过程性评价，聚焦专业素养、课堂教学、班主任工作、管理能力、科研能力等多元评价内容，以分层式、项目式、综合式等多元方式，开展自评、互评、第三方评的多元主体过程性和终结性评价。

其中，分层式评价是指不同层级的教师需要接受不同方式的评价。如，见习期教师规范化考核是针对集团青年教师的专项考核；而大教研组长、TCG 工作室主持人和成员等骨干教师，则是采用自评、互评和集团考核组三种方式；对跟岗中层是以述职评价为主。同时，各成员校内部建立教师晋级制或积分制形式，开展诊断分析，自评与他评，并将评价结果纳入学校年终绩效考核中，激发集团校教师工作的积极性和内驱力。

在项目式评价中,我们为集团教师搭建各类发展平台,如集团厚学杯比武、班队课比武、课题论文评比等,邀请专家评委进行专项评价,老师们在项目舞台中表现自己、证明自己、焕发生命的活力。在每年9月,以区教学节为契机,集团内会开展"厚学杯"教学比武,各校先完成校内教师教学比武初赛,推荐优秀选手参加集团内决赛。七校教师同台交流,切磋技艺,取长补短,增进友谊,以赛促评。

记得在成熟教师专场中,附小的英语老教师朱小红被推荐参加集团的决赛。得知消息的她几夜没睡,担心自己教法陈旧,无法给学校争得荣誉。组内姐妹纷纷鼓励她,并争相帮忙,有的做板书,有的写教案,有的顺过渡语。在集团决赛现场,她纯熟的英语口语、丰富的肢体动作、夸张的面部表情、优秀的教学设计以及激情四射的表现力,让区教研员都大吃一惊,惊叹于她的巨大变化,感叹这个平台让她焕发了职业的第二春,点燃了一位老教师的发展激情。

综合式评价中最令人感动的要数每年最隆重的年终总结盛典了(见图5-3)。老师们以小品、歌舞、数字故事等方式回顾集团一年的活动和成就,讲述一年的故事和收获。大会对市区级教学比武获奖教师、区名教师以及"感动集团年

图5-3 奉教院附小教育集团年终总结盛典剧照

度人物教师"进行表彰颁奖。同时也表彰包括教育、师德、科研等各方面表现杰

出的集团内教师，表彰他们在平凡的岗位上做出了不平凡的贡献，是老师们的表率，也是集团拼搏精神的最好体现。当绚丽的追光灯在舞台上闪耀，聚焦在捧着一张张证书、一座座奖杯、一份份荣誉的老师们身上，他们眼里分明闪烁着光芒，那是被点燃的"星光"，更是以这"星光"在照亮更多的人，那么耀眼，那么闪闪发亮。

（二）发展性评价：促进教学质量提升

教育教学质量是学校发展的生命线。如何让生命线更有生命力？评价是导向、是关键。在传统教育教学评价中，老师们更多关注的是学业成绩、是分数，表现突出的优秀学生。我们努力摒弃这种传统的评价理念，将新优质学校的评价理念在成员校中进行辐射，以不挑选生源，不抢跑道，不抛弃不放弃，不以分数论唯一为评价出发点，让他们感受到每一个孩子都有点燃的希望，每一个生命都会有闪光的时刻。我们通过共研教学评价工具、学科半日视导等途径，关注课堂效率，以评价为导向，激发学生学习的主体性和发展力，促进教学质量的有效提升。

那是一个双休日，教育集团6校的行政班子和骨干教师都没有休息。一场别开生面的"教学观察与改进"工作坊活动正静悄悄地在附小举行。（见图5-4）

图5-4 奉教院附小教育集团"教学观察与改进"工作坊

在上海师范大学王洁教授的精心组织下，活动拉开帷幕。工作坊6个小组在两天的头脑风暴中,一起探索开发附小教育集团教学观察工具。他们在研讨中不断磨合,并将指标和观测点进行交流分享,清晰指标制定的原则和观测点的表述方法。一开始,我们将指标侧重在教师的教上,尝试观察教师的行为来评判一节课的好坏。但王教授说,课堂的主人是学生。我们应该要清楚,这节课上,孩子的参与度是怎样的?他们的思维是否活跃?他们的学习是否发生?更重要的是我们的课堂是否温暖?这不禁引起了我们的反思,是啊,一节优质的课,应该更关注孩子的学习状态。将课堂还给学生,让他们学会合作探究,自主学习,而教师要给予孩子最温暖的支持。这不是我们点燃课堂的特质吗?

整整两天的学习与培训,让我深深感到教学研究永无止境。正如成员校的一位老师所说的那样:一张观测量表不仅可以让我们知道什么样的课是好课,更可以让我们依据量表呈现的观测点去反思我们的教学行为,从而改进教学设计,真正促进教学的有效性。

以上是参加"教学观察与改进"工作坊项目老师的真实想法,集团校管理者和教师共同设计课堂观察表,从课堂提问、课堂互动、课堂评价、实践体验等12个指标,围绕"教学评一致性、学生主体性、学科德育渗透"等方面观察课堂,基于量表改进教学行为,切实提升课堂教学质效。(见表5-3)

表5-3
奉教院附小教育集团课堂教学过程评价表(节选)

一级指标	二级指标	分值	参考标准(在相应□中打上"√")	得分
教学过程 35	课堂提问	8	考查所学 □　有意义提问 □　难度恰当 □ 面向全体,涵盖不同层次问题 □ 有效引导回答 □　追问 □ 思考作答时间足够 □ 引发学生质疑,鼓励创新式、探究式思维 □	
	课堂互动	5	师生有效互动 □　生生合作互动 □ 课堂氛围轻松活跃 □　民主 □　和谐 □	
	课堂管理	3	课堂秩序井然 □　课堂纪律良好 □ 有效处理不当行为 □	
	课堂操练	4	体现目标导向 □　操练方式多样化 □ 关注差异 □　有坡度,有层次递进 □	
	课堂评价	4	正面鼓励赞美 □　及时评价 □ 使用恰当的评价语言,正确评价 □　评价方式多样化 □	
	作业布置	4	作业与课堂一致 □　体现能力迁移或运用 □ 有分层作业或有选择性作业 □　作业量适中 □	

课堂观测量表的投入使用，引导教师关注教学评一致性，明确教师的"教"来自课程标准，而非故意拔高难度；关注学生主体，关注每个孩子的参与度，让更多的孩子走上课堂中央，因材施教，鼓励他们自主探究；关注五育融合、立德树人，将学科德育渗透到日常教学中，培养学生良好品质和习惯。

每学期的学科视导是最受成员校欢迎的一项工作。集团督学团以语文、数学、英语、综合学科为阵地，汇聚各校学科教学教师骨干和精英，按照期初基于各校实际情况的视导计划，半日进驻一所学校，进行听课、评课、查阅资料、反馈交流。2021年共开展10次学科视导。其间，视导团成员以己之长对所听之课、所视导的教研组提出建设性改进意见，既促进了各校薄弱学科的发展，又对自身发展有了新的促动。

在视导过程中，曾发生过这样一件趣事。视导团组长发现，被听课的这位教师较前一次听课有了很大改变：曾经的他只顾自己低头讲授，眼里看不见学生，生怕自己讲不完。如今的他关注学生的参与，把更多的时间留给孩子自主提问，善于以小组合作等方式激发他们自主探究学习的兴趣。我们很奇怪，问他："是什么让你有如此大的转变？"他笑笑说："你们上次给我看了课堂观测评价表，我就是按照那里面的指标来改进自己的教学行为的呀！"原来，评价可以在潜移默化中影响教师的教学方式变革，指引他们前行的方向。

可见，发展性的教育教学评价，不再专注于学业成绩，更多立足于过程性的学习经历，着眼于培养学生的内驱，发掘每个孩子的闪光点，让他们得到个性化发展，而这与点燃教育的又是如此不谋而合。

（三）整体性评价：促进学校品质发展

根据区域集团化办学考核指标要求，我们制定了奉教院附小教育集团各成员学校办学水平评估指标，各成员学校办学水平评估指标共有三级指标，包含对成员学校领导与管理、课程与教学、教师发展、学生发展、学校发展5项一级指标，并细化了"领导团队、理念规划、制度机制、课程建设、教学实施、质量保障、团队建设"等15项二级指标，在二级指标下明确38条评估指向，对各成员校进行整体性增值性评估，评价成员校是否在原有基础上有所进步，有所提升，有所发展。（见表5-4）

表5-4 奉教院附小教育集团成员校办学考核一、二级指标

一级指标	二级指标
领导与管理	领导团队、理念规划、制度机制
课程与教学	课程建设、教学实施、质量保障
教师发展	团队建设、专业水平、教师评价
学生发展	全面发展、可持续发展、学生评价
学校发展	学校文化、办学特色、业绩与评价

评价标准是不断修改完善、动态变化的；评价方式分为学校自评、理事长学校评价。同时，也通过家长满意度调查，对成员校一年的办学工作开展第三方的评价。理事长学校还会对各成员学校的持续发展提供意见和建议，撰写意见书。成员校基于评价，提出问题、分析问题并解决问题，自我反思，相互交流，相互学习，依据理事长学校所提供的意见书进行相应的整改，撰写整改报告，提升各校办学水平。

在对奉城二小进行年度整体性评价中，理事长就"如何在后疫情时代进一步加强家长学校工作"对其提出了整改要求。认为学校重视家委会建设，塑造家长榜样，落实家委会办公制度，但还没有形成特色和亮点工作。针对理事长的意见书，奉城二小召开研讨会，就该问题形成多种解决方案，并在教师大会上征求教师的意见和建议，最终在整改报告上打上了以项目化形式推进家校合作，开展"阳光父母成长营"活动的解决策略。现在奉城二小也成为了区域家庭教育特色校。

整体性评价并非聚焦一个单独指标看成长，而是综合整体来评价成员校一年的成长和发展，知不足、后自省、再补不足。通过集团评价考核诊断问题，然后各成员校运用评价结果，调整策略，改进方法，解决问题，引领方向，促进自身持续发展。

第二章 聚众之力：同向"同燃" 助力教师发展

学生是学校一切工作的原点和归宿，而教师是一切工作的支持和保障。因此在集团发展过程中，教师集群发展也是重中之重。构建和形成能激发城乡教师集群发展的有效策略，是提高集团教师竞争力的重要途径。

理事长学校地处奉贤南桥城区，是上海市教师专业发展示范校，已形成一套

点燃教师持续发展的机制，整体师资队伍素质较高。但成员校大多受地域、人口等因素的影响，发展受阻，导致了师资队伍建设的困难重重。诸如：骨干教师流失、生源薄弱、位置偏远等问题导致成员校的优秀骨干教师留不住，各学科缺乏领头羊；成员校普遍缺乏优质教育教学资源，办学规模较小，教研组人员少，办学水平相对薄弱，教学研讨氛围不浓厚；成员校教师大多安于现状，自我封闭，停留于职业"舒适区"，不愿改变，不想创新。

如何充分发挥集团教师示范带头作用，提高集团教师的竞争力，整体提升集团办学水平，进一步促进基础教育的均衡化和公平化？我们通过"研训共育、课程同建、项目共研"三大策略，来激发教师发展内驱力、学校核心发展力和教师研究力，点燃教师集群发展的激情。

一、互通：研训共育　激发教师发展内驱力

教师成长是一个过程，研训是重要一环。为带动集团教师从"被燃"到"自燃"到"互燃"，激发他们发展的内驱力，我们首先实行需求导向下的研训共育运行轨迹，保证教师集群发展模式迈向标准化、统一化和规模化的路径。

（一）名师引领，薪火相传

见习期规范化培训是上海市对新教师培养的一个特色品牌项目。而我校是见习期规范化基地学校，每年都要接纳来自于集团成员校和非集团成员校新教师的培训，承担着"师傅领进门"的重任。我们该如何带教这批刚踏入岗位的新教师，给他们提供职业启蒙阶段最规范的、最先进的、最优秀的培训平台，使他们拥有坚持不懈的教育梦想和情怀？我们将学校内部原本面向新教师的"987"工程扩大到集团教师，让集团新教师也与我们的名师结对。其中，既有班主任带教师傅，也有学科名师，形成"一师多徒，一徒多师"的带教新形态；制定培训制度，规定培训要求：每天听师傅一节课，每周完成一篇成长日志，每月上一节"捉虫"课，年末参加见习期教师规范化考核。内容包括三笔字、主题演讲、备课、模拟上课等为期一整天的考核。除此以外，学期末，集团还会组织督导组对见习期教师的"汇报课"进行考核，发现问题，评价学习成果。在整个带教过程中，新教师不断夯实教学基本功，在理论积累和实践探索中不断武装自己，在倾听、观察和展示中一步步被点燃。集团在培训、考核、评比、表彰中成就他人，培养了一批批合格的心怀理想信念的集团新教师，同时也成就了一位位集团名教师。

奉城二小的马丽莎老师这样描述自己和师傅的美妙缘分：每次团队作战，大组长张晓燕都会像"老母亲"一样，样样考虑得那么周全。看着她忙里忙外，我想，这样好的人儿，如果她能做我的师傅该多好？似乎那年就是那么幸运，在听完我的一节教研课后，张晓燕老师找到我，"你做我徒弟可好？"我也就圆上了这个梦。这些年，师傅经常带我去参加听课、培训，并把一些好的文章分享给我。我有不明白的，也经常会询问师傅，写了案例也会发她帮我修改，师傅从来都不吝啬她的智慧和时间。我在附小的研训不仅收获了教育教学新理念，更收获了耐心教我的师傅和并肩作战的伙伴们。（见图5-5）

图5-5 奉教院附小教育集团英语学科教研组

另外，为提升集团青年教师专业素养和育德能力，催化他们的加速成长，我们也经常会邀请市区级各领域专家和大咖对青年教师开展针对性讲座和培训。同时也为青年教师自我表现搭建平台。如，集团青年教师班主任金点子交流会、教学小妙招分享等。在输入和输出的转换中，集团青年教师的反思、评价及研究能力得以提升，独立思考能力得到锻炼，为未来走得更快更远提供丰富的平台，打下坚实的基础。

TCG工作室原是我们附小用来培养优秀教师的孵化基地，它有别于传统师徒制和教研活动的师资团队成长模式，呈现出"品牌化、合伙制、多样化、实效化、高转化"等特点。老师们双向选择、需求相契，组建自己的团队，找到职业伙伴，获得了职业成就感，在这样的工作室中，培养了一批又一批附小骨干教师力量。

"独乐乐不如众乐乐",在集团化办学中,我们将如此行之有效的学习模式推广至集团,扩容招收人数,扩充研究内容,完善研究策略,加大评价力度,使其成为集团强而有力的研究型学习共同体。我们做了几个改变:工作室主持人和成员从原先的以附小教师为主,走向集团优秀教师的共同参与;研究内容从原来的聚焦学科研究延展到班级管理、课程开发、教育科研、课堂教学、作业设计、命题研究、心理辅导、党员先锋作用等各个方面,给予主持人充分的自主选择的权力,通过在自己擅长的领域深潜数年,进而成为集团品牌教师,辐射点燃骨干教师共同前行;组织方式从原来的活动推动,到现在的基于教学中碰到的问题开展主题或专题式研究,做到一个团队一个项目,一个团队一个研究主题。

　　自 TCG 工作室辐射至集团,抱团成长的幸福感萦绕在成员校教师心中,他们为自己是 TCG 工作室的一员而骄傲。听到成员校老师感叹:"找到组织了,我有'家'了!"不禁让人动容。他们浸润其中,非常珍惜这一成员的身份。

　　徐佳老师是洪庙小学的一位英语老师。洪庙小学因为地理位置较偏远,老师们平时没有很多外出学习的机会,大部分时间以组内磨课、上课、评课的教研方式为主。没有新理论的输入,没有创新和改革,大家做好日常教学工作,就以为做好了所有事情。恰逢集团 TCG 工作室招募成员,她毫不犹豫地申请成为了附小集团诸艳玲 TCG 工作室的成员,这时她才感受到天地之大,可以任其遨游。工作室总是提供各类高大上的学习机会和平台,邀请市内权威和大咖亲临现场,指导传授。如邀请市英语特级教师朱浦老师、师资培训中心顾立宁、上海市英语教研员祁承辉等莅临指导。这些"男神"可只有在大型市级活动才能遇见,但就在附小,在集团 TCG 活动中,学员们有幸与"男神"交流探讨,幸福感充盈。身为 TCG 工作室成员的学员校老师们格外珍惜每一次活动。徐老师说,TCG 工作室如一盏明灯,始终指引他们走在英语教学的大路上。

　　同时,来自不同成员校的 TCG 学员中有不少专业素养高、对自己要求高、有巨大发展潜能的老师。他们好学认真,求知若渴。他们的加入,产生了一种"鲇鱼效应",让团队中本校教师有了危机感,极大地激发了本校教师的发展积极性,进一步激活了他们的发展激情。英语 TCG 工作室主持人诸艳玲说,集团校优秀教师的加入倒逼自己深入研读课标、教材,学习先进理论,不断创新实践,才有站在讲台前主持的底气和资本。

　　TCG 工作室中,名师引领团队,团队被"点燃"。大家找准定位,互相学习,取长补短,为实现共同目标而自觉学习,实现"自燃"。同时,团队反作用于引领者,形成"互燃"学习生态。最终,让每个成员突破自己的固有窠臼,变"我的项目"为"我们的项目",增强内驱动力,推动融洽合作,点燃共同成长。

(二) 联合教研,抱团前行

成员校办学规模较小,生源较少,有的学校甚至一个年级只有两个班级,导致他们的教研活动常常无法正常进行。我们针对这个实际问题,开展集团联合教研,携手成员校一同向前。

"家常菜"大教研活动有实效。"家常菜"大教研活动直接指向集团学科的常规性日常教研,它解决了成员校教研活动人少、氛围不浓、缺乏学科带头人、效率低下等问题。每月至少开展一次"定时定点定主题"的专题活动,活动方式可以是线上线下相结合,活动内容有听课、说课、上课、评课、理论学习、专家讲座等。值得一提的是,大教研组的组长由各校自荐或共同推荐集团内最优秀的学科带头人担任,副组长辅助组长开展活动。这样,大教研组组长聚集了集团内最优质的资源,他可能来自集团的任意一所学校。如 2021 学年,数学、英语、美术学科大教研组长皆来自成员校。集团美术大教研组组长,来自奉城二小的闫广场老师说,他经常带领集团美术大教研组开展由自己主持的特色课程"粉彩画"的临摹和教学实践,在相互切磋中自己也愈发沉醉于色粉画的艺术世界中,越研越透彻,还立项了区级一般课题。

可见,"家常菜"大教研活动的开展极大激发了每一所学校内骨干教师的自尊感和价值感,发动了集团骨干教师的发展"新引擎",呈现了一种平等和谐的集团教研新样态。

"承包制"学科专场有特色。要想真正点燃成员校的发展内驱,我们就不能包办代替所有活动,我们要想办法点燃各校办学的自主权,点燃成员校每一个教研组发展的主动性,哪怕这个教研组只有一个人,也可以与集团内其他教研组抱团取暖、智慧教研。基于这样的思考,我们开设有特色的"承包制"学科专场,通过集团校自荐并两两自由组合承包一个学科的专场活动,承办校需负责聘请市区级专家对课堂教学把舵指导。其他学校则需要承担教研组交流、现场评课等任务。一开始,面对认领任务,成员校的内心是有点消极的,不主动、不积极,往往通过理事长学校把任务派发下去。通过几轮专场的举办,他们发现这样的活动激发了学校主人翁的意识,能汇智聚能:成员校之间互帮互助,充分发挥了教研组长、教师的自主、自动的积极性,老师们的收获也是多方面的,也对这样的活动变得越来越喜欢。于是,他们的积极性高涨起来了,一说要认领任务,大家都争着来抢任务。

就拿2021年来说,海湾小学和洪庙小学承办了英语专场,附小和邬桥学校承办语文专场,奉城二小和塘外小学承办综合学科,育贤承办数学专场。他们自主创新教研模式和教研内容,主动邀请市级专家前来观摩,如轴一样自动转了起来。成员校教研组长笑称:有兄弟姐妹在身边帮衬,感觉自己的教研活动也能搞得"高大上",也能与市区接轨了。奉城二小举办的数学承包制学科活动得到市教研员章敏的赞扬:学校教研组能够借助集团化办学和管理的优势,开展这样的相互学习、交流的专场联动教研,形式创新,效果甚佳,值得推广。

众人拾柴火焰高,"承包制"学科专场活动激活了每一所成员校以及成员校教研组内教师的自主意识,使他们从"沉睡"到"苏醒","点燃教育"让集团教师充满活力。

"广交友"跨区教研引领有高度。作为集团理事长学校,我们不能固步自封,沉迷在自己的"自娱自乐"中,我们一定要打破固有的管理模式,打开专业视野,站上更高的研究平台。我们主动出击,跟市区最优质的集团"交朋友",积极依托市域资源,开展多方联动的深入教研,助教师进一步开阔眼界,提升专业素养。我们与静安一中心、同济附小、新普陀小学、竹园小学等其他5所跨区学校自发组成民间教研组织,每学期举行"五区六校"学科教研活动,规模大,质量高。每次我们都会带上集团校骨干教师一起参与,为集团教师提供更多"走出去"的平台和机会。

联合教研文化聚焦热点难点问题,聚焦教师的专业发展,涵盖了课堂教学研究、专题理论研讨、主题教研论坛等多元内容。如"双减"背景下,各大教研组围绕作业设计开展专题研究。仅2021年就开展了90余次联合教研活动,参与进来的成员校教师达500余人次,其中课堂展示130余次,现场交流260余人。这样的活动从倒逼集团各层级教师的专业发展,到点燃他们的成长内驱,为一批批集团优秀教师的涌现搭建了平台,架起了桥梁,提供了契机。

(三) 教师流动,激发活力

图 5-6 奉教院附小教育集团师资流动制

教师是资源,教师流动有利于资源的共享,达到效用的最大化,对发达较弱的地区有着"传帮带"的巨大意义,有利于解决教育均衡发展问题。我们打破集团内原有教师编制框架,实行集团教师多元流动机制。(见图 5-6)

学年初,集团各校根据自身需求发出教师流动

"需求单",集团内基于需求提供"供应单",让师资流动起来。流动的对象有中层干部、骨干教师、班主任等;从数量和时间上看,每年有10%的教师参与流动,流动时间不低于2年;从形式和内容上看,包含理事长学校教师到成员校支教、理事长学校和成员校间互换教师、成员校派教师挂职跟岗等,形成"理事长校向成员校、成员校向成员校、成员校向理事长校"的多向流动方式。从流动任务来说,理事长校的骨干教师外派支教,要做到:上好专业课、做好班主任工作、带好教研组、做好带教工作。而前来蹲点学习的成员校教师多为有较大发展潜力的年轻骨干教师,他们来学习我们的校园文化、团队精神、教研文化、专业课堂等,以便回去将习得的理念和经验进行校本化移植。从评价激励来看,成员校要对前来支教的理事长校教师进行过程性评价,及时向理事长校反馈该教师支教的表现以及所产生的影响。同样地,我们也会对前来跟岗学习的成员校教师给予评价。评价结果用于评优评先评职称,纳入绩效考核。流动中,老师们将爱岗敬业的精神传递到每一所集团校,有的实现了价值,有的收获了成长。

那一年,附小英语老师朱小红被派往奉城二小支教,她将踏实认真的专业精神传递给成员校的每一位集团伙伴,也将爱传递给了每一个孩子。她认真上好每一节家常课,课堂上总能看到作为老教师的她带领着孩子们唱唱跳跳,激情四射;她用心呵护每一个孩子,班中的一个孩子因爸妈下班晚,经常一个人游荡在校门外,为此,朱老师宁愿自己错过回家的班车,也不耽误对学生的爱心辅导。下班后,她把孩子拉在自己身边,为他准备点心,帮他辅导课业,受到家长的好评。她用她精湛的教学技能、崇高的教育情怀、乐观的生活态度影响着班中的孩子、身边的老师。经过一学期的努力,班级孩子的学业水平有了长足的进步。当时的校长奚安特意发来表扬信,赞扬朱老师的爱岗敬业、扎实工作。欢送会上,情到深处时很多女教师都几度哽咽,无法言表内心的感谢与不舍。原来,不知何时起,她与她们早已结下了真挚而深厚的姐妹情。正值电视台报道集团化办学,朱小红老师作为教师代表接受采访。一种无尚的荣耀在她心头涌动。她带着点燃别人的使命去,回来已是再次被点燃的她。

支教流动的教师们用爱照亮别人,也因此得到了对方的爱,收获了信任也收获了力量,让他点燃他人的同时也点燃自己,充分释放势能,使自我得到提升。

二、互助:课程同建 提升学校核心发展力

课程建设是学校改革之根本,是学生成长的跑道。课程管理自然成为了集

团化办学的重要领域。我们构建共商、共建、共享的课程管理体系,以此作为提升学校发展力的核心。

(一) 课程共商:让课程设计更有温度

课程建设中,课程计划的顶层设计尤为关键。很多学校设计课程计划时缺少课程理念、课程哲学的起点,也不知道要如何回应学生发展,去科学构建课程框架结构。因此,集团内组织课程共商,让课程更贴近学生的发展,回归有温度的教育。

我们先让各成员校运用SWOT分析表分析校情,明晰育人目标,统一课程理念,即让课程贴近学生发展,统一文本格式,呈现理念目标、课程内容、实施策略、队伍建设、评价保障等几大板块。在商讨研制时,我们也邀请专家作现场指导。大家共商共研,指导成员校顶层设计学校课程计划。如洪庙小学的"法布尔课程"、海湾小学的"小海星课程"等。在课程计划的引领下,各校有步骤地实施校本特色课程,呈现出良好的发展态势。7所学校都形成了区域范围内具有领导力的校本特色课程。

(二) 课程共建:让课程实施更有深度

共同完成了课程计划的顶层设计,下一步该如何把课程建设和实施好,使其有效落地呢？我们依托集团的力量,优势互补、有效分工、积极合作,共同提升课程开发、科目设计的能力和课程实施的品质,让课程实施更有深度。

新时代,国家越来越重视劳动教育,而劳动教育又是我们理事长校的一大特色,如何让劳动这门课程在集团内开花呢？我们想到编写一本职业启蒙校本课程,就邀请各学校的分管领导和骨干教师参与其中,一起研讨课程架构,并要求在共同的板块下,各校探寻各自的职业体验资源,打造各校劳动教育课程特色。

作为市课程领导力项目校,我们于2020年积极探索疫情防控常态背景下的课程实施新模式,采用教师走班、跨校授课的形式,探索结合"四史"教育的跨学科主题实践课程。我们鼓励成员校也打破传统时间、空间的课程设置与实施,统筹规划,有序整合,全员参与,在学习与借鉴附小综合主题课程建设理念与思路的基础上,带领他们共同开发和实施各校综合主题实践校本课程。洪庙小学唐军平老师的"法布尔课程",走过最初的彷徨和艰难,沉淀下坚定和希望,最终在集团众人的共同努力下,破土而出了。

附小的开心菜园,是孩子们最喜欢的地方,这里以课程开发推动学生的种植和养殖活动,把学生实践活动推向了我不曾预见的高度。在和课程负责人谭东华老师的交谈中,我感受到了一位课程老师的幸福感和成就感。谭老师像介绍自己的孩子一样介绍自己的课程,眼神清亮,神采飞扬,不由我踌躇,就被其感染和带动。我也有个"法布尔"实验室啊,那是多么好的资源啊!我该怎么做呢?想法萌生,我感觉自己有了苏醒的念头。

于是,法布尔项目开始了课程的开发和建设。当时,我的团队只有四个人,人手不够,经验不足。我再次向理事长学校谭东华求助,她欣然答应,并在接下来一段艰难的时间里带领她的团队给予了我们帮助和支持。她参与了我们的课程设计,为我们聘请了外区专家成为课程开发的顾问,开展面对面指导。以她丰富的课程经验帮助我们完成了《法布尔综合实践课程方案集》,成为了我校法布尔课程开展的指南。2017年10月26日,我校进行了法布尔课程市级现场会,取得了很好的效果。

法布尔课程的实际名称在几年中也有一定变化,从最早的《法布尔实验室活动方案》到《法布尔综合实践课程》,到今天的《法布尔大自然综合实践课程》,我们可以感受到课程的蜕变和提升。法布尔课程成为了区的第三批特色课程。而我,也成为了教育集团自然学科的大教研组长,从一个被带教者,成长为引领者。(见图5-7)

图5-7 奉教院附小教育集团成员校洪庙小学"法布尔"课程

抱团互燃,共建课程。过程中,我们邀请专家为学校特色校本课程的编写和教师特色课程科目设计提供指导和支持。通过参与课程建设，了解课程理念，感悟课程内涵，提升教师的课程设计力和指导力，点燃他们参与课程的激情，焕发教学生命力。由此，集团内涌现了一批批校本特色品牌课程：2021年，集团内共有21个课程项目被列为区品牌计划项目，附小的跨学科主题实践课程、劳动教育课程，师大附小的星海引航课程，洪庙小学的法布尔课程等都成为区品牌，并举办市区级现场会。塘外小学"水之渊"课程、奉城二小"粉彩画"课程、育贤小学"尚贤皮影"课程等，也在区域内具有一定影响力。

（三）课程共享：让课程辐射更有广度

各校特色课程建成，如何最大化利用优质课程资源，让不同学校的孩子也享受到它们的魅力？集团按需循环特色课程，实现优势互补，将优质资源分享到每一所学校。

学期初，各校提供特色课程走动清单，供其他学校选择，由集团负责人制定优质课送教安排。根据安排表，课程执教教师赴成员校上门送教，成员校学生也因此享受到不一样的精彩课堂。如，邬桥学校"跳踢"课程送到理事长校，理事长校"武术"课程送教塘外小学，育贤小学的"皮影"课程送教奉城二小等，形成共建课程下"理事长校向成员校、成员校向理事长校、成员校向成员校"的多向走动的良好生态。2022年，我们的新编动感武术操也被分享到集团各校，成为了7校学生共同拥有的武术操。我们的武术老师说，明年还要进行动感武术7校大联赛。那场面，一定非常震撼。

特色课程的共享，补充了其他学校的短板，是一种课程的交流，资源的共享，更是一种文化的互动，深受集团孩子们的喜欢。不仅开阔孩子们的视野，激发他们的兴趣，让他们掌握新的本领，更为他们打开了新课程的大门，为将来的个性化发展铺砖筑路。

三、互研：科研提质　提增集团教师研究力

科研对学校发展有着重大影响，它也是教师专业发展的助推剂。对大多数成员校教师来说，他们长期习惯于上课、批作业的教学事务，对于科研有一种畏难心理。科研于他们而言充满了神秘感。如何激活集团校教师科研意识，用科研引领教师专业发展，提升问题研究力，从而推动教师教学方式的变革？我们开展"跟踪式"常规科研工作以及"问题式"聚焦项目研究，从"牵着走""赶着学"到

"追着跑",点燃集团教师项目共研的激情。

(一) 牵着走：示范引领明方向

对于教育科研,一线教师都有一种朦胧感和畏惧感,他们觉得那是一件很难的事情,是专家们做的。为引领他们走进科研、认识科研,我们为成员校教师搭建了诸多学习和研讨的平台。学校的每一次科研课题研讨,都邀请集团校科研骨干教师前来旁听学习;我们邀请专家来校开展课题撰写的讲座,并通过双线融合的方式向集团校直播;在联合教研活动中,大教研组长设置理论学习、论文撰写模块;TCG工作室成员参与由主持人带领下的集团学科课题研究……牵着手,慢慢走,打开一扇科研之窗,发现课题可以来源于实际,可以来源于问题。教研即科研、问题即课题、行动既研究、成长即成果,科研其实并没有那么难,就在我们身边。

(二) 赶着学：携手并肩齐进步

尝试靠近科研,不害怕科研,这本身就是一种潜移默化的改变。我们要将集团校教师再往前推一步,让他们增强科研意识,学会做课题。为解决成员校有科研室而没有课题,有科研室主任而没有科研活动的现状,我们对集团科研工作进行规范化管理。我们成立集团科研室,理事长学校科研室主任担任组长,成员校科研室主任为组员。我们要求每个集团成员校都有课题,指导成员校科研室主任开展课题选题指导、课题的遴选及申报工作。集团内教师的所有课题都以集中交流的方式进行开题论证、中期交流以及结题鉴定。每次活动通常会按照学科分2—3组,邀请集团内科研专家、科研室主任或科研骨干组成论证专家组,对集团教师的区级一般课题、青年课题进行论证指导。我们还邀请校外专家对集团课题进行跟踪式指导,为各校教师将实践转化为经验和理论指明方向。

赶着走,跟着学,集团科研工作让老师们走进科研,感受科研,规范科研步骤和流程,指引集团校教师在实践中做科研,并学会再用科研指导实践。

(三) 追着跑：攻坚克难有激情

学校和教师开展教育科研是为了解决发展中的问题,为了提升教育教学质量,为了促进教师专业发展。从牵着走到赶着学,集团科研氛围逐渐浓郁起来,校长和教师积极参与,全情投入,尝到了科研的甜头。于是我们开始"追着跑":追着课改的脚步,追着教育的热点难点,追着教育教学中的困惑问题,追着儿童的发展,追着学校特色的彰显,带着集团内学校一直向前跑。我们齐心协力、凝聚力量、共同研究、攻克困难,成为课改的先锋,缩短成长的距离。

教师集群发展是集团化办学中的重点难点问题。我们基于集团管理中存在的"教师发展"关键问题,成功立项市级课题《集团化办学背景下教师集群"立体式"发展模式的设计与实施研究》,以附小教师"五梯成长 X-Y-Z 轴"为基础,系统设计"七大策略"为教师发展内容的 X 轴,以教师不同发展阶段的 Y 轴,以支持教师提升发展内容的系列发展项目为 Z 轴的教师集群"立体式"发展模式(见图 5-8),关注教师发展内容的全面提升、发展阶段的全程推进以及发展项目的全方跟进,点燃集团教师发展激情,提高集团化办学的核心竞争力,为建立区域层面的城乡教师集群发展模式提供示范。

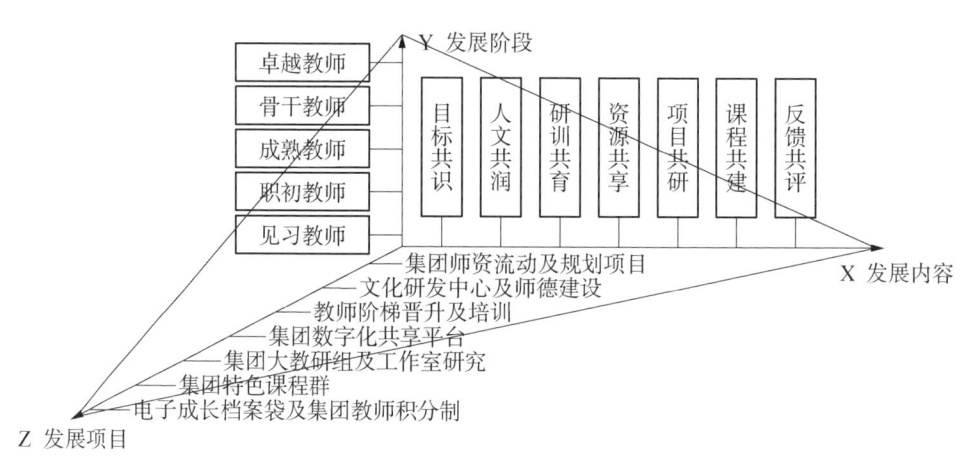

图 5-8 奉教院附小教育集团教师集群"立体式"发展模式

各成员校根据校情、师情、生情发展现状,申报子课题研究。如,洪庙小学的《农村远郊小学教师培养和管理制度的深化研究》,师大附小《集团化办学背景下农村小学教师队伍"三养三力"持续发展的实践研究》,奉城二小《成就"阳光型"教师团队的实践研究》等。各校依托子课题切实开展教育教学研究,创新师资队伍建设,助推学校稳步发展。育贤小学教师队伍"阶梯培养"模式的探索与实践,奉城二小"阳光型"教师团队的建设,塘外小学的"四阶三营"教师梯队式成长策略,邬桥学校教师学科育德能力的提升策略,洪庙小学的教师阶梯设计和晋级制度,师大附小教师队伍建设"三养三力"模式的构建,都很好地回应了总课题的研究重点。理事长校集团案例《立体式教师集群发展迈向新轨迹》刊登于《上海教育科研》,并作为入选文章由市教科院普教所推送至 2021 年学区化集团化办学城市论坛。

我们追着实际问题开展研究,也追着教育教学路上的热点难点一路狂奔。依托市课程领导力项目《跨学科综合主题活动的实践研究》,我们开展项目探索,同时也要求成员校开启综合主题实践活动的研究。2020年,我校和洪庙小学成为上海市项目化实验校,我们又将项目化元素融入各自跨学科综合主题活动,共同探索教育教学方式的变革。"双减"政策背景下,为切实减轻学生学业负担,集团各学科组建团队,开展"减负提质增效"的作业设计研究。围绕"智慧调控作业总量、有效提升作业品质、坚持创新作业设计、深度强化作业研究"完善学习单,深入研究集团作业设计,有针对性地解决教学问题,提升教学质量。

从牵着走、赶着学到追着跑,从被燃、自燃到互燃,"点燃教育"在教育科研实践中生根、发芽。

第三章 燎原之势:共建"共燃" 达成校际共赢

"朱老师,您好!我是来自洪庙小学的徐青。刚刚听了您的讲座,我有一个问题向您请教:如何在课堂教学中将学生的错误生成巧妙地转化为学习资源呢?"

"朱老师,您好!我是来自海湾小学(师大附小)的蒋迎。我想请问您,如何在小学英语教学中通过资源支持凸显学科育人价值呢?"

……

一声声提问此起彼伏,仿佛置身于人头攒动的新闻现场发布会。但事实上无论是提问者,还是主讲人都不在现场。其实,这是一场由附小教育集团借助云端互动平台系统举办的远程培训活动。来自集团内不同成员校的教师们在云端相聚,聆听着上海市英语教研员朱浦老师的真知灼见,分享着自己的困惑思考。整场活动虽只闻其声不见其人,但却充满了思维的碰撞与互动的激情,脑中的疑难被点亮、心中的热情被点燃,让每一位教师都不经意间激情澎湃了起来……类似的场景在附小教育集团无论是在线上还是线下总是时不时地发生着。

俗语云:"一枝独放不是春,百花齐放春满园。"集团化办学不仅学校要发展,更多聚焦的是校际共赢。我们将共建"共燃"作为着陆点,共建平台和资源,通过平台和资源的共建共用,引导这个群体走向优质均衡,实现校际共赢、品质发展,从而点燃集团每一个学生、每一位教师、每一所成员校的成长和发展激情,让每一个生命都闪光。

当然,单靠教院附小一味地单向输出是绝不可能成功的,我们需要点燃集团内每一所成员校发展的内驱力、点燃集团内每一位教师成长的内驱力;让每一所学校、每一位教师都成为教院附小教育集团的共振者;让每一所学校、每一位教师都成为教院附小教育集团的共赢者;让每一所学校、每一位教师都以自己是教院附小教育集团的一份子而感到光荣与自豪。

每当此时,我的耳畔仿佛又传来了那一首《南上海梦想》!

当太阳升起,
接过千年言子的书卷,
用心开启知识的殿堂。

当春天来到,
我们走在教书育人的路上,
沿着千年言子的脚步,
用爱点燃成长的畅想。
我们播撒贤城希望,
我们培育民族担当,
我们奏响新时代华章,
书写南上海梦想。

一、共振:平台支撑　形成共享效应

两个振动频率相同的物体,当其中有一个发生振动时,另一个即被引起振动。这是物理学上的共振效应。共振效应在社会学和管理学中也同样具有重要意义。当某一个体或群体的情绪、思想、感悟、志趣、处境、地位等诸多因素构成的"频率"与另一个体或群体的"频率"相同、相近的时候,这两个个体或群体之间势必发生"共振效应",产生共鸣的效果。对于附小教育集团的每一所成员校而言,如何在求同存异中找到"共振频率",大家不约而同地都把目光聚焦在了教育教学资源共育、共建、共享上。因为优质的教育教学资源是推动一所学校办学品质提升最重要的内部要素。

（一）搭建集团数字资源"大超市"

20世纪末以来，以信息技术为代表的现代科技快速发展，对人类的生活和工作产生了广泛而深远的影响，数字化时代正在不断勾画出教育变革的新图景。为满足集团学校和师生对信息资源多元化的需求，积累和分享集团优质资源，为我们进一步改进教育教学行为提供当下的参照，我们尝试依托互联网平台，在技术变革与育人创新、课程内容与教研服务、学术交流与实践探讨之间构筑一个互动、交流、共享的"新基建"——数字化资源库平台。由此，教院附小教育集团的数字资源大超市应运而生。它的运行主要围绕以下三个原则展开：

一是多主体参与，让每一所学校都成为数字超市的"供货商"。在数字资源超市的建设过程中，奉教院附小不是唯一的资源提供者，因为每一所成员校都有自己的特色与优势，都承担着超市"供货商"的角色。只有这样，才能让每一所成员校都行动起来，成为资源的主动建构者，而不是资源的被动接受者。只有这样，资源才会汇聚得越来越多，资源的品质也会越来越高。

2021年奉贤区成为了上海市第三批小学低年段主题式综合实践活动课程试点区，集团内有4所学校分别成为市、区两级试点校。围绕主题式综合活动课程，不论是试点校还是非试点校都积极参与主题研讨与交流互动，并将各自的经验成果分享在集团内部，供大家互相借鉴和学习。洪庙小学的《法布尔课程》、师大附小的《小海星课程》、育贤小学的《小星愿课程》、奉城二小的《小箱包大学问》、教院附小的《绿太阳课程》、邬桥学校的《牡丹文化课程》、塘外小学的《水之缘课程》等等，每一所学校都把自己的品牌和特色通过数字超市共享给大家，形成了丰富多彩的集团课程资源群。

二是多维度共建，让每一种资源都成为数字超市的"热销品"。与传统的资源平台建设理念不同的是，数字资源超市所包含的内容指向学校教育教学的各方面，体现五育融合、全面育人的教育要求。因此，在"超市"中大家能寻找到一切与学校办学有关的各种各样的"商品"，大到学校五年发展规划、市级重点项目计划书，学校的活动视频、教研课录像、名师优课、教研活动、教案设计、获奖论文，小到一次升旗仪式的活动方案、一个作品，甚至是一课时的作业设计……在这个众筹的"超市"里，只有你想不到的，没有你"买"不到的。

有一次我去奉城二小参加活动，正值学校少先队开展"学雷锋活动月"的启动仪式。启动仪式上他们的活动安排令我耳目一新，大感意外。于是就忍不住好奇地问了他们的大队辅导员："这么有新意的启动仪式你们是怎么策划出来的?花了多少时间去想的呀?"他们的大队辅导员不禁笑了起来,回答道:"何校长,您难道没有似曾相识的感觉吗?我是从集团'数字超市'里找到的呀。去年附小的升旗仪式里有一个学雷锋的主题活动,我就拿过来修改了一下,没想到效果还真好,学生们都特别喜欢呢!"听了她的回答,我不禁莞尔一笑,回应她说:"看来,这个数字超市还是挺受你们欢迎的嘛。"

三是全方位共享,让每一位教师都成为数字超市的"消费者"。数字资源超市的建设其根本目的就是为了给每一位教师提供便捷、实时、优质的教育教学资源,让每一位教师随时随地都可以轻松地站在"巨人"的肩膀上"免费"获取资源、加工资源、运用资源、获得成功,甚至是百尺竿头再进一步。当他在原有资源的基础上做出改进、创新或突破时,他就自然而然地成为了新资源的"创造者"。

"师傅,怎么办呀?明天教研员就要来听试教课了,怎么办你快帮我想想办法呀。"

"你去集团数字超市里搜索过了吗?"

"哎呀,我心里一着急怎么就把这个给忘了呢?我赶紧去看看。"

……

"怎么样呀,今天的试教课上得如何?"

"嗯,挺好的,还好有师傅的提醒。我去集团超市里学习了一下诸老师的优质课,给了我很大的启发呢。连教研员都夸我思路清楚,有长进!"

这样的对话,经常会出现在集团内的教师之间。我想优质的资源就这样不断地在"超市"里上架,然后不断地被"免费"使用,再不断地回炉"再生产"出来。如此这般往复循环,一个良性的优质资源供应链就此诞生了。

此外,教院附小集团还在数学资源"大超市"的基础上进一步升级打造了集主题教研、课题研究、教师培训、远程教研等为一体的集团"一站式"即时互动平台。平台以"远程加互动,分享无边界"为宗旨,以"协作、创新、融合"为主线,为集团教师真正开展即时的共同教学和教研提供了支撑,解决了集团教师因为距离的相隔而产生的教研困难,实现了优质资源的多点分布式辐射。

在杭州市教科院小学与奉教院附小开展的一次跨省市的教研活动时,集团其他成员校借助"一站式"即时互动平台也实时地参与了此次活动。教师们虽各处一方,却一同聆听了三节优质的展示课。顾慧老师的《山行》一课明丽且充满生气,让学生感同身受;单雯雯老师《烟台的海》一课给予学生一个完整的学习经历;陈维娜老师《家乡的桥》一课运用思维导图训练了学生的语言表达。互动交流环节,教师们在云端各抒己见、踊跃发言。在理论与实践的结合中,在文本与思维的碰撞下,每一位教师都乘兴而来满载而归。活动结束后,老师们在互动教研平台上打下自己参加活动的所思所得,思维在分享中生发,智慧在交流中闪现,热情在互动中共燃。

(二) 构建集团共建共燃"生态圈"

生态是一个自然的概念,它追求的是开放、绿色、共享、和谐。教育也是一个圈,一个很大、很长、很丰富,也很激动人心的圈——教育生态圈。良好的教育生态,应如一片池塘,生成"活水",引来"鱼群",生出"水藻",使池塘呈现出生机盎然、触人心弦的美景。我们的集团就是一个生态圈,每一所学校都用开放的心态来办学,秉持着共建共享的发展理念、共赢共燃的发展态度,有疑共商、有"难"同当、有福同享、有荣同乐,追寻一种附小集团大家庭独有的和谐共处的绿色教育生态。

"师傅,师傅,'双减'政策颁布了,我们接下来该怎么办呢?""课后服务到底要怎么执行?"集团管理群内叽叽喳喳,一片哗然。面对新政策,大家都显得有些无措。本着"改变教育生态,我们附小集团一定要走在前头"的想法,我立即召集各成员校的校长、教导主任齐聚塘外小学,围绕"双减"背景下的课后服务方案进行研讨。各校摊开"方案初稿"一起分享和研究,再把心中的问题和困惑抛出来,"兄弟姐妹"一同帮忙想办法解决。"你们的一生一课表我们也可以借鉴!""我们放学接送设计了'三色卡',你们可以拿去用!"一人智穷,众人智长。通过这场汇聚众智的研讨会,大家统一了步调、达成了共识,形成自己的可操作的新想法、新策略、新方案。有周密的规划作保障,有具体的课程得到落实,教院附小集团的课后服务工作得到市教委的表扬,2022 年 2 月作为学校代表,参与市教委的"课后服务"新闻发布会。

事实上,在制定"十四五"发展规划,在落实"五育融合""五项管理""幼小衔接""减负增效""在线教学"等一系列新政策新举措时,我们都齐聚一堂,通过交流分享、头脑风暴、答疑解惑、专家指导等方式,将重点难点问题落实、落细、落小,有疑共商、相生相长。

不仅如此,集团内只要哪一家碰到困难了,哪一所学校要举办大型活动了,大家都会毫不犹豫地伸出援手,大家齐心协力、相濡以沫、有"难"同当。

记得那次,洪庙小学一辆班车发生了车祸,多位老师受伤,无法到校授课,师资紧缺。得知这个消息,整个集团立即抱团行动,我们紧急召回在一师附小跟岗的陈晨老师,并同时派蔡晓霞等优秀教师前往支援,而他们原来的班级则由其他班级老师接上。虽然去往洪庙上班的路途遥远，回到家已是天黑，虽然顶替的老师增加了班级和工作量，却没有一个人抱怨。

还有一次，海湾小学（师大附小）毕业班的数学老师意外怀孕需养胎，而毕业班调研迫在眉睫。这种关键时刻，去哪里找有经验的老师来给孩子们上课、辅导？海湾小学校长急得像热锅上的蚂蚁，她抱着试试看的态度向集团发出了求助信息。了解情况后，我们毅然将数学教研组长俞青送出去支援他们的毕业班，而她自己的班级则交由行政胡老师管理。俞青放掉自己接了近5年的班级，来到了一个完全陌生的乡镇班级，而胡老师则在繁忙的行政工作和任务重的毕业班中来回穿梭，不管在哪里，做什么，附小人都将兢兢业业的精神发扬、传承。可喜的是，在毕业班调研中，海湾和附小的数学调研都获得了A的好等第。

这样的故事数不胜数。成员校老师要评职称了，来自集团不同学校的骨干教师放弃休息时间，陪伴左右；哪所学校校园要装修了，集团内有经验的总务主任前去指导……我们相信，"抱团"的力量是强大的，它能帮助我们跨越任何障碍，克服任何困难。

同时，我们尊重每一所学校，凸显每一所成员校的主体地位，深知每一所学校都因其独特的办学文化和特色拥有不一样的资源。我们将资源最大化利用，实现"1加1大于2"的优势互补，大家有福同享，相得益彰。

"各位教研组长，本周洪庙小学有区级语文教研活动，将邀请市教研员薛峰老师前来指导，有兴趣的老师可来参加！"

"各位校长教导，下周三浦东教研员来邬桥学校送教上门，每校可派2名教师前来观摩！收到请回复"

这是各类集团联络群内习以为常的信息。每当其中一所成员校拿到了好资源或有大型活动，都会毫不吝啬在集团群内发出邀约，这仿佛已经成为了一种习惯。所以，我们出现在与洪庙小学结对的静安外小活动现场，出现在海湾小学开展的市级小主综课程研讨会上，出现在浦东教研员送教的邬桥学校。英语特级教师朱浦老师曾在"五区六校"联动现场惊叹，附小的英语老师怎么这么多！队伍这么庞大了！

除了学科资源，附小集团也乐于互享其他特色资源。我们将"党务工作""工会凝聚力工程""爸爸俱乐部""家委会办公制"等好的做法分享给成员校，洪庙小学德育主任刘桑回忆起家委会的从无到有，心中充满感动。

2015年，洪庙小学首届家委会诞生了。作为远郊小学，我们家长的学历水平有限，但他们对孩子充满热爱，也希望为孩子们的成长奉献力量。可家委会要做些什么？应该如何做呢？当家长们不知道从何处着手开展家委会工作时，集团学校奉教院附小的"阿修哥"踏着湿润的春泥来到了洪庙小学，他用风趣幽默的语言，生动真实的案例让洪小家委会明白了自己的职责所在，开拓了洪小家委会的工作思路，让洪小家委会也行动起来。

洪小的家长们是踏实淳朴的，每年的选举中，志愿服务部和后勤保障部是最为热门的抢手岗位，而文化宣传部、活动策划部等岗位让大家望而却步，家长们害怕想方案、写策划、做宣传、秀文艺……家委会的运作不是简单地奉献劳动力，更要用丰富的活动、特色的课程、榜样的示范等改变广大家长的育儿理念。于是，我们带着校级和年级家委会们来到附小观摩家委会换届选举，歌曲演绎《相亲相爱的一家人》、快板《不辛苦，为孩子们服务》、舞台剧《成长中的爸爸》，附小家委会用"暖心""创新"和"不忘初心"真诚服务、无私奉献，为附小孩子打造亮丽的人生底色。在回去的大巴上，洪小家长们发出了不一样的声音："他们太棒了，或许我们也可以试试！站上舞台，给孩子做个榜样！""爸爸角色不能缺，我可以成立亲子篮球社，带着爸爸们和孩子做运动。""我先生会拍照，虽然我文笔不好，但我可以学，宣传工作我来做"……

是附小家委会引领了洪小家委会的成长，感谢一路相伴，指引我们从无到有，从有到优。家委会走过7个年头，成员换了一届又一届，而从附小传承的家委会精神却始终未变。如今洪小家委会已经进入轨道，校本亲子课程、每月社区联动、镇域家委会展示等，洪小家委会本着"一切为了孩子，为了孩子们的一切"的宗旨，用阳光、自信、热情、奉献为"竞成"学子撑起了一片蓝天。

集团内的所有人和事都大气而谦和，团结而向上，积极而友善，就像一个大家庭，有什么好事情、好东西，总是第一时间想到与家人分享。大家用真心换真心，有疑共商、有难同当、有福同享、有荣同乐。如此积极美好的教育生态，也是教院附小集团持续生长的原动力。

二、共赢：凸显成效　实现品质发展

附小教育集团自成立那一刻起，就是荣辱与共的大家庭。在这个家庭里我们倡导共建、共燃、共赢。我们都认同，学校的"赢"包含"三发展"，即学校、教师和学生的发展。我们也深刻认识到，学生的发展才是我们的终极目标。在过去几年里，附小集团通过共建、共燃，积极探索"和而不同"的管理模式，优化各有特色的学校课程体系，迭代符合时代的教师成长路径，我们已经呈现了"三发展"的良好态势。

（一）实现学生发展的多样化和个性化

"快看快看，朋友圈又被附小刷屏了。我们大宝就是附小毕业的，老师既负责又专业，活动丰富，他可喜欢附小了。你说我们家小宝马上幼升小了，能不能划到附小的学区呀？"

"你们家房子划不到可能会被调剂去育贤小学。这几年好像育贤也不错啊。"

我正逛着书店，想为表现好的孩子们添置些名著作为奖品，无意中听到了书店里这番家长与家长的对话。的确附小学生的发展早已被社会认可，我们也初步实现了"打造家门口的好学校"办学目标。但更让我们欣喜的是第二位家长的话，育贤小学是一所新开办的小学，加入附小集团后，我们很乐意分享当时击破办学初期发展盲点的办法和经验。现在，作为集团校成员之一，他们的口碑也很好，他们形成了自己鲜明的办学特色，拥有了自己的课程品牌，并培养了一批优秀的教师。听到家长对他们的认可，其实这也是对附小集团化工作的肯定。（见图5-9）

图5-9 奉教院附小教育集团成员校育贤小学农耕课程

附小教育集团秉持着"儿童立场"，时时刻刻想着孩子，每分每秒为了孩子。我们的孩子们自信、阳光，在各级各类大大小小的舞台上精彩绽放。

首先，我们从学生活动看学生发展。我们目睹了附小管乐团冒着酷暑在操场上挥汗合作，走上维也纳金色大厅；我们目睹了附小武术队一茬又一茬的冠军获得金牌，称"霸"少年武术赛场；我们目睹了附小诗歌朗诵队一次又一次精益求精地彩排，展现附小学子的多才多艺。成绩出炉的那一刻总让我们感动到热泪盈眶。但这些年，我还看到了洪庙小学孩子们用笔墨书写梦想的认真和努力，看到了师大附小小海星们在"海趣湾"中研究的汗水与收获，看到了育贤小学孩子们在"乐耕园"里劳作的酣畅和快乐，也看到了奉城二小主题升旗仪式上孩子们的自信和执着……

以 2020 学年集团成员校为例：洪庙小学有 2 位学生获全国项目式学习展评优秀奖，9 位学生获"世界气象日知识竞赛"奖励，1 位学生获区"未来发明家"科创作品展评金奖。另有 36 人次在各级各类市、区级单项比赛中获奖；育贤小学有 103 人次在各级各类市、区级单项比赛中获奖，并有 12 个学生团队获奖；师大附小有 41 人次在各级各类市、区级单项比赛中获奖；邬桥学校"跳踢拍"代表奉贤区参加上海市阳光大联赛，小学组共获得了 3 个团体一等奖、3 个二等奖、1 个三等奖；塘外小学在第七届上海创客新星大赛趣味"智"造项目小学组三等奖（区一等奖）。另有 16 人次在各级各类市、区级单项比赛中获奖。同时，我们的孩子也被点燃，获得各级各类奖项 100 多项，钟睿思、钟睿莹两位附小姐妹花更刊发了自己的丛书，成为了少年作家。

集团内每所学校的孩子们在更多更大的舞台展示自己、充实自己，也获得了更多的成绩证明自己。对！这就是我们想要的！学生在全面发展的基础上实现多样化和个性化的发展，百花齐放、灿烂闪光。

奉城二小，有着 30 余年时间的建校历程，我从教师生涯的第一年就来到这里。从语文老师到教研组长，又从教研组长到教导主任管理岗位，我看到了不同时期和不同教育理念下我们学生学习和生活状态的变化。加入附小教育集团后，我们移植了多彩活动，开拓了校本课程；我们取经学习，变革了教育教学。从旁观者的角度观测到，我们的学生思维变得更"活"了、眼睛变得更"亮"了、观点变得更"放"了。从上一次的绿色指标测试中，我更确信了我的这种观点。

这是奉城第二小学现任副校长兼教导主任杜英华在一次集团工作会议上的发言。从字里行间中不难折射出，在集团化办学的几年时光里，我们的集团成员校的学生也在悄悄成长，变得更优秀、眼界更宽广。

在"点燃教育"理念的辐射下，附小集团校紧密相连，互通互助，资源共用，成果共享。每一所学校的孩子都在"五育融合"的三类课程中学精基础学科，学好探究课,选好拓展学科。不仅为自己的人生染上了亮丽的底色,更为自己的未来埋下了多元发展的种子,点燃了他们多样化和个性化成长的激情。

(二)实现教师发展的专业化和特色化

教师发展是学校的生命线,也是学生发展的根本保障。集团教师的发展更是与集团学生的成长息息相关。成员校所处的地理位置不同,家长文化背景和层次不同,学校资源不同,我们提出"五环协同"集团管理模式,进行"集团化办学背景下教师集群'立体式'发展模式"的研究,我们立足教师专业和个性的发展,做了许许多多的事情。我们也每学期倾听集团成员校的声音,优先满足集团成员校的需求。渐渐地,他们的教师队伍有了良性发展的态势。

2018年产假结束后,我接到学校通知,要去奉教院附小进行为期一年的全浸润式跟岗学习。当时的我喜忧参半。喜的是,去这么一所优秀的学校学习,机会难得;忧的则是,正是这么一所优秀的学校,那里的学生我能hold住吗?那里的老师会不会很难相处?

记得一次家长会,我紧张地在教室外的走廊里来回踌躇,不断深呼吸。这时,何哲慧校长正好巡视碰到了我,她似乎看出了我的焦虑,笑眯眯地对我说:"马丽莎,不要担忧,你要相信自己很强,自信一点!"几句简单的话一直铭记至今。她一句不经意的鼓励,影响的不止是那次家长会,而是今后很长一段时间的生活和工作状态。就这样,我收获了自信!

记得在附小,我参与了每次干货满满的教研活动,聆听每一次高大上的专家讲座,观摩每一堂充满设计的教研课。让我真正领略了附小英语团队的"作战"状态,原来上课真的不是一个人在上,而是背后的团队在共同努力着。就这样,我收获了伙伴们。往后的时光,无论我碰到什么难题,都会找附小的伙伴们聊聊天。特别是一次次比武课的煎熬,是他们让我在最需要帮助的时候获得力量。

2019年9月中旬,在附小小伙伴的推荐下,我被选为奉贤区"上海市小学英语课堂教学与教师发展观摩活动"的核心备课团队,获得了"优秀团队奖"。2020年9月,我执教的区级公开课被推荐参加上海市小学英语课堂教学与教师发展观摩活动,荣获特等奖。2021年10月,我参加了上海市中青年教师教学评选活动,荣获了来之不易的一等奖。

回想自己一路走来的收获,无不源于在附小那为期一年的学习。在附小,我收获了自信,收获了伙伴,收获了成长!

这是集团办学中很典型的教师成长案例,马丽莎老师成为上海市小学英语学科中青年比武一等奖获得者,创造了历史。我想,这就是我所崇尚的集团教师培养模式,它不仅仅只关注附小原生态的教师,也不断影响着集团校的优秀教师们给他们力量,为他们职业生涯添一把火、搭一个架子。我很高兴能让这份力量延续到集团校的教师队伍建设中,让好教师不只是在我的身边发光发热,也让他们在奉贤教育的每一寸土地上创造教育生命的奇迹。

不只是马丽莎老师一人,在"点燃自己、成就他人"的精神感召下,集团的每一位教师都呈现出一种积极向上的生命状态,涌现出了一大批名优教师,从而使得集团内各成员校的教师专业素养得到质的跃升:近3年,集团内31位教师晋升为高级职称,其中成员校15名;在2021年区卓越教师评选中,集团产生2位名校长,区名教师19名,区特长名师1名,区特长教师13名,其中成员校9人;13人参与录制市空中课堂教师,其中成员校5人;共23位老师获市级教学比武奖项,其中2位成员校教师分获市中青年比武一、二等奖,1位获上海小学英语课堂教学与教师发展研讨活动特等奖。

此外,集团内教师开展教育科研热情高涨,仅2021年度就立项了1项市级课题,2项区重点课题,22项区级课题,其中师大附小成功立项6项课题。区科研员跟我说:"师大附小在集团理事长学校浓厚科研氛围的引领下,实现了质的飞跃。"教院附小与洪庙小学两项区重点课题被列为区教育局市哲社项目的子课题,也都顺利结题。教院附小一项课题获得上海市基础教育成果奖一等奖,共有32篇教育教学论文在区级以上刊物发表(或获奖);教师课例获得区级以上奖项15项。

成绩虽然已是过去,但过去的光芒总能照亮未来的前行之路,我们还有一个希冀,期盼着教院附小集团教师队伍更加专业,更有特色,不断成长,不断壮大,不断辐射。有一天,我希望我们所培养的教师都能用自己的光亮去点燃更多的为师者!

(三) 实现各校办学水平的优质化发展态势

附小集团成立之初,我们就提出,要形成合作共享的氛围,各成员校校风校貌要积极向上,校园文化要找到共融点,管理制度和机制也要日趋完善,各成员校都要以成为"老百姓家门口的好学校"这一目标而前行。

2016年,我从奉贤区教育学院附属实验小学调到海湾小学(师大附小)任校长。刚到海湾小学时,我笑称学校的教师队伍是"高轻平"——"高"是颜值高,"轻"是年纪轻,"平"是发展平台有限。在奉贤区以区域优质学校为核心、市域优质资源为外援、成员学校组团的"1+1+X"教育集团化办学理念的引导下,海湾小学依托教院附小教育集团力量,大力推进"星海引航"项目,促进学校向上向荣发展。

一方面,海湾小学与集团各校建立"五动"机制,在管理互动、课程走动、教研联动、教师流动和评价促动中推进学校改革和发展。记得我求助于奉教院附小,让有潜力的音乐教师李玥与附小教师互换。教院附小的教师来到海湾小学支教,李玥则到教院附小顶班跟岗。在附小浸润了一学期的李玥回到海湾小学后,我欣喜地发现,李玥能够在课堂上全情投入,巧用音乐指令调控常规。不久之后,李玥参加了区级课堂教学研讨展示,还成了名师工作室学员,在市体育艺术领域教师专业技能展示评选活动中获小学音乐学科1个二等奖、2个三等奖,2020年还参加了小学音乐"空中课堂"的录课。

另一方面,学校建立"附小—海湾小学"双导师带教制度,由集团学科导师团队成员带教本校骨干教师,本校骨干教师作为同伴导师带教组内青年教师。成熟教师加入附小集团TCG工作室,参加各工作室项目研究,进一步提升科研能力。

海湾小学乘着建设"自然、活力、和润"的南上海品质教育区这股东风,立足新成长教育,以"支点"计划和"星光"计划为抓手,借助集团化办学的优质资源,为师生打通多元成长路径,为学校办学带来新的活力,呈现出"独木也可成林"的鲜活景象。

这是原附小副校长现任师大附小校长丁莲娟接受教育电视台采访时的一段感言。从原来的啥都没有,到慢慢拥有;从原来的甘于佛系到品质化发展;从家长、学生观望到现在的师大教师子女争相入学。我们欣喜于她的成功,也再一次确信,集团化办学的宗旨和目标的确是锚准了品质发展的内核。曾经是"我一个人"发展,现在是"我们一群人"一起发展。这样的办学品质化发展态势是我们处在这个时代应该有的责任与担当!

附小也因为这样的大气之势,荣获2021区教育年度唯一一所创新奖学校,同年11月面向全市举办了新优质成长论证现场会,获得领导和专家的一致好评。他们认为奉教院附小已成为新优质学校建设项目中的品牌。

奉教院附小被评为上海市劳动教育特色学校,获得区新成长品质奖;洪庙小学成为市项目化实验校、区教师专业发展示范校,接受国家教育部督导并连连称赞;海湾小学成为市第三批"小主综"课程实验校,获区新成长特色奖;奉城二小获区教师专业发展优秀校,获得区新成长发展奖;塘外小学获上海市家庭教育示范校；邬桥学校获奉贤区"最美校园"，获得区新成长品质奖。7所学校共有21个项目被列为品牌计划项目；集团各校形成具有领导力的校本特色课程。附小的课程领导力项目、育贤小学的"心愿"课程、师大附小的星海引航课程、洪庙小学的法布尔课程等等都成为区品牌，并多次举办市区级现场会。自集团成立以来，集团各校教学质量稳步提升。

在区绿色学业质量调研中，附小更连续5年荣获4A，集团内的每一所成员校也都在不断进步。2021年区绿色学业质量分析会上，被表扬的进步较大的三所乡镇学校中，有两所来自教院附小教育集团——洪庙小学和奉城二小，其他成员校也名列同类学校前茅。几年内，集团理事长校已经输送了3位校长到乡镇学校任岗，2位老师成为区学科教研员。她们将附小"点燃教育"精神传递到奉贤各个地方。

"让每一所家门口的学校都优质"是最接近教育本原的价值回归，也是这个时代对于学校教育迈向高层次公平、高水平优质的期望和要求。而我们也将继续辐射奉教院附小"点燃教育"的理念，在与时代的适融中播种发芽，更在善创中稳固根基，这也是集团未来发展的新起点。不积跬步无以至千里，自燃、互燃、共燃才能触动教育本源。我想，点燃自己、成就他人，在点燃他人的过程中再次点燃自己，循环往复，更迭传承。这样的精神将引领我们在"十四五"发展中坚定步伐寻求突破，关注品质走向卓越！

后　记

当书稿即将付梓之际，我们所有附小人心中充满了一份深深的期待与喜悦。《点燃教育，让每一个生命都闪光》，一本书写着奉教院附小十五年办学历程的书稿终于在栉风沐雨后与大家见面了。

十五年来，奉教院附小在艰难中起步，历经了不断发展壮大，到努力打造学校教育品牌的创校之路。我想：这固然离不开"点燃教育"的理念与追求，也缘于市、区两级教育综合改革项目的实施和推进。

学校有幸成为上海市新优质项目学校第一批创建试点校。从2011的新优质学校项目的起步到2021年的新优质学校的认证，附小用精彩的"点燃教育"交上了一份优秀的答卷，得到专家们的高度赞同和认可，并鼓励我们要珍视这十五年来学校办学经验，总结和提炼"点燃教育"的价值、内涵、实施和成果，成为新优质学校理念追求的典型经验和范例。这不仅是留下学校发展的文化印迹，更是展望未来提升学校核心竞争力的行动。

《点燃教育，让每一个生命都闪光》书稿撰写也由此孕育，并于2022年4月完成了本书的编著工作。

本书的完成，首先感谢的是上海市教科院原德育研究与咨询中心主任谢诒范教授。没有他真诚的鼓励、悉心的指导，也不会有这样高质量的书稿问世。尤其是在书稿修改过程中，七十多岁的他一边陪伴着正在手术的老伴，一边还不忘细心把关。我们非常过意不去，可一句"没有关系，这是我喜欢的事"的话语，深深地激励着我们。

在编写书稿的过程中，得到了学校行政团队最有力的支持和奉献。他们是戴宏娟、诸艳玲、李佳佳、张洁、谢沁、戴佳琦、余安勤、王静恣、谭东华等老师。他们一边上好课，一边负责条线管理，一边还不时提供最鲜活的素材。同时，我们还要感谢为此书提供真实案例的附小老师们、家属们、家长们，以及附小集团的姐妹们，是你们的爱心、你们的智慧、你们的实践、你们的成果，让《点燃教育，让每一个生命都闪光》更丰满、更立体,充满活力;更温暖、更感人,精彩闪光!

在此,向以上所有的领导、专家、同事以及给予过帮助的每一位朋友表示衷心的感谢!但因水平和精力的限制,本书中也难免有缺陷错误与不当之处,也恳请希望得到各级领导、专家与读者的批评与指正!

何哲慧

2022 年 4 月 8 日

图书在版编目(CIP)数据

点燃教育,让每一个生命都闪光/何哲慧著.—上海:上海三联书店,2022.11
ISBN 978－7－5426－7716－7

Ⅰ.①点… Ⅱ.①何… Ⅲ.①教育工作－文集 Ⅳ.①G4－53

中国版本图书馆 CIP 数据核字(2022)第 093880 号

点燃教育,让每一个生命都闪光

著　　者 / 何哲慧

责任编辑 / 宋寅悦
装帧设计 / 一本好书
监　　制 / 姚　军
责任校对 / 张大伟　王凌霄

出版发行 / 上海三联书店
　　　　　(200030)中国上海市漕溪北路 331 号 A 座 6 楼
邮　　箱 / sdxsanlian@sina.com
邮购电话 / 021－22895540
印　　刷 / 上海南朝印刷有限公司

版　　次 / 2022 年 11 月第 1 版
印　　次 / 2022 年 11 月第 1 次印刷
开　　本 / 710mm×1000mm　1/16
字　　数 / 330 千字
印　　张 / 19.25
书　　号 / ISBN 978－7－5426－7716－7/G・1636
定　　价 / 138.00 元

敬启读者,如发现本书有印装质量问题,请与印刷厂联系 021－62213990